BÚSQUEDA
DE COMIDA
PARA PRINCIPIANTES

MONA GREENY

© **Copyright 2021 - Todos los derechos reservados.**

El contenido de este libro no puede ser reproducido, duplicado o transmitido sin el permiso escrito directo del autor.

Bajo ninguna circunstancia se imputará al editor ninguna responsabilidad legal o culpa por cualquier reparación, daño o pérdida monetaria debido a la información aquí contenida, ya sea directa o indirectamente.

Aviso Legal:

Este libro está protegido por derechos de autor. Esto es solo para uso personal. No puede enmendar, distribuir, vender, usar, citar o parafrasear ninguna parte o el contenido de este libro sin el consentimiento del autor.

Aviso de exención de responsabilidad:

Tenga en cuenta que la información contenida en este documento es solo para fines educativos y de entretenimiento. Se ha hecho todo lo posible para proporcionar información completa precisa, actualizada y confiable. No hay garantías de ningún tipo expresas ni implícitas. Los lectores reconocen que el autor no participa en la prestación de asesoramiento legal, financiero, médico o profesional. El contenido de este libro se ha obtenido de varias fuentes. Consulte a un profesional autorizado antes de intentar cualquier técnica descrita en este libro.

Al leer este documento, el lector acepta que bajo ninguna circunstancia el autor es responsable de las pérdidas, directas o indirectas, en las que se incurra como resultado del uso de la información contenida en este documento, incluidos, entre otros, errores, omisiones o inexactitudes.

Tabla de Contenido

BÚSQUEDA DE COMIDA PARA PRINCIPIANTES
Identificación de hongos en América del Norte

Introduction 3

Capítulo 1: Entendiendo las Setas **13**
    Comprender las partes de un hongo 15
    Tipos de hongos 16
    Ciclo de vida de las setas.. 20
    Beneficios y usos de las setas.. 21
    Buscando hongos en los U.S. 24

Capítulo 2: Cosas que Hacer y Obtener Antes del Inicio de la Búsqueda de Hongos **28**
    Cosas necesarias para buscar y recolectar hongos................. 30

Capítulo 3: Limpieza y Conservación de Hongos **40**
    Cómo limpiar hongos 41
    Diferentes métodos de conservación de hongos 42
    Secar hongos 43
    Hongos congelados 47
    Champiñones en escabeche... 50

Capítulo 4: Morillas y Rebozuelos **53**
    Morillas... 53

Rebozuelos 58
Cómo cosechar rebozuelos 63
Cómo cocinarlos 64

Capítulo 5: Hongos de Anillo de Hadas y Hongos de Diente Dulce 65
Setas de anillo de hadas 65
Pasta con salsa de champiñones y anillo de hadas 69
Hongos Dulces 70
Hash de papa con hongos dulces 73

Capítulo 6: Hongos de Pradera y Hongos de Melena Lanuda 75
Hongos de pradera 75
Setas de la pradera provenzales 78
Hongos melena lanuda 79
Champiñones Shaggy Mane cocidos con parmesano (un delicioso entrante) 83

Capítulo 7: Hongos Bola Gigantes y Boletes 85
Hongos bola gigantes 85
Hongos bola gigantes fritos clásicos 88
Boletes 89
Bolete Juliana 91

Capítulo 8: Hongos Cabeza de Carnero y Hongos Diente Cabeza de Oso 93
Hongos cabeza de carnero 93
Champiñones Fritos De Cabeza De Carnero 97
Hongos de diente de cabeza de oso 97
Champiñones Silvestres Mixtos con Perejil y Ajo 99

Capítulo 9: Hongos Reishi y Pollo de la Madera 100
    Hongos Reishi 100
    Sopa de verduras con hongos reishi 105
    Pollo de las Setas de Madera 107
    Salsa para Pasta con Champiñones Pollo del Bosque 112

Capítulo 10: Hongos Trompeta Negra y Hongos Chaga 114
    Hongos Trompeta Negra 114
    Rape con Salsa de Trompeta Negra y Espinacas 119
    Hongos Chaga 121
    Receta simple de té Chaga para principiantes 124

Capítulo 11: Los Mejores Lugares en América del Norte Para la Búsqueda de Hongos 125

Capítulo 12: Desmentir los Mitos de los Hongos y Reforzar los Hechos Sobre los Hongos 135
    Algunos hechos importantes 139

Capítulo 13: Cómo Cosechar Hongos de Forma Ética y Segura 143
    Más consejos para la recolección segura y ética de hongos 146

Capítulo Fourteen: Hongo Venenoso en América del Norte 150
    Los hongos más mortíferos conocidos 152
    Aquí hay algunos consejos para identificar la campana del funeral 160
    Morillas falsas 161

Conclusión 166

Recursos 170

BÚSQUEDA DE COMIDA PARA PRINCIPIANTES
Identificación de plantas medicinales en América del Norte

Introducción **179**

Capítulo 1: Conceptos Básicos de la Búsqueda de Alimento.... 181
    ¿Son mejores las plantas silvestres? 182

Capítulo 2: Plantas Medicinales de Prados 185
    Alfalfa Fabaceae 185
    Asango asiático 187
    Espárragos 188
    Diente de león 189
    Ortiga de caballo 190
    Zanahoria salvaje 191
    Vara de oro 192
    Ortiga 194
    Fresa 195
    Milenrama 197
    Bardana 199
    Achicoria 201
    Muelle 202
    Bálsamo de limón 203
    Algodoncillo común 205
    Hierba gatera 206
    Manzanilla 208
    Equinácea 210
    Onagra 211
    Agripalma 213
    Dedalera 215

Hierba carmín 217

Amaranto, Raíz Roja 219

Flor de Maracuyá 221

Verdolaga 222

Hierba de San Juan 224

Curar todo 227

Tradescantia 228

Batata silvestre 230

Baptisia 232

Amapola de California 233

Linaza 234

Capítulo 3: Áreas Boscosas Orientales y Hierbas Medicinales . 236

Repollo Skunk 236

Hepatica 238

Sanguinaria 240

Mayapple 241

Puerros salvajes 243

Jack en el púlpito 245

Uva Ursi 246

Gaulteria 248

Celidonia 250

Club musgo 252

Orquídea zapatilla de dama 253

Cohosh negro 255

Cohosh azul 257

Sombra Nocturna Negra 258

Ginseng 260

Sello de oro 264

Casquete 266

Muérdago 268

Maní 269

Pepino indio 270

Jengibre salvaje 272

Capítulo 4: Hierbas que se Encuentran en los Humedales 274

Loto americano 274

Punta de flecha, Wapato, Patata de pato 277

Lirio de estanque americano 278

Totora 280

Junco 282

Lenteja de agua 284

Genciana 286

Lobelia 287

Pasto dulce 290

Arándano 292

Ajenjo de playa 293

menta 295

Berro 299

Cola de caballo 301

Angélica 303

Balmony 305

Bandera azul 306

Jewelweed 308

Eupatoria 310

Joe-Pye Weed 312

Sombra nocturna agridulce 314

Bandera dulce 316

Capítulo 5: Plantas de Zonas Áridas y Desiertos 319

Calabaza de búfalo 319

Sabio 323

Higo chumbo 325

Rabbitbrush, barra de cepillo 327

Yuca 328

Yaupon 331

Agave 333

Gumweed 334

Té mormón 336

Jojoba 338

Chaparral 339

Capítulo 6: Hierbas y Plantas de la Costa Oeste 343

Club del diablo 343

Cedro rojo occidental 345

Enebro 347

Dulce cicely 349

Trébol dulce 351

Cicuta occidental 352

Espino cerval 354

Tejo americano 356

Conclusión 358

Referencias 361

Búsqueda de comida para principiantes
Identificación de frutas, nueces y semillas en América del Norte

Introducción **365**

Capítulo 1: Búsqueda de comida **369**
    La evolución de buscar comida..373
    Una tendencia al alza..376
    La búsqueda de alimentos como profesión 382

Capítulo 2: ¿Por qué buscar comida? **384**
    Beneficios de buscar comida 386
    Peligros del buscar comida 393

Capítulo 3: Búsqueda de comida en los Estados Unidos **402**
    Leyes de buscar comida urbano 403
    Leyes estatales de buscar comida 405
    Leyes federales de buscar comida..406

Capítulo 4: Búsqueda de comida 101 .... **416**
    Un juego de herramientas de recolector 422
    Artículos adicionales..431
    Habilidad de un recolector 437
    Medicina natural..440
    Búsqueda de comida en el siglo XXI 443
    Pautas de búsqueda para recordar 446

Capítulo 5: Búsqueda de alimentos **449**

Capítulo 6: Guía para identificar frutas editables **454**
    Manzanas silvestres americanas 454
    Arándano americano 455

Saúco americano 457

Grosella espinosa americana 461

Caqui americano 462

Cerezo negro 464

Arándano 465

Zarzas (moras y frambuesas) 469

Cloudberry 472

Mora 474

Muscadine 475

Chirimoyo 477

Bayas de Saskatoon 478

fresa 480

Capítulo 7: Guía para identificar nueces editables 483

Bellotas 483

Beechnuts Americanos 485

Castaño Americano 486

Castaño americano similar: Castaño de Indias 487

Avellana americana 488

Nogal negro 489

Piñones 491

Capítulo 8: Guía para identificar semillas editables 493

Semillas de alfalfa 493

Semillas de carpe americano 495

Semillas de chia 497

Muelles 499

Semillas de Goosefoot 500

Semillas de arce 501

Semillas de Ramón 503

Semillas de calabaza seminole 504

Amaranto de Tehuacán 506

Semillas de Timothy 507

Conclusión 509

Referencias 513

BÚSQUEDA

DE COMIDA
PARA PRINCIPIANTES

*Identificación de hongos
en América del Norte*

MONA GREENY

Introduction

La búsqueda de alimentos o la recolección de alimentos fue uno de los principales medios para que nuestros antepasados cazadores-recolectores cumplieran con sus necesidades alimentarias. Cazaban animales y recolectaban plantas y partes de plantas, incluidas raíces, bayas y frutos de la naturaleza, para satisfacer sus necesidades alimentarias. Parece que nuestros antepasados valoraban la importancia de comer alimentos cultivados naturalmente mucho más que nosotros hoy. Por supuesto, no se puede negar el hecho de que nuestros antepasados no tuvieron más remedio que sumergirse en el regazo de la naturaleza para satisfacer sus necesidades alimentarias.

Y, sin embargo, es hora de que nuestra humanidad 'ultra civilizada' aprenda algo de nuestros antepasados cazadores-recolectores y se acerque a la naturaleza y tome lo que necesitamos de ella. El truco es recordar tomar de la madre naturaleza lo que necesitamos y no satisfacer nuestra codicia. Buscar comida es un excelente comienzo para reconectarnos con la naturaleza y aprender a valorar lo que ella nos ofrece.

La historia del forrajeo

En los tiempos prehistóricos, nuestros antepasados escogían plantas silvestres comestibles para alimentarse. Dependiendo de la temporada y el tipo de alimento recolectado, se consumían inmediatamente o se conservaban para su uso posterior, especialmente para los momentos en que escasearan los alimentos.

Por ejemplo, algunas raíces y nueces se recolectaron y conservaron para uso futuro, mientras que las frutas y verduras frescas se consumieron de inmediato. Nuestros antepasados nómadas usaban mucho la búsqueda de alimento. Durante el Neolítico, nuestros antepasados nómadas habían aprendido a cultivar la tierra y domesticar animales.

En consecuencia, pudieron 'establecerse' en un lugar en lugar de tener que moverse de un lugar a otro en busca de alimento y refugio. La agricultura se convirtió lenta pero seguramente en una forma prominente de producción de alimentos para los seres humanos. A medida que abrazamos la civilización y con el tremendo crecimiento y desarrollo de la agricultura, la recolección de alimentos se convirtió en un formato estructurado llamado cosecha.

Con el tiempo, la cosecha se transformó en actividad económica y el concepto de cosecha se convirtió en un proceso estructurado y regulado. A pesar de la expansión de la agricultura, la búsqueda de alimentos silvestres continuó ayudando a los sectores desfavorecidos y pobres de la sociedad a complementar su dieta, a menudo insuficiente.

Además, esta forma de encontrar alimentos siguió siendo popular entre las personas que aún no habían desarrollado sociedades sistemáticas. Lentamente, a medida que pasaba el tiempo y aumentaba el nivel de vida en todos los sectores de la sociedad, la búsqueda de comida en la naturaleza se convirtió en una actividad de ocio, especialmente en Occidente. La mayoría de los habitantes de la ciudad visitarían el campo solo para pasar tiempo buscando comida y aprovechando sus múltiples beneficios.

El forrajeo también fue utilizado ampliamente por nosotros durante tiempos de escasez de alimentos. Por ejemplo, durante la Segunda Guerra Mundial, la pobreza y el hambre abundaban en la mayor parte del mundo. La búsqueda de alimento es lo que ayudó a muchas personas a sobrevivir en esos tiempos difíciles. Además, durante ese tiempo, importantes suplementos como la vitamina C no estaban fácilmente disponibles debido a que se impusieron restricciones comerciales. El café era otro artículo que tenía restricciones comerciales. La dosis diaria de vitamina C se obtuvo al comer escaramujos que fueron recolectados, y las raíces de diente de león y bellota fueron reemplazos populares del café.

En el siglo XX, la búsqueda de comida fue un elemento importante del "movimiento hippie" que simboliza el regreso de los seres humanos a la naturaleza. Además, la actividad fue vista como una forma de compromiso social y ayudó a desarrollar la conciencia de una actitud consciente hacia el consumo de alimentos.

Últimamente, la actividad de buscar plantas silvestres ha ganado una inmensa popularidad ya que la gente invierte en ella tanto por diversión como para aprovechar el poder de comer ingredientes frescos locales y cultivados orgánicamente. Entonces, ¿qué implica la actividad de buscar comida?

La búsqueda de comida implica buscar, identificar y recolectar alimentos e ingredientes naturales de la naturaleza, como nueces, raíces, hierbas, bayas, plantas, hongos y, a veces, mariscos también. La búsqueda de alimento te acerca a la naturaleza a medida que intentas comprender el entorno natural y aprendes a respetar lo que la naturaleza te brinda, incluso cuando tienes la oportunidad de comer alimentos saludables y nutritivos.

Beneficios de buscar comida

Los beneficios de buscar comida son numerosos e invertir tiempo y energía en esta actividad lo ayudará a aprovechar muchas de estas ventajas, que incluyen:

La búsqueda de comida te acerca a la naturaleza: como habitante urbano, estar rodeado de altos rascacielos ofrece una gran comodidad para la vida moderna. Pero, la vivienda urbana tiene su lado negativo, incluido el dolor del tráfico asfixiante, la cantidad insuficiente de aire fresco, vivir en alojamientos claustrofóbicos y más.

Salirse de este tipo de vida de vez en cuando puede ser una excelente manera de rejuvenecer y refrescarse aprovechando el poder de la naturaleza. Buscar comida te ayuda a hacer precisamente eso. De hecho, en los EE. UU., Es posible que no tenga que ir muy lejos de su lugar de estadía para disfrutar de una cierta cantidad de forrajeo.

Podrías encontrar plantas comestibles y hongos más cerca de lo que crees.

Además, salir al aire libre significa que está invirtiendo en su salud de otra manera, a saber, un gran ejercicio al aire libre. Caminar y caminar por los senderos de la naturaleza es una excelente manera de obtener su cuota de ejercicio incluso cuando reúne ingredientes alimenticios nutritivos y gratuitos.

Otro beneficio de estar al aire libre es que estar a la luz del sol le da a su cuerpo el tiempo necesario para acumular su reserva de vitamina D de forma natural. Es posible que tenga la oportunidad de deshacerse de un suplemento artificial de su botiquín.

Acceso a alimentos gratuitos, orgánicos, saludables, sabrosos y nutritivos: los ingredientes alimentarios recolectados de la naturaleza ofrecen mucha más nutrición y salud que los que se obtienen de los estantes de las tiendas. Por ejemplo, las verduras de hoja verde del diente de león silvestre ofrecen muchas veces más fitonutrientes que las verduras de hoja de espinaca o col rizada compradas en la tienda. Además, se sabe que las manzanas comestibles recolectadas de la naturaleza son más nutritivas que las manzanas comunes compradas en cualquier supermercado.

También comprende que buscar comida no le cuesta dinero. La comida que recolectas es tuya gratis. Lo único que gastará es su tiempo y energía a cambio de lo cual será ampliamente compensado con buena salud y felicidad. Por supuesto, su tiempo es valioso, por lo que tiene sentido buscar ingredientes caros como rebozuelos, piñones, etc.

No solo obtienes ingredientes caros de forma gratuita, sino que también puedes probar nuevos sabores. Todos sabemos cómo saben los alimentos comprados en tiendas, ya sean dulces, salados, suaves o una mezcla de estos sabores. Nuestras papilas gustativas están expuestas al mismo tipo de sabor día tras día y han perdido la capacidad de asociarse con nuevos sabores.

Por ejemplo, la amargura es un sabor al que nuestra lengua no se ha acostumbrado. Hemos aprendido a disociar el sabor amargo del agrado. Sin embargo, las hierbas amargas han sido una de las formas más comunes de desintoxicar nuestro cuerpo desde tiempos prehistóricos. Por ejemplo, el diente de león es una planta amarga que ofrece excelentes beneficios para la salud. Comer dientes de león forrajeros es una manera maravillosa de hacer que nuestras papilas gustativas vuelvan a conectar lo amargo con lo agradable.

Además, algunos ingredientes como algunos hongos silvestres no se pueden comprar en las tiendas. La búsqueda de comida en la naturaleza es la única forma en que puede probar los sabores de ciertos hongos silvestres. Por lo tanto, buscar comida le brinda la oportunidad de probar sabores nuevos, únicos y desconocidos.

Contribuir a la sostenibilidad de la naturaleza: esta maravillosa actividad te ayuda a conectarte con la naturaleza. El mundo moderno se está alejando cada vez más de la naturaleza impulsado por los avances tecnológicos y la excesiva intervención humana en los ciclos de la naturaleza en aras de la comodidad y el lujo. Después de todo, es mucho más fácil recoger los ingredientes recolectados y limpios de los estantes de las tiendas. Sin embargo, no tenemos la oportunidad de ver cómo se cultivan, cosechan y transportan estos ingredientes a su tienda local. Solo vemos el resultado final que nos conviene.

La búsqueda de alimento en la naturaleza no solo le proporciona ingredientes cultivados orgánicamente y sin químicos, sino también aquellos que solo han usado agua de lluvia u otras formas de agua disponible naturalmente para crecer. La recolección de estos ingredientes silvestres no utiliza combustibles fósiles de ningún tipo, lo que significa que la huella de carbono es casi nula cuando se sale a buscar alimento en la naturaleza. Por tanto, participas directa y activamente en el mantenimiento de la sostenibilidad en la naturaleza.

La búsqueda de comida te ayuda a reconectarte con la naturaleza. Puede observar y disfrutar de la alegría de ver los dientes de león y los hongos silvestres florecer en su entorno natural. Mientras observa las diversas frutas y flores florecer frente a sus ojos, la belleza de la naturaleza se le revela y sentirá una estrecha conexión con la naturaleza.

La búsqueda de alimento mejora su bienestar general al ayudarlo a conectarse con la naturaleza para que pueda ver no solo la belleza que ella tiene para ofrecer, sino también lo fácil que es llevar una vida simple pero feliz. Hay casi un despertar espiritual que es probable que sienta cuando profundiza en la actividad de buscar hongos.

Puedes ver cuántos beneficios te ofrece la búsqueda de comida. Y, sin embargo, hay algunos puntos importantes que debe tener en cuenta cuando esté buscando comida. Es necesario tener en cuenta algunos peligros para evitar incidentes adversos. Entonces, ¿cuáles son los peligros de buscar comida?

Peligros del forrajeo

Los riesgos de buscar comida incluyen:

Comer una planta venenosa o dañina. El mayor desafío en la búsqueda de alimento es aprender a conocer las diferencias entre las plantas nutritivas y las venenosas porque ambas pueden verse similares. Se necesita un ojo perspicaz para reconocer la diferencia y asegurarse de que no termine comiendo algo que no debería. No todas las plantas dañinas tienen efectos fatales.

Algunos de ellos pueden enfermarlo. De hecho, algunas de las plantas recolectadas podrían enfermarlo no por sus propiedades químicas o biológicas inherentes, sino porque han sido contaminadas por desechos animales o residuos químicos en el suelo o cualquier otra cosa.

Nota de precaución: muchos hongos se ven muy similares y pueden ser difíciles de diferenciar. Algunos pueden ser mortales. Si no está seguro, ¡no los coma!

Causando daño al medio ambiente. Los recolectores de alimentos sin experiencia e insensibles pueden causar mucho daño al medio ambiente, a sabiendas o sin saberlo. La búsqueda de alimento debe realizarse de manera ética para que todas las especies puedan volver a crecer y sobrevivir. Se necesita tiempo y esfuerzo para aprender a alimentarse de manera ética, asegurándose de no despojar un área completa de su follaje comestible.

En tales condiciones, especies invasoras de plantas se apoderan rápidamente del área, haciendo imposible que las especies comestibles sobrevivan. La búsqueda de comida no ética puede resultar en dañar el delicado equilibrio de la naturaleza en esa área. Además, los recolectores sin experiencia pueden pisotear el suelo, aplastar las plantas y los gérmenes y microbios cruciales, dañar la capa superior del suelo y alterar el medio ambiente de manera irreversible.

Tratar con ingredientes desconocidos. Otro aspecto interesante de las plantas y partes de plantas forrajeadas es que muchas plantas comestibles y seguras pueden ser duras, amargas o indigestas a menos que se cocinen correctamente. Por lo tanto, si realiza expediciones de forrajeo con falta de conocimiento, podría terminar con muchas cosas comestibles en la mano, que finalmente se desperdiciarán.

Forrajear ilegalmente. No todos los espacios silvestres están disponibles para buscar alimento. Algunos de los parques estatales y federales de los EE. UU. No permiten la búsqueda de comida. Por lo tanto, si lo atrapan buscando comida en esos lugares, es ilegal y podría ser fichado para ello. Incluso en lugares donde la búsqueda de comida es legal, existen límites sobre qué parte y qué cantidad de una planta comestible puede tomar.

En muchos lugares, no hay demarcaciones claras que separen las tierras en las que la búsqueda de alimento es legal y la ilegal. Por lo tanto, es posible que, sin saberlo, se mude a un área donde la búsqueda de alimento es ilegal y tales situaciones podrían ponerlo en situaciones desagradables.

Por lo tanto, debe aprender todo lo que necesita saber sobre la búsqueda de alimento para una especie en particular, así como saber qué es legal y qué no. Solo cuando esté seguro de sus conocimientos y conozca bien sus lecciones, podrá disfrutar de la actividad mágica de buscar comida incluso mientras aprovecha sus múltiples beneficios.

Entonces, continúe y comience su viaje comenzando con los conceptos básicos para comprender los hongos y profundizar en las explicaciones detalladas de ciertos hongos silvestres que se encuentran en abundancia en América del Norte.

Capítulo 1

Entendiendo las Setas

Un error común entre la gente es que los hongos son vegetales. No, ellos no son. Pertenecen al Reino de los Hongos. ¿Por qué no son vegetales? Porque los hongos no provienen de plantas comestibles. Una de las principales características de las plantas es que contienen un elemento llamado clorofila, que les ayuda a convertir la luz solar en carbohidratos a través del proceso de fotosíntesis. Los hongos no tienen clorofila y, por lo tanto, no pueden realizar la fotosíntesis. Los hongos roban carbohidratos de otras plantas.

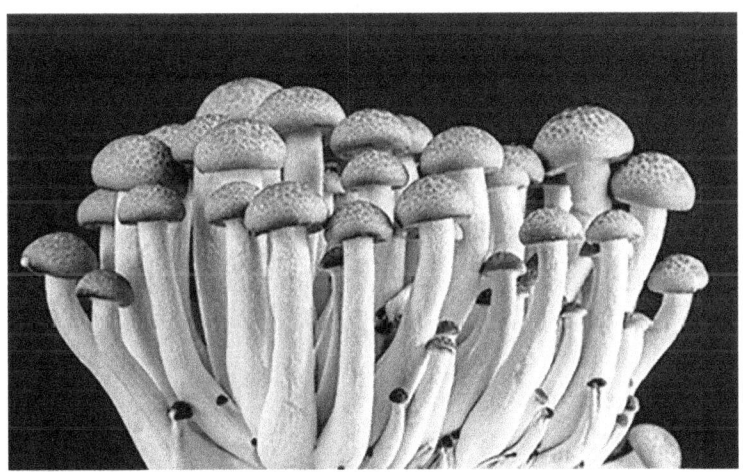

Como los hongos pertenecen al reino de los hongos, tiene sentido aprender un poco sobre los hongos en general antes de enfocarnos específicamente en los hongos. Los hongos se dividen en tres categorías separadas según la relación con su planta madre. Existen las tres categorías de hongos.

Los hongos comienzan su vida en forma de una pelusa blanca conocida como "micelio" que se encuentra debajo del suelo. El micelio es una colección de hilos de hongos que brotan en posibles hongos cuando las condiciones son propicias. Los hongos son en realidad los cuerpos fructíferos de un hongo mucho más grande que crece bajo tierra.

En la naturaleza, el micelio puede permanecer seguro y protegido durante mucho tiempo bajo tierra. Cuando las circunstancias son favorables para su crecimiento, el micelio brota y se convierte en hongos. Las circunstancias favorables incluyen la humedad y la temperatura adecuadas, así como la disponibilidad de alimentos.

En tales circunstancias, el micelio forma brotes que buscan la luz del sol. Estos brotes representan el nacimiento de las setas. Los cogollos, que suelen ser pequeñas bolas blancas, crecen rápidamente hasta convertirse en un hongo adecuado. Luego, la tapa se abre y millones de esporas (semillas minúsculas) caen a la atmósfera. El viento esparce estas esporas, y cuando aterrizan en el suelo, estas minúsculas semillas comienzan a formar otro micelio.

Comprender las partes de un hongo

Básicamente, hay dos partes en los hongos, a saber, el micelio, que crece debajo del suelo, y la parte en forma de paraguas llamada fruto o esporóforo, que crece sobre el suelo. La fruta comienza como un pequeño botón, que luego se convierte en un tallo a un ritmo rápido porque absorbe mucha agua muy rápido.

La tapa al final del tallo se despliega lentamente como un paraguas. Debajo de esta tapa, se pueden ver pequeñas placas llamadas branquias. La tapa también tiene pequeñas esporas o semillas. Estas semillas son arrastradas por el viento y cuando aterrizan en el suelo en otro lugar, se convierten en un nuevo micelio. Los hongos medicinales a veces se conocen como hongos venenosos. Veamos algunas de las partes importantes de los hongos con un poco de detalle:

- El gorro: ubicado en la parte superior del hongo y con forma de paraguas, el gorro es la parte más obvia del hongo. Las tapas de los hongos vienen en diferentes colores, aunque los colores más comunes son el blanco, el marrón o el amarillo.

- Branquias - También conocidas como dientes o poros, las branquias que se parecen a las de los peces se encuentran debajo de la tapa.

- Anillo: también conocido como anillo, el anillo es la parte restante del velo en forma de hongo después de que las branquias se hayan empujado a través del casquete.

- Tallo: también llamado estipe, el tallo de un hongo es el tallo alto que sostiene la tapa sobre el suelo.

- Volva: la volva es el velo protector que permanece conectado al suelo y al hongo después de que el cuerpo fructífero ha brotado del suelo. A medida que el hongo crece a partir del micelio, atraviesa la volva.

Tipos de hongos

Hay más de 10000 especies conocidas de hongos en todo el mundo. Aunque este número pueda parecer enorme, los expertos en el campo de la micología creen que hay muchos miles más sin descubrir por los seres humanos. Todas estas especies conocidas de hongos se clasifican típicamente en cuatro tipos, a saber, saprófitos o saprótrofos, micorrizas, parásitos y endófitos. Veamos cada tipo con un poco de detalle.

Saprófitos

Los hongos saprofitos viven y prosperan en materia orgánica muerta, como madera muerta, hojas caídas y raíces de plantas y árboles. Los saprófitos extraen minerales y dióxido de carbono de los huéspedes para sobrevivir y crecer. Encontrará muchos hongos medicinales y gourmet en esta categoría, que incluyen:

- Champiñones de botón blanco: uno de los hongos más comunes que se encuentran en todos los supermercados del mundo. Es un hongo muy popular en los EE. UU. Con estadísticas que muestran que un estadounidense promedio consume alrededor de 3 libras de hongos botones blancos al año.

- Hongos ostra: conocidos por sus beneficios para reducir el colesterol.

- Hongos shiitake: muy populares por su sabor y valor medicinal.

- Cola de pavo: la única forma en que este hongo saprofito es consumible es como té, ya que es demasiado duro para ser comestible y digerible. Y, sin embargo, es una de las especies de hongos mejor estudiadas.

- Algunas especies de colmenillas - Por ejemplo, Morchella angusticeps y Morchella esculenta son muy deliciosas, pero los hongos esquivos son una delicia para los recolectores.

- Reishi (un hongo muy apreciado en la medicina china)

Los hongos saprofitos también se conocen como descomponedores. Este tipo de hongos liberan enzimas y ácidos sobre la materia en descomposición, descomponiendo los tejidos muertos en pequeñas moléculas que pueden absorberse fácilmente. Por lo tanto, las plantas, la madera y los animales muertos y en descomposición se convierten en alimento para los saprófitos.

Imagina el mundo sin saprófitos. Estaría lleno de materia muerta y en descomposición dejada sin procesar para que se pudra. Los hongos saprofitos son limpiadores naturales de nuestra tierra que eliminan la materia muerta y en descomposición, incluso cuando se convierten en algunos de los hongos más deliciosos llenos de beneficios medicinales.

Parásitos

Los parásitos viven y extraen nutrientes de plantas y árboles vivos, razón por la cual se les conoce como hongos asesinos. Con fuerza unilateral, los hongos parásitos infectan al huésped y finalmente lo destruyen por completo. Cuando los árboles y plantas en los que viven los parásitos mueren, los hongos saprofitos utilizan estos recursos muertos para su crecimiento y desarrollo. Algunos ejemplos de hongos parásitos son:

- Hongos de miel: son los cuerpos fructíferos de los hongos de miel que tienen un sabor afrutado y a nuez y son amados por muchos fanáticos de los hongos.

- Hongo de oruga: este hongo se alimenta de insectos y se considera uno de los parásitos más valiosos de nuestro planeta. Aunque en términos estrictamente técnicos, el cuerpo fructífero de este hongo parásito se considera un ascocarpio, un filo (un subconjunto (del Reino de los Hongos, la mayoría de la gente se refiere a ellos como un hongo, y uno de los más caros). El hongo Caterpillar está restringido a las regiones del Himalaya.

- Melena de león: este tipo de hongo tiene dientes espinosos en lugar del tradicional sombrero de hongo.

Micorriza

Los hongos micorrízicos tienen una relación simbiótica con sus huéspedes vivos. Crecen en las raíces de árboles vivos. Ellos toman nutrientes y carbohidratos del hospedador y, a cambio, transmiten minerales, humedad y otros elementos esenciales, lo que ayuda en el crecimiento y desarrollo del sistema de raíces de los árboles. Los hongos micorrízicos tienden a crecer más rápido y más grandes que los otros tipos de hongos. Además, los hongos micorrízicos no son fáciles de cultivar y solo se encuentran en la naturaleza. Aquí hay algunos ejemplos populares de hongos micorrízicos:

- Hongos porcini: se usan comúnmente en salsas y sopas. Pueden crecer hasta tamaños muy grandes.

- Hongos Matsutake: ofrecen un gran aroma y sabor al cocinar.

- Hongos trufados: estos ingredientes gourmet son un artículo de lujo caro.

- Rebozuelos: se encuentran en muchos continentes, incluida América del Norte, y son hongos comestibles muy apreciados.

Endófitos

Los hongos endofíticos se clasifican por separado debido a sus características únicas. Como los parásitos, los endófitos invaden el cuerpo de su huésped. Pero, no hay ningún daño causado al cuerpo anfitrión. En cambio, el organismo huésped obtiene los beneficios como en el caso de los hongos micorrízicos, aunque no está claro cómo se forma la asociación beneficiosa.

Además, a diferencia de los hongos micorrízicos, se pueden cultivar hongos endofíticos. La singularidad de esta clase de hongos radica en la naturaleza misteriosa de la relación simbiótica entre el huésped y los hongos.

Ciclo de vida de las setas

Los hongos tienen un ciclo de vida distintivo que depende del entorno en el que crecen y del tamaño al que crecen. Los hongos de tamaño pequeño tardan alrededor de un día en crecer, mientras que los más grandes pueden tardar hasta 3-4 días en madurar por completo. Un flujo constante de humedad y humedad es esencial para el crecimiento saludable de los hongos y para que completen su ciclo de vida con éxito.

Ya sabes que los hongos no son vegetales sino frutos de hongos que crecen por todas partes. Los hongos pueden crecer en el suelo, en tocones de árboles muertos y en árboles y plantas vivos. Los hongos liberan esporas de branquias, dientes o poros que se encuentran en la parte inferior de sus tapas. Las esporas son similares a las semillas que tienen el potencial de convertirse en más hongos. Cada hongo puede producir numerosas esporas que se separan de los hongos padres y se esparcen por todo el bosque.

Cada espora es una sola célula que puede ser masculina o femenina. Muchas esporas masculinas y muchas esporas femeninas se unen para formar hifas masculinas y femeninas. Cuando las hifas masculinas y femeninas se unen, comienzan el proceso de producción de micelio.

El micelio es la etapa en el ciclo de vida de un hongo en el que toma una forma visible por primera vez. Puede imaginarse que el micelio es el equivalente a las raíces de una planta o un árbol. El micelio es una red similar a una red formada bajo tierra que tiene sus raíces. Sin embargo, el micelio también puede ramificarse como las ramas de un árbol. El micelio es lo que proporciona alimento y nutrientes a los hongos para que comiencen a producir los cuerpos fructíferos o los hongos.

La siguiente etapa en el ciclo de vida de un hongo es la formación de nudos hifales. Es el primer punto de la superficie del micelio en el que comienzan a brotar la cabeza de un alfiler o los hongos bebé. Los nudos hifas son solo puntos, y cuando se forman cabezas de alfiler en los nudos hifas es cuando puedes ver que los hongos bebés comienzan a tomar forma visible. No todas las cabezas de alfiler que se forman en los nudos de las hifas se convierten en hongos. Algunos dejan de crecer. De hecho, muchas de las cabezas de alfiler en una colonia de micelio dejan de crecer.

Beneficios y usos de las setas

Los hongos son una variedad de alimentos realmente asombrosa. Son excelentes sustitutos de la carne, que es una de las principales razones de la creciente popularidad de este hongo entre los veganos nouveau de Occidente. Además, estos ingredientes bajos en calorías (la mayoría de las variedades de hongos son bajos en calorías) ofrecen una multitud de beneficios para la salud que son difíciles de contrarrestar. Veamos algunos de los beneficios de los hongos con un poco de detalle.

Los hongos son ricos en antioxidantes para mantenerte joven. Los hongos tienen una alta concentración de dos importantes antioxidantes, a saber, glutatión y ergotioneína. Los estudios han demostrado que cuando ambos antioxidantes trabajan en conjunto, su capacidad para mantener a raya el estrés fisiológico que afecta el proceso de envejecimiento aumenta de manera múltiple.

Los efectos fisiológicos del envejecimiento, como la formación de arrugas, la reducción de la densidad ósea, etc., se minimizan por los efectos combinados del glutatión y la ergotioneína, ambos encontrados en abundancia en los hongos. La abundancia de antioxidantes también ayuda a estimular su sistema inmunológico al proteger su cuerpo contra los efectos dañinos de los radicales libres.

Los hongos también protegen su cerebro y sus células cerebrales. También se cree que los mismos dos antioxidantes, incluidos el glutatión y la ergotioneína, son eficaces para prevenir el Alzheimer y el Parkinson, según algunos estudios realizados por la Universidad de Pensilvania. Los investigadores que realizaron estos estudios afirman que comer hongos cinco veces a la semana reduce el riesgo de enfermedades neurológicas relacionadas con el cerebro y el sistema nervioso. Además, los hongos también pueden ayudar a desarrollar sus habilidades de memoria.

Los hongos son buenos para la salud de tu corazón. Los ribonucleótidos de glutamato presentes en los hongos son un excelente sustituto de la sal. El sabroso sabor de este compuesto químico natural en los hongos asegura que usted obtenga el sabor de la sal sin afectar su presión arterial y el riesgo asociado de enfermedades cardíacas. El sabor carnoso de los champiñones los convierte en un gran complemento para las carnes sin los efectos secundarios sobre el colesterol y la grasa.

Los hongos contienen muchas proteínas magras que ayudan a quemar el exceso de grasa y colesterol en su cuerpo. Estos hongos tienen cantidades insignificantes de colesterol y grasa. El betaglucano y la quitina que se encuentran en los hongos son excelentes fuentes de fibra, que ayudan a mantener los niveles de colesterol bajo control. Por lo tanto, los hongos aplican un enfoque múltiple para mantener saludables los niveles de grasa y colesterol.

Los hongos fortalecen los huesos. Los hongos ricos en calcio son excelentes para fortalecer los huesos, reduciendo así los riesgos de trastornos relacionados con los huesos como dolor en las articulaciones, osteoporosis, etc.

Por lo tanto, los hongos con su textura esponjosa y parecida a la carne son una excelente adición a su dieta diaria. Hubo un tiempo en la historia en el que los hongos se consideraban ingredientes exóticos. De hecho, los antiguos egipcios conservaban estos hongos para la realeza solo mientras que los antiguos romanos los conservaban para sus soldados, ya que creían que los hongos ayudaban a mejorar la fuerza física y la resistencia de sus guerreros. Hoy en día, están fácilmente disponibles en los estantes del mercado.

Buscando hongos en los U.S.

La búsqueda de hongos en los Estados Unidos está ganando popularidad por las siguientes razones:

- Los increíbles beneficios para la salud que ofrece este maravilloso ingrediente.

- Las ventajas de participar en la búsqueda de alimento.

- La disponibilidad de varios miles de variedades de hongos en el país.

La mayoría de estos miles de variedades son "comestibles", aunque muchas de ellas son demasiado fibrosas y no se pueden digerir realmente. Aproximadamente unos cientos de esta gran colección son venenosos. Eso todavía le deja una gran cantidad de variedades de hongos para elegir para sus actividades de alimentación.

A pesar de los números favorables con respecto a las variedades de hongos comestibles y no venenosos, debe aprender todos los aspectos importantes de la búsqueda de hongos para garantizar una recolección saludable y ética. Usar conjeturas para elegir el tipo correcto de hongos para buscar es un completo no-no. Ha habido varios casos de intoxicación por hongos, algunos de los cuales también resultaron en muertes.

Uno de los peligros más importantes en la búsqueda de hongos es la similitud entre las variedades comestibles y venenosas. Un ejemplo común es la variedad de hongos venenosos "parasol de esporas verdes" que aparecen en los Estados Unidos después de las lluvias durante las temporadas de verano y otoño. Cuando este hongo está en la etapa de desarrollo, se parece mucho a la variedad del hongo de botón blanco que se encuentra en abundancia en las tiendas de comestibles.

Dos parejas más comúnmente equivocadas incluyen:

- Las sabrosas y populares colmenillas tienen similitudes tóxicas en las especies Gyromitra, Helvella y Verpa.

- Los hongos venenosos Jack-o'-lantern se parecen mucho a los exóticos hongos rebozuelos.

La razón más común para cometer errores al discernir entre variedades de hongos comestibles y venenosas es la falta de conocimiento suficiente, especialmente por parte de los recolectores novatos. Muchos recolectores sin experiencia y demasiado ansiosos tienden a adoptar una actitud de 'yo sé lo suficiente' con respecto al aprendizaje de este aspecto crucial de la búsqueda de hongos. Olvidan que las apariencias engañan fácilmente y terminan cometiendo errores de novato poniendo innecesariamente en peligro su salud.

Aquí hay algunos consejos importantes a seguir para evitar contratiempos innecesarios mientras busca hongos:

- Forme parte de un grupo de apoyo denominado colectivamente grupo de micología u hongos. Muchos de estos grupos de autoayuda se están multiplicando por todo Estados Unidos, y seguir los consejos y recomendaciones de los expertos calificados y de renombre que encabezan cualquiera de estos grupos puede agregar valor a su aprendizaje y experiencia en la búsqueda de hongos.

- Consiga una guía local y un mapa que muestre los hongos silvestres que crecen en el área específica en la que está buscando comida.

- Aprenda a identificar el género del hongo que encontró observando elementos de identificación vitales como la huella de esporas, el tallo, la superficie en la que crece el hongo y la base del tallo. (estos elementos se tratan en capítulos separados de este libro).

- Siempre lleve dos contenedores para recolectar hongos forrajeros. Coloque los hongos identificados positivamente en un recipiente y los de los que no está seguro en el segundo.

Debe tener más precaución si lleva a su mascota, especialmente a un perro, en su viaje de búsqueda de alimento. Las mascotas encabezan la lista en términos de sucumbir a los efectos de los hongos venenosos.

La búsqueda y recolección de hongos implica una amplia gama de emociones y experiencias, desde el enfoque y la concentración necesarios para buscar las adecuadas hasta el cuidado que se tiene para elegirlas de la manera correcta hasta el deleite y la alegría de comerlas. La búsqueda de hongos es una de las mejores formas de atención plena y puede ser un bálsamo relajante para una mente atribulada.

Aparte del enfoque filosófico anterior sobre la búsqueda de hongos, también es una de las actividades más divertidas y productivas en las que participar. Por lo tanto, continúe, siga leyendo y encuentre más consejos y mucha ayuda sobre cómo puede comenzar el viaje de buscar hongos. Este libro incluye algunas recetas sencillas para algunos de los hongos silvestres.

Capítulo 2

Cosas que Hacer y Obtener Antes del Inicio de la Búsqueda de Hongos

Hay muy pocos artículos y equipos necesarios para comenzar su viaje de búsqueda de hongos. Sin embargo, es fundamental tener algunos elementos y recursos antes de comenzar. Este capítulo está dedicado a brindarle una descripción general de lo que debe hacer y tener antes de comenzar su historia de amor con los hongos en América del Norte.

Educarse

Uno de los mayores temores y errores que cometen los cazadores de hongos novatos es terminar consumiendo una especie de hongo equivocada, lo que resulta en resultados desastrosos y, a veces, incluso fatales. Este miedo y ansiedad están bien fundamentados, y la única forma de superar este obstáculo es educándose sobre los hongos, sus efectos, beneficios y los efectos negativos de los malos.

Un adagio común con advertencias entre los recolectores de hongos dice algo como esto: "Hay recolectores de hongos audaces y cazadores de hongos 'viejos'. Sin embargo, nunca se puede encontrar un recolector de hongos tan audaz como viejo".

Afortunadamente, las muertes relacionadas con hongos son bastante raras en América del Norte. Según el Sistema Nacional de Datos de Venenos, no hay más de tres muertes relacionadas con hongos cada año en los Estados Unidos. Sin embargo, hay muchas más personas que experimentan efectos secundarios desagradables por consumir los tipos incorrectos de hongos. Estos efectos secundarios van desde náuseas y vómitos leves hasta el hígado y mal funcionamiento, lo que requiere algún tipo de apoyo médico de por vida.

Mezclar hongos comestibles y seguros con venenosos son los errores más comunes que cometen los cazadores de hongos novatos. Por lo tanto, es imperativo que antes de ir a buscar hongos, se familiarice completamente con los rasgos característicos de los hongos que está buscando. Un libro de buena calidad para identificar hongos es la mejor manera de lograr este objetivo.

Es imprescindible una guía que muestre los hongos del área geográfica específica en la que desea buscar comida. La guía localizada es esencial porque la distribución de los hongos varía de un lugar a otro.

Una clave de una sola página detalla las partes de los hongos en su área específica. Esta guía de una página le dará una idea aproximada de si está viendo una variedad esperada de hongos o si es completamente desconocida.

Además de las dos cosas esenciales anteriores para llevar a cabo en su viaje de búsqueda de hongos, algunas cosas que pueden ser excelentes, pero no necesarias, incluyen:

- Un manual general sobre la búsqueda de hongos en América del Norte, no específico de su región. Este tipo de libros generales son excelentes y útiles adiciones a su biblioteca, especialmente si es de los que le encanta buscar comida incluso mientras viaja.

- Una aplicación para identificar hongos también es una excelente manera de asegurarse de que no termine recolectando los tipos incorrectos de hongos. Aunque este tipo de aplicación no es esencial, puede ser una buena idea tener una instalada en su teléfono para que pueda identificar con precisión cualquier hongo desconocido.

Educarse sobre la búsqueda de hongos no significa que tenga que aprender de memoria todas las cosas que necesita saber. Solo significa que puede identificar más o menos los incorrectos y tener el buen sentido de no ser demasiado entusiasta cuando encuentra algo que 'se ve' hermoso. La precaución es la palabra clave en la búsqueda de setas.

Cosas necesarias para buscar y recolectar hongos

Cuando realmente sales y comienzas a buscar hongos, necesitas tener los siguientes elementos:

Una bolsa de malla o una canasta : un buen recolector de hongos es aquel que ayuda a distribuir las esporas a otras partes del área forestal. Usar una bolsa de malla, una canasta de mimbre o una canasta estilo picnic es un gran elemento para llevar contigo. Las esporas de los hongos caerán en el recipiente de mimbre y, mientras camina por el área del bosque, estas esporas se caerán y repoblarán el suelo del bosque con semillas de hongos.

Un cepillo : un cepillo es una herramienta extremadamente útil para quitar el polvo de los hongos recogidos antes de ponerlos en su canasta. Cuanta menos suciedad tenga tu bolsa, más fácil será lavar y limpiar los champiñones antes de cocinarlos y comerlos.

Otra buena idea es colocar **cinta fluorescente** en los mangos del cepillo para que puedas encontrarlo fácilmente si lo dejas caer accidentalmente en el césped o en algún lugar del suelo.

Una navaja de bolsillo : una navaja es una herramienta esencial para las siguientes actividades:

- Para limpiar los tallos de las setas

- Cortar los tallos para buscar gusanos

- Para, a veces, extraer los hongos limpiamente del suelo

Cualquier cuchillo de cocina funciona bien para buscar hongos, aunque una navaja de bolsillo plegable es mejor para evitar cortes accidentales y magulladuras de la hoja expuesta cuando no está en uso. Al igual que hizo con el pincel, asegúrese de envolver el papel fluorescente alrededor del mango para facilitar la visibilidad.

Permisos necesarios: algunas tierras gubernamentales, especialmente las áreas forestales, requieren permisos para las actividades de búsqueda de hongos. A menudo, estos permisos se otorgan sin costo para uso no comercial. El permiso indicará el límite en la cantidad de hongos que puede recoger. Por ejemplo, su permiso podría indicar que puede recoger hasta 2 galones de hongos por día durante 15 días por año calendario.

Además, es posible que necesite permisos especiales para buscar especies de hongos especiales, exóticos o en peligro de extinción. Por ejemplo, buscar hongos matsutake en la región del noroeste del Pacífico requiere la obtención de un permiso especial. Las estaciones de guardabosques del Servicio Forestal local generalmente proporcionan a los recolectores de alimentos mapas que muestran qué áreas están permitidas para la búsqueda de alimento.

Un bolígrafo y un cuaderno : tomar notas mientras buscas en la naturaleza es una excelente manera de aprender sobre los hongos. Tome notas detalladas de la ubicación, el árbol, el tocón o el área de donde recogió los hongos y todos los demás detalles relevantes. Puede usar una cámara de grabación de audio para tomar videos y / o fotografías y registrar sus observaciones también.

Un mapa topográfico : ciertas especies de hongos tienden a crecer en elevaciones específicas dependiendo de la humedad y la temperatura del lugar y la altitud. Es probable que Internet le dé acceso a mapas topográficos. Sin embargo, es probable que el acceso a Internet esté distorsionado y sea débil en las áreas forestales. Por lo tanto, sería una buena idea llevar consigo una copia impresa de los mapas topográficos de la región en la que va a buscar hongos. Estas copias impresas emitidas por los Servicios Forestales de EE. UU. Se pueden descargar gratuitamente en formato PDF.

Algo para comer y beber : a medida que sube y baja montañas y colinas, es muy probable que aumente la sed y el hambre. Puede ser una buena idea llevar algo de comida y agua para su uso. Además, si en el caso de un escenario improbable pero posible en el que te pierdes en el desierto, es posible que tengas que esperar un tiempo antes de que un equipo de rescate te alcance. También necesitas comida y agua para sobrevivir en tales situaciones. Siempre lleve algunos bocadillos ligeros y una botella de agua mientras esté en su viaje de búsqueda de hongos.

Algunos elementos deseables que podrían mejorar su experiencia de búsqueda de alimentos son:

Walkie-talkies : si la expedición de búsqueda de hongos involucra a un gran grupo de amigos u otros recolectores, entonces un conjunto de walkie-talkies podría ser una gran idea para comunicarse entre sí. Sin embargo, para aquellos que no quieran invertir demasiado, un silbato de trabajo también puede funcionar bien, siempre que los miembros del grupo no estén muy lejos unos de otros.

Ropa brillante : recuerde que está aquí para buscar hongos, no pasar desapercibido ni perderse en los colores de la naturaleza. Use ropa de colores brillantes para asegurarse de que el grupo de búsqueda lo pueda localizar fácilmente en caso de que exista una posibilidad poco probable de que se pierda en la naturaleza. Además, si eres parte de un grupo, puedes permanecer visible para tus amigos recolectores.

Un dispositivo GPS sin conexión: teniendo en cuenta que la accesibilidad a Internet en áreas forestales remotas actuará mal, podría ser una buena idea obtener un dispositivo GPS sin conexión para ayudarlo a mantenerse en el rumbo y no perderse en la naturaleza. Por supuesto, también puede tener aplicaciones de teléfonos inteligentes para este propósito, aunque el uso de la batería puede ser motivo de preocupación. Si planea hacer de la búsqueda de hongos un pasatiempo a largo plazo, entonces un dispositivo GPS fuera de línea es una inversión digna.

Repelente de insectos : en América del Norte, la temporada de búsqueda de hongos (típicamente primavera) coincide con la temporada de garrapatas y mosquitos. Por lo tanto, un repelente de insectos no solo es útil, sino que es un elemento esencial que debe empacar cuando se embarque en su viaje de búsqueda de hongos.

Y finalmente, si eres un recolector solitario, entonces está bien, adelante y diviértete. Sin embargo, buscar comida con amigos, variedades humanas y / o caninas, puede ser mucho más divertido. Las posibilidades de encontrar grandes hongos aumentan automáticamente si combinas la actividad con tus amigos.

Los amigos pueden darle segundas opiniones con respecto a los hongos de apariencia sospechosa y la identificación de especies. Además, buscar comida con amigos significa que se apoyan mutuamente en caso de un accidente desafortunado. Además, un canino leal y bien entrenado puede salvarlo de la vida salvaje peligrosa, así como de algunos maleantes que podrían estar al acecho para asaltarlo cuando esté solo.

No desperdicie las setas recolectadas, úselas o consérvelas

La mayoría de las veces, es probable que recoja muchos más hongos de los que realmente necesita en el futuro inmediato. Los hongos comestibles frescos son excelentes potenciadores del sabor cuando se usan en sopas, pastas y otros platos. La mayoría de los comestibles son deliciosos fritos o asados.

Si no puede usar los hongos forrajeros inmediatamente, lo mejor que puede hacer es conservarlos para uso futuro. Las reglas fundamentales para la conservación de los hongos son:

- Escoja sólo la cantidad de hongos que pueda usar y / o conservar razonablemente a los pocos días de buscar alimento. No sería prudente recoger más hongos de los que puede comer y conservar.

- Debe conservar solo aquellos hongos que estén en excelentes condiciones y que hayan sido limpiados a fondo.

- Asegúrese de etiquetar cada recipiente de hongos en conserva con detalles como los tipos de hongos, cuándo fueron recolectados y conservados, dónde se encontraron y otra información pertinente e interesante.

Hay varias formas de conservar las setas en casa. Otro capítulo de este libro trata en detalle sobre la limpieza y conservación de los hongos forrajeros.

Y finalmente, no olvide que la búsqueda de hongos requiere que sea un aprendiz continuo. Además, retribuya al mundo de la búsqueda de hongos a su manera. Por ejemplo, si vive en un área donde se encuentran abundantes hongos, es muy probable que haya un club de recolectores de hongos activo allí. Inscríbete en el club y sé un miembro activo del mismo.

Los clubes como estos suelen tener miembros con diferentes niveles de experiencia, desde un recolector novato hasta aquellos que tienen años de experiencia en la búsqueda de hongos. Las interacciones con los miembros de dichos clubes no solo lo ayudarán a obtener suficiente conocimiento de los demás, sino que también le permitirán compartir lo que sabe con los demás a medida que construye gradualmente su experiencia en este campo fascinante.

Otro aspecto muy útil de unirse a estos clubes es que organizan expediciones de búsqueda de alimentos generalmente dirigidas por recolectores experimentados. Por lo general, organizan charlas informativas y debates con otros expertos en el campo, incluidos biólogos, chefs, autores y profesionales médicos, para difundir conocimientos sobre la búsqueda de hongos.

Si no tiene acceso a un club real cerca de su sala de estar, puede optar por foros en línea formados por recolectores de hongos. Las versiones en línea también ofrecen grandes oportunidades para aprender y conocer sobre los hongos. Puede solicitar fotos y consejos de identificación de personas experimentadas en el foro. Si conoce algunas de las respuestas, también tendrá la oportunidad de compartir lo que sabe con los demás.

Ya sea que elija unirse a un club local o una versión virtual en línea, recuerde que mantener una relación simbiótica es la mejor manera de obtener resultados óptimos para usted y para el club. Una pequeña advertencia aquí.

Si bien los recolectores de alimentos experimentados están encantados de compartir sus conocimientos y experiencia con usted, especialmente sobre las opciones incorrectas de hongos y cómo distinguir entre comestibles y venenosos, muchos recolectores de alimentos son bastante cautelosos al compartir información sobre sus áreas de alimentación favoritas. Y esta actitud vacilante es perfectamente comprensible, considerando que puede llevar años encontrar espacios lucrativos que tengan una abundancia de tus setas favoritas.

Por lo tanto, no se ofenda si los recolectores experimentados no divulgan los detalles de sus lugares favoritos de búsqueda de hongos. Pero casi todos los entusiastas están felices de compartir detalles como el diseño general de un área en particular, la elevación ideal donde se pueden encontrar hongos específicos fácilmente, detalles sobre plantas indicadoras alrededor de las cuales tienden a crecer ciertos tipos de hongos, etc. Después de esto, es depende de usted explorar la región y encontrar sus propios lugares de caza excelentes. Además, esta exploración es el principal aspecto divertido de la búsqueda de hongos.

Por lo tanto, busque ayuda y luego haga lo suyo. Con paciencia y un poco de dedicación, más temprano que tarde pasará de ser un novato a un recolector experimentado. Este libro trata en detalle algunos hongos importantes y comunes que se encuentran en América del Norte. Encontrará mucha más información sobre los siguientes hongos en los siguientes capítulos:

- Morillas

- Rebozuelos

- Setas de anillo de hadas

- Hongos dulces

- Hongos de la pradera

- Hongos melena lanuda

- Gallina del bosque

- Hongos con dientes de cabeza de oso

- Hongos bola gigantes

- Hongos Chaga

- Hongos Reishi

- Champiñones azufrados

- Hongos trompeta negra

Este libro tiene algunos capítulos dedicados a estos hongos, que explican las características de identificación, cómo distinguir una variedad comestible de un parecido tóxico, y un par de recetas fáciles para cocinar ciertas variedades especiales de hongos. Por lo tanto, siga leyendo y desarrolle sus niveles de conocimiento antes de comenzar sus viajes de exploración de hongos.

Capítulo 3

Limpieza y Conservación de Hongos

No hay duda de que buscar comida es uno de los pasatiempos más divertidos y mágicos a seguir. Es divertido pensar en explorar territorios desconocidos, descubrir hongos exóticos, tener tu canasta de mimbre rebosante de hongos, regresar a casa para mirar tu colección con asombro y felicidad. Es emocionante cocinar y comer los deliciosos platos, compartirlos con tus amigos y familiares, y todo lo relacionado con la búsqueda de hongos.

Después de terminar todo lo enumerado anteriormente, miras tu canasta y te das cuenta de que todavía te quedan muchos hongos, y ahora estás perplejo. ¿Qué hacer con una colección tan grande? Perderlos no es una opción porque no es el comportamiento de un recolector de hongos ético.

Bueno, la conservación es una excelente opción porque puede conservar sus hongos recolectados por más tiempo y usarlos como adiciones a múltiples platos. De hecho, la conservación de los hongos forrajeros es una actividad generosa para todos los recolectores de hongos. El proceso de conservación de las setas comienza con la limpieza.

Cómo limpiar hongos

Limpiar los hongos puede ser una tarea ardua considerando que muchas variedades, especialmente las populares como los rebozuelos, transportan mucha basura del suelo del bosque. A continuación, se ofrecen algunos consejos para limpiar los hongos con agua:

Pon algunos de ellos (hazlos en lotes pequeños) en un colador con pequeñas perforaciones. Póngalos bajo el agua del grifo directamente del grifo. Use un cepillo pequeño para quitar la suciedad de los hongos incluso mientras se lavan con agua corriente. Una vez que sus hongos estén completamente limpios, colóquelos en un colador más grande con perforaciones más grandes para escurrir.

Una vez que los hongos estén completamente drenados de agua, extiéndalos sobre una sola toalla y déjelos durante la noche para asegurarse de que se elimine toda la humedad y estén totalmente secos. Utilice los siguientes consejos para limpiar los champiñones antes de cocinarlos:

1. Antes de enjuagar los hongos, córtelos al tamaño deseado. Corta los champiñones por la mitad, en cuartos o en rodajas antes de limpiarlos con agua, de modo que tengas más superficie y obtengas unos champiñones más limpios que si intentaras enjuagarlos por completo sin cortarlos.

2. Coloca los champiñones dentro de un colador y colócalos de manera que cada una de las piezas quede bien expuesta al agua para enjuagar.

3. Las variedades pequeñas, como los champiñones, solo necesitan un enjuague rápido para eliminar toda la suciedad.

4. Asegúrese de que el grifo esté funcionando a presión media y que el agua esté a temperatura ambiente.

5. Luego, seque los hongos enjuagados y examine cada pieza a fondo y corte aquellas partes de donde la suciedad o el moho no se pudieron eliminar enjuagando.

6. En el caso de los hongos que no se deben enjuagar con agua, puede usar una toalla de papel húmeda para quitar los sedimentos apelmazados. Alternativamente, puede usar un cepillo de dientes nuevo humedecido en un poco de agua para hacerlo.

Diferentes métodos de conservación de hongos

Algunas de las formas comunes de conservar los hongos incluyen:

- Secado

- Congelación

- Polvo

- Tintura

- Decapado

- Hacer salsa de tomate con champiñones

Veamos cada uno de ellos con un poco de detalle:

Secar hongos

Cuando seque completamente los champiñones, puede conservarlos durante más tiempo que los frescos. Por ejemplo, si terminas con muchos hongos cuando buscas comida durante el otoño, simplemente puedes secarlos. En estado seco, también puede usarlos durante los meses de invierno. Existen varios métodos para secar hongos:

- Extiéndalos al sol después de limpiarlos a fondo.

- Colóquelos en un deshidratador durante la noche a una temperatura de alrededor de 115 a 120 grados F. Por la mañana, los hongos se volverán un poco crujientes como papas fritas.

Use estos consejos para secar sus hongos (generalmente obtendrá 1.5 onzas de hongos secos de una libra de hongos frescos):

- Cortar las setas en rodajas finas. Las rodajas no deben tener más de ½ pulgada de grosor. La regla del pulgar es esta. Cuanto más gruesa sea la pulpa, más fina debe ser la rebanada. Luego, puedes secarlos al sol usando cualquiera de estos métodos:

- Ensarte las setas en rodajas y cuélguelas para que se sequen en una habitación ventilada, que reciba mucha luz solar. Alternativamente, puede exponerlos a la luz solar directa, especialmente cuando el clima es cálido.

- Puede extender las rodajas en una rejilla de alambre, que se puede colocar en un registro de calor para que los hongos se sequen lentamente.

- El truco consiste en secar los champiñones hasta que se rompan como una galleta. Si el hongo solo se dobla o todavía parece húmedo, entonces debe continuar el proceso de secado hasta que se "seque como una galleta".

- Simplemente colóquelos en una sola capa sobre una hoja de periódico y déjelos secar. Debería repetir este proceso todos los días, dando la vuelta a los champiñones en rodajas de vez en cuando hasta que estén completamente secos. Es importante no amontonar los hongos.

Es mejor no secar los champiñones en un horno porque requiere mucho seguimiento continuo. Si los dejas secar en un horno sin revisar durante mucho tiempo, tus hongos pueden volverse extremadamente duros y no comestibles, ya que es muy difícil rehidratarlos. Puede almacenar los hongos completamente secos en un recipiente hermético con un pequeño paquete de desecante para evitar la absorción de humedad en el futuro. Adjunte una etiqueta en el recipiente con los siguientes detalles:

- Tipo de hongo

- Fecha de recogida

- Lugar recogido

- Fecha de conservación

- Cualquier otra información importante

A continuación, congélelos en un recipiente hermético durante una semana para asegurarse de que los microbios hayan llegado a los hongos durante el proceso de deshidratación. Después de una semana de congelarlo, retire el recipiente y guárdelo en un lugar seco.

También puede utilizar un hidratante de alimentos para secar y conservar los champiñones. Coloque los champiñones en rodajas en las rejillas del hidratador de alimentos, asegurándose de que no estén superpoblados. El secado lento a una temperatura más baja (alrededor de 150 grados C) durante un período más largo es mejor que el secado rápido a altas temperaturas. Las temperaturas más altas tienden a dañar los hongos y sus nutrientes.

El proceso de rehidratación de estos hongos secos es muy sencillo. Remójelos en agua tibia durante unos 15 a 20 minutos y los hongos estarán listos para usar. Además, no deseche el agua en la que se remojaron los hongos porque absorberá los sabores de los hongos secos. Por lo tanto, puede usarlo para cocinar sus platos. Sería como un caldo de hongos.

Puede usar el método de secado para colmenillas, shiitake, etc. Los hongos trompeta negra (que se encuentran abundantemente en el noreste de América del Norte) son una de las mejores variedades de hongos que se usan en forma seca. Obtienen un sabor ahumado, aromático y agradablemente afrutado cuando están secos. Pueden cosecharse durante el verano y utilizarse en forma seca hasta el invierno.

La ventaja de secar los hongos incluye:

- El secado es el mejor método para conservar el sabor durante mucho tiempo. De hecho, el secado intensifica el sabor de muchas especies de hongos.

- Es muy fácil y conveniente almacenar hongos secos. No es necesario ningún equipo especial.

- Las desventajas de secar hongos son:

- Es probable que el secado cambie la textura de los hongos, haciéndolos bastante duros.

- Los aromas a menudo se pierden en el proceso de secado.

- La rehidratación no restaura la textura de los hongos a niveles anteriores.

- El uso de máquinas deshidratadoras puede resultar caro y complicado.

Hongos congelados

Los champiñones son excelentes para conservar mediante métodos de congelación. Puede dejar los champiñones pequeños como están y cortar los más grandes en rodajas. Los champiñones para congelar no deben medir más de 1 pulgada. Puede usar cualquiera de los siguientes métodos para congelar hongos:

- Saltearlos en un poco de mantequilla o aceite de oliva. Luego enfríelos a temperatura ambiente y luego transfiera los hongos a recipientes de plástico o bolsas para congelar.

- Puede cocinar los champiñones al vapor sobre agua hirviendo o en una olla humeante. Después de unos 10 minutos de cocción al vapor, enfríe los champiñones y transfiéralos a recipientes o bolsas.

- También puede blanquear los champiñones antes de congelarlos. Cualquiera que sea el método que utilice para cocinar sus champiñones durante no más de 10 minutos, debe enfriarlos completamente antes de transferirlos a paquetes de congelador o recipientes de plástico.

La etiqueta del recipiente debe tener más detalles que solo los hongos secos. Esa información incluye detalles sobre si los champiñones fueron salteados, escaldados o al vapor y la fecha del proceso de cocción. Matsutake, Verpa, colmenillas, orejas de cerdo y rebozuelos son excelentes para conservar mediante el método de congelación.

Las ventajas de escaldar y congelar hongos parcialmente cocidos como método de conservación son:

- El escaldado es una excelente manera de limpiar los hongos y de evitar que se vuelvan blandos.

- La suciedad y la arena se eliminan mediante el escaldado sin afectar el sabor del producto final congelado.

- Este proceso de conservación es conveniente para grandes cantidades en un período corto.

- Puede simplemente poner hongos congelados en sus sopas, ya que no es necesario descongelarlos previamente.

Una de las mayores desventajas de escaldar y congelar es que los champiñones congelados no son aptos para freír, saltear o cualquier forma de crujiente de champiñones.

Las ventajas de cocinar al vapor y congelar los hongos incluyen:

- Cocer al vapor es bastante conveniente.
- El producto final congelado es más versátil que el producto final escaldado y congelado.
- La textura y los sabores se conservan excelentemente.
- Las desventajas del método de cocción al vapor y congelación son:
- Cocer al vapor requiere más tiempo y esfuerzo que el proceso de escaldado.
- La suciedad y la arena no se eliminan tan bien como en el proceso de escaldado. Por lo tanto, debe seleccionar solo aquellos hongos que se hayan limpiado a fondo para este proceso. Debería utilizar otros métodos de congelación para otros.

Las ventajas del método de salteado y congelación de conservación de hongos son:

- Conveniente y fácil, la textura y el sabor de los champiñones así conservados son los mejores de los tres.
- La calidad de textura y sabor no se conserva tanto tiempo como los otros dos métodos.

Champiñones en escabeche

Para encurtir champiñones, necesitará algunos ingredientes adicionales. Además, los frascos de conservas con bandas y tapas funcionan mejor para almacenar los hongos en escabeche. Es una cosa hecha esterilizar los frascos antes de guardar los champiñones en escabeche. Aquí hay un método simple para esterilizar tarros de cristal:

- Ponga el frasco en agua hirviendo durante unos 10 minutos.

- Luego, saca el frasco del agua caliente con un par de pinzas y colócalo sobre una toalla limpia para que se seque.

Otros ingredientes necesarios para encurtir champiñones son (las medidas dadas son buenas para seis tazas de champiñones):

10 granos de pimienta

Ramitas de tomillo

Chile picante seco

Dientes de ajo

Sal kosher

vinagre blanco

Aceite de oliva

Azúcar granulada

Limpiar bien los champiñones. Usar una variedad de hongos es una excelente manera de hacer que el pepinillo sea muy sabroso. Hervir los champiñones un poco más de tiempo que en caso de secarlos o congelarlos. Aproximadamente 15 minutos bastarían.

Ponga a hervir todos los demás ingredientes mencionados anteriormente en agua para que pueda obtener una salsa bien especiada. Cuando esta salsa esté bien hervida, viértala sobre los champiñones cocidos. Rellena los frascos esterilizados con los champiñones en escabeche y vierte un poco más de salsa hasta que los champiñones estén completamente cubiertos.

Selle la tapa del frasco de vidrio lleno y déjelo enfriar a temperatura ambiente, después de lo cual debe refrigerar los champiñones en escabeche. Puede usar una variedad de especias y hierbas para encurtir sus hongos según sus gustos / disgustos y cómo cada especia se casa con cada hongo.

Las ventajas del encurtido de setas son:

- Los caldos de encurtidos utilizados para marinar los champiñones intensifican los sabores. Por tanto, el decapado es excelente para conservar variedades blandas.

- Es relativamente fácil encurtir hongos en casa.

- Las desventajas del método de decapado son:

- Necesita recetas probadas y es imperativo que se adhiera estrictamente a las recetas.

- No es un buen método para experimentar porque un decapado incorrecto puede provocar intoxicación alimentaria.

Conservar los hongos extra recolectados es bueno no solo para ti, sino también un reflejo de tu respeto por los frutos de la naturaleza. Al conservar los hongos recolectados, esencialmente le está diciendo a la madre naturaleza que valora cada pequeña cosa que ella le da. Por lo tanto, asegúrese de no elegir más de lo que necesita y, si lo hace, por alguna razón, asegúrese de que no se desperdicie nada.

Capítulo 4

Morillas y Rebozuelos

Los siguientes capítulos se centran en hongos silvestres particulares que se pueden recolectar en América del Norte. Comenzamos con los favoritos comunes, a saber, morillas y rebozuelos.

Morillas

Los hongos Morel se encuentran abundantemente en América del Norte, especialmente en los Estados Unidos que crecen debajo de árboles de madera dura. La temporada de cosecha de las morillas consta de una ventana muy corta durante la primavera. Esta ventana de cosecha varía de un lugar a otro. Las características distintivas de los hongos morel incluyen:

El casquete 'en forma de panal' de color gris amarillento y profundamente arrugado, que está hueco en el centro. Este hongo suele tener de 2 a 9 cm de altura y de 2 a 5 cm de grosor. Algunas variedades venenosas tienen tapas en forma de panal como las morillas comestibles. En caso de duda, guárdelos en un recipiente aparte para consultar con los expertos más adelante o no los recoja en absoluto.

Las morillas tienen un sabor muy fuerte y están en su mejor momento cuando se cocinan con mantequilla. Las morillas con puerros son la combinación favorita de muchos amantes de los hongos.

Hay muchas preguntas a las que debe prestar atención mientras busca hongos colmenillas. Preguntas como cuándo mirar, dónde mirar, cómo se ven, cómo se ven y más.

Cuándo mirar : Es importante saber que el mejor momento para cosechar las colmenillas es durante la primavera. Las morillas negras son las primeras en llegar, seguidas por las morillas amarillas unas tres semanas después. También se han visto morillas durante el invierno. Realmente tienen una mente propia cuando se trata de cuándo quieren crecer.

Dónde buscar : Los hongos Morel ocupan las zonas templadas de ambos hemisferios. A diferencia de algunos hongos, las morillas no crecen en los árboles. No crecen en madera. Siempre los encontrarás en el suelo, creciendo en grupos o en racimos. A veces simplemente están dispersos, y algunos incluso crecen solos. Si te encuentras con uno más, detente y mira a tu alrededor. Lo más probable es que encuentre muchos más en las cercanías. Eche un vistazo a las áreas que están cubiertas por las sombras de los árboles y seguramente encontrará un grupo o dos.

Es más fácil localizar el tipo de hongos colmenillas si sabe en qué árbol muelen. La mayoría de las colmenillas están asociadas con su propio árbol alrededor del cual crecen.

Dado que las morillas negras son las primeras en aparecer durante la temporada de morillas, hablaremos de ellas primero. Generalmente crecen alrededor de árboles coníferos y se encuentran principalmente en el noroeste de América. Las áreas con actividad humana también son favorables para el crecimiento de hongos colmenillas. Las morillas negras también se encuentran cerca de las cenizas, por lo que visitar las áreas quemadas facilitaría la búsqueda de morillas.

Las morillas amarillas son más comunes en el este de América del Norte y en los países del Medio Oeste. Crecen alrededor de árboles de madera dura, incluidos tulipanes, fresnos, álamos y olmos muertos o moribundos. También crecen en viejos huertos de manzanos.

Estos son solo lugares generales donde puede encontrar lo que está buscando. Hay casos en los que las morillas amarillas crecen alrededor de los árboles coníferos y las morillas negras crecen alrededor de los árboles de madera dura.

El estudio muestra que a las morillas les encanta crecer en suelos alcalinos. Esto explica su preferencia por los manzanos y las áreas quemadas. Los incendios forestales crean cenizas, lo que aumenta la alcalinidad del suelo circundante. Los manzanos también favorecen el crecimiento de suelos alcalinos. Entonces, antes de plantar manzanos, el suelo se trata con carbonato de calcio, que es un proceso llamado encalado. El nuevo suelo alcalino tratado resulta ser una condición favorable para el crecimiento de las morillas.

Cómo se ven: muchas especies de hongos se pueden clasificar en morillas negras y amarillas. Las morillas adquieren una forma cónica. Son setas largas y delgadas, a diferencia de la mayoría de las setas comunes, que son cortas y anchas. Las morillas adquieren una variedad de colores. Los sombreros tienen colores opacos característicos como marrón amarillento, gris, negro grisáceo, oliva, etc., mientras que el tallo adquiere un color blanquecino. Las tapas de las colmenillas son muy diferentes a las de otras setas. Una vez que sepa qué buscar, será difícil identificar erróneamente un hongo morilla.

Sus gorras son estriadas por fuera y tienen una apariencia de panal por dentro. Sus gorras también están completamente adheridas al tallo. Parece como si las tapas emergieran del tallo y se encontraran en la parte superior. Cuando cortamos una colmenilla a lo largo, vemos que está llena de una sustancia algodonosa.

Qué se parecen a ellas : hay muchas similitudes tóxicas de morillas, y es importante aprender a discernir entre ellas para que no termine consumiendo las incorrectas. Sin embargo, las diferencias entre ellos no son muy difíciles de aprender y dominar, aunque como novato, debes tomar segundas opiniones en caso de duda (guárdalas en una canasta separada para preguntarle a un experto más adelante, o alguien de tu grupo también puede ayudar), o mejor aún, no los recoja hasta que esté absolutamente seguro.

- **Colmenillas medio libres** : este hongo no se parece exactamente a un hongo morel excepto por el hecho de que tiene un tallo blanco. Las tapas de las morillas medio libres son cortas. Además, cuando cortamos este hongo a lo largo, podemos ver que el sombrero no se origina completamente en el tallo, sino que solo está medio adherido al tallo. De ahí el nombre de morillas medio libres.

- **Dedal arrugado** : como su nombre indica, este hongo tiene un sombrero muy arrugado, a diferencia de un hongo morilla, que tiene un sombrerete estriado. Estos hongos son muy cortos. Su gorra está unida a la punta del tallo y se extiende en todas direcciones desde la punta como un paraguas. Los lados de la gorra cuelgan libremente.

- **Morillas falsas** : las diferencias entre morillas falsas y verdaderas son tan claras como el día y la noche. Las morillas falsas son hongos cortos con una gorra arrugada de color rojizo oscuro. Su stock también es muy amplio. Cuando se corta a lo largo, las morillas falsas aparecen dobladas en el interior, mientras que las morillas verdaderas aparecen huecas con un relleno algodonoso. Es importante diferenciar entre morillas falsas y verdaderas. Algunas especies de morillas falsas como G.esculenta, al consumirse, pueden provocar problemas como náuseas, fiebre y fatiga, insuficiencia hepática y renal y, a veces, incluso la muerte.

Cómo consumir: Las morillas negras y amarillas son uno de los hongos comestibles más favorecidos. Pero al igual que todos los hongos silvestres, nunca debe comerse crudo. Las morillas saben mejor cuando se cocinan en mantequilla o aceite.

Rebozuelos

Con más de 15 especies diferentes, los rebozuelos son otra variedad común de hongos silvestres que se encuentran abundantemente en América del Norte. También están disponibles en abundancia en América Central, África y Eurasia. Los rebozuelos crecen típicamente en bosques de coníferas. Pero también puede encontrarlos en ciertas especies específicas en pastizales y en lugares particulares en bosques montañosos de abedules y hayas.

Estos hongos generalmente crecen en grupos entre el musgo. La temporada de cosecha de rebozuelos comienza a fines del verano y se extiende hasta diciembre, según la ubicación y la especie. Las características distintivas de los rebozuelos incluyen:

- Hongos carnosos dorados o amarillos en forma de embudo.

- Las crestas en forma de branquias debajo del sombrero corren a lo largo del tallo hacia abajo.

- Los rebozuelos tienen un olor terroso, afrutado o amaderado.

Los rebozuelos tienen un sabor picante y, al ser bastante ricos en sabor, resultan excelentes platos que usan vinos, mantequilla o crema. Las similitudes venenosas de los rebozuelos o los rebozuelos falsos son una tapa de color amarillo más oscuro (casi naranja). Las tapas también tienen centros oscuros que se desvanecen progresivamente hacia los bordes. Los rebozuelos falsos rara vez son fatales. Sin embargo, tienen un sabor horrible y también pueden causar problemas de estómago. Ejemplos de morillas falsas incluyen los hongos jack-o-lantern.

El clima ideal para el crecimiento de los hongos rebozuelos son los días calurosos y húmedos. Los días posteriores a las fuertes lluvias también son muy favorables para su crecimiento. Los rebozuelos adquieren un color naranja rojizo. Son pequeños, pero debido a su color brillante, no son difíciles de detectar. Una gama muy amplia de especies de hongos se puede clasificar como hongos rebozuelos. En los Estados Unidos, hay tres grupos de colores distintos de rebozuelos que son muy comunes.

Rebozuelos rojos : estos hongos pequeños y de carne fina seguro que son un placer para la vista. También se les llama cinabrios. Los cinabrios saben a suaves notas de albaricoques mezclados con almendras.

Rebozuelos negros : a menudo denominados 'trompetas negras', estos hongos son más grandes que los cinabrios pero más pequeños que los rebozuelos anaranjados. Ellos también son de carne fina. Las trompetas negras son conocidas por su delicioso sabor. Por lo general, se secan, se pulverizan y se cocinan en aceite de oliva para crear aceite de trompeta negra. Este aceite se disfruta principalmente con pan.

Rebozuelos anaranjados : los rebozuelos naranjas, a diferencia de su nombre, vienen en una gama de colores que incluyen rosa, melocotón, amarillo y, por supuesto, naranja. Los rebozuelos anaranjados tienen una amplia variedad de subespecies debajo de ellos con formas, colores y tamaños ligeramente diferentes. En los Estados Unidos, hay cientos de subespecies de rebozuelos naranjas estrechamente relacionadas, pero genéticamente distintas.

Al igual que los rebozuelos negros, los rebozuelos de naranja también son deliciosos cuando se cocinan. Tienen un sabor sutil con notas de albaricoques y almendras.

Dónde encontrar hongos rebozuelos anaranjados : estos hongos se encuentran abundantemente en los Estados Unidos. De hecho, se encuentra en todos los estados excepto en Hawái ya que las condiciones climáticas de Hawái no son favorables para su crecimiento.

Forman una relación simbiótica con los árboles que los rodean. Esto significa que su árbol anfitrión los alimenta y ellos alimentan a sus árboles anfitriones. Es por eso que los rebozuelos se encuentran a menudo creciendo en bosques maduros y espesos. Se encuentran de manera prominente alrededor de robles, hayas y arces y, a veces, incluso en árboles de hoja perenne.

Cuando crecen los rebozuelos : a estos hongos les encantan las condiciones cálidas y húmedas. Las fuertes lluvias iniciarán el crecimiento de los hongos rebozuelos, y dentro de las dos semanas de lluvia, encontrará un crecimiento prominente de los hongos rebozuelos.

Cómo se ven los rebozuelos : las especies más prominentes de hongos rebozuelos son las especies roja, negra y naranja. Es muy fácil encontrar rebozuelos naranjas por su abundancia y gran tamaño. Aparte de sus colores, casi todos los rebozuelos tienen forma de jarrón. La parte inferior de estos hongos consiste en branquias falsas. Estas branquias falsas se bifurcan, a diferencia de las verdaderas branquias que son hojas individuales. Se encuentra que crecen solos o en pequeños grupos cerca de los árboles. Desprenden un olor muy dulce y afrutado.

También es importante saber acerca de sus imitaciones venenosas. Aquí hay algunos parecidos importantes:

- **Hongos Jack-o-lantern** : estos hongos son venenosos. Tienen un característico color naranja brillante y sus branquias tienen un brillo verde por la noche. Crecen alrededor de árboles muertos y en descomposición, y se encuentran principalmente en racimos.

- **Rebozuelos falsos** : estos hongos se parecen mucho a los rebozuelos verdaderos. Es seguro consumir estos hongos, pero algunas personas no han informado efectos secundarios a pesar de haber consumido estos hongos, y otras se han quejado de dolor de estómago y fiebre. Es mejor mantenerse alejado de estos hongos. A diferencia de los verdaderos rebozuelos, estos hongos tienen verdaderas branquias en la capa inferior de su sombrero.

- **Setas erizo** : si te cruzas con esta seta, la consumes sin pensarlo dos veces. Tienen un sabor delicioso. El problema es que son mucho más raros que los rebozuelos de naranja. Sabes que has encontrado hongos erizo si ves pequeños dientes blancos en la parte inferior de la gorra. Aquí es donde se liberan las esporas.

Cómo cosechar rebozuelos

Una vez que haya identificado los rebozuelos, es hora de cosecharlos.

1. Corta las setas por la base del tallo para no dañar los racimos vecinos y reducir el tiempo de limpieza de las setas.

2. Asegúrese de recoger solo rebozuelos limpios y dejar los que están cubiertos de barro. Además, los que deje atrás darán esporas que se convertirán en rebozuelos frescos.

3. Es mejor cosechar los viejos y los grandes en lugar de los pequeños y los jóvenes. Esto asegura que ya hayan producido esporas.

4. Use un filtro o una canasta transpirable mientras transporta rebozuelos para que liberen esporas sobre las áreas a las que se transportan. Esto da lugar a nuevas colonias de rebozuelos.

5. No arranque los rebozuelos y guárdelos para su uso posterior. Empezarán a estropearse en dos días. Si los mantiene refrigerados, pueden vivir hasta una semana o dos.

Cómo cocinarlos

- El primer paso es deshidratarlos y pulverizarlos. Los rebozuelos son 95% de agua, que luego se puede usar para agregar sabor a otros platos.

- Saltee en mantequilla o aceite durante veinte minutos. Déjelos enfriar y póngalos en bolsas Ziplock en el refrigerador. Este método ocupa más espacio de almacenamiento que los hongos deshidratados, pero el sabor permanece en el hongo por un período más largo.

Las morillas y los rebozuelos se encuentran abundantemente en América del Norte, e incluso como un recolector de hongos novato, es poco probable que los extrañe cuando esté de caza.

Capítulo 5

Hongos de Anillo de Hadas y Hongos de Diente Dulce

Setas de anillo de hadas

Las oreades de Marasmius se conocen comúnmente como setas de anillo de hadas. El nombre único de "setas de anillo de hadas" proviene del folclore antiguo. Se creía que estos hongos que crecen en círculos siguen el camino trazado por las hadas que bailan en círculo o en anillo. Y si subiste al ring, es posible que te veas obligado a unirte al baile. Ampliamente distribuidos en América del Norte, los hongos de los anillos de hadas generalmente crecen en áreas verdes como campos, prados y dunas.

También puedes encontrarlos en cráteres formados por tocones de árboles muertos. Se pueden recolectar tanto en verano como en otoño. En climas cálidos, los hongos anillo de hadas se pueden cosechar durante todo el año.

Las características distintivas de los hongos de anillo de hadas incluyen:

- Crecen en arco o en anillo.

- Sus gorros suelen tener de 1 a 5 cm de diámetro.

- En una etapa inmadura, sus gorras a veces se enrollan hacia adentro. Sin embargo, a medida que maduran los hongos, las tapas se vuelven hacia arriba.

- A veces, las tapas de los hongos anillos de hadas se describen como pezones debido a un centro prominente.

- Las branquias están muy espaciadas y algunas están bifurcadas, lo que significa que no están completamente conectadas con el tallo.

- El color de los hongos de los anillos de hadas suele ser un beige pálido o bronceado, ya veces también blanco. Están secos y calvos.

- Una característica altamente confiable de los hongos de anillo de hadas es que el tallo es muy resistente y flexible.

Los tallos deben separarse del tapón ya que no se pueden cocinar. Los tapones intactos deben enjuagarse con agua fría y luego dejarlos secar. Como no tienen un sabor muy fuerte, puedes agregar tus especias favoritas para hacerlas tan deliciosas como quieras.

Los hongos de anillo de hadas se encuentran en áreas soleadas y abiertas. Puede encontrarlos en prados, patios y pastos cubiertos de hierba. A medida que crecen estos hongos, el micelio consume todos los nutrientes del suelo, lo que hace que la hierba en la que crecen estos hongos se seque. Esta es la razón por la que tiende a ver un anillo de hierba seca alrededor del borde del micelio.

Cuando el micelio central consume todos los nutrientes del suelo circundante, muere, lo que hace que todos los nutrientes vuelvan al suelo. En consecuencia, la hierba comienza a crecer de nuevo, formando un anillo de hierba fresca sobre el anillo seco anterior.

Algunas características más importantes del tallo de los hongos de anillo de hadas son:

- El tallo es resistente y flexible, lo que significa que puede doblar el tallo hacia adelante y hacia atrás, pero no se romperá.

- Es importante tener cuidado al cortar el tallo antes de cocinar porque la tapa se puede romper si se ejerce demasiada presión.

- Una de las características que le ayuda a distinguir las setas de anillos de hadas de otras es la calidad del tallo. Los tallos de otros hongos se rompen fácilmente.

Cocinar con setas de anillo de hadas : primero, debe cortar suavemente el tallo de la tapa. La tapa tiene que estar en una sola pieza después de que se separa del tallo. La mejor manera de mantener la tapa intacta es girando suavemente el vástago, que saldrá de la tapa. Los hongos de anillo de hadas son bastante fáciles de limpiar, considerando que no se encuentra mucha suciedad en ellos. Puede hacer un enjuague rápido para eliminar toda la suciedad de las tapas.

Conservar las setas de anillo de hadas también es muy fácil. Son tan ligeros que secarlos al sol es el método más sencillo. Un punto importante a tener en cuenta aquí es que los hongos de anillo de hadas pueden secarse con bastante rapidez y, por lo tanto, debe controlarlos regularmente para evitar que se arruguen excesivamente. Además, si hay signos de lluvia inminente, asegúrese de traer los hongos secos porque, con solo un poco de humedad, pueden rehidratarse.

Beneficios nutricionales : gracias a las tapas comestibles de tamaño muy pequeño, los hongos de anillo de hadas rara vez se usan como componente principal de cualquier plato. Se utilizan principalmente para dar sabor a platos (tienen un sabor dulce, casi a canela) y para darle un toque interesante a la textura del plato. Son hongos muy saludables considerando su alto contenido en proteínas y fibra y bajo contenido en grasas y carbohidratos.

Un aspecto tóxico es el mortífero Fool's Funnel que tiene niveles potencialmente fatales de muscarina, una toxina peligrosa. Otro problema con los hongos de anillo de hadas es que, dado que crecen en pastizales y céspedes, los efectos tóxicos de los pesticidas que a menudo se rocían pueden ser absorbidos por los hongos. Por lo tanto, si encuentra setas de anillo de hadas en su expedición de búsqueda de alimento, debe comprender el estado de la pradera o prado del que las ha recogido.

Pasta con salsa de champiñones y anillo de hadas

Ingredientes:

- Setas de anillo de hadas (limpias) - 2 onzas

- Pasta Capellini - 4 onzas (puede usar cualquier pasta de su elección)

- Chalotes en cubitos - 1 cucharada

- Mantequilla sin sal - 3 cucharadas

- Vino blanco seco - ⅛ taza

- Caldo de pollo - ½ taza (puede usar cualquier caldo de ave o incluso caldo de verduras si desea volverse vegano con este plato)

Direcciones:

Cuece la pasta en agua hirviendo con sal hasta que esté al dente. En otra sartén, derrita 2 cucharadas de mantequilla y fríalos unos minutos hasta que se doren. Condimentar con sal y pimienta. Agrega el vino y cocina un par de minutos más. Luego agregue el caldo de pollo, aves o vegetales y hierva la mezcla.

Agrega la pasta al dente y revuelve continuamente. Agrega la mantequilla restante. Revuelva para obtener un excelente plato de pasta en una salsa cremosa.

Hongos Dulces

También conocidos como **erizo de madera** o **setas de erizo**, los hongos golosos se distribuyen ampliamente en América del Norte, Australia, Europa y el norte de Asia. En América del Norte, los hongos golosos fructifican alrededor de los robles blancos, y en las partes del norte del continente, crecen alrededor de los pinos.

Sus temporadas de cosecha comienzan alrededor de mediados del verano y continúan hasta fines del otoño. Una de las mejores cosas de los hongos golosos es que los insectos no se sienten atraídos por ellos, lo cual es un cambio refrescante de otras variedades de hongos en los que muchos de los buenos se infestan rápidamente de insectos, especialmente durante el verano.

Los hongos erizo golosos tienen dientes o estructuras en forma de espinas en lugar de branquias debajo de sus tapas. Estos dientes son la característica definitoria de esta variedad de hongos. Otras características incluyen:

- Las tapas se parecen a las de los rebozuelos, aunque esta variedad tiene un bronceado más oscuro, casi anaranjado, en lugar del amarillo dorado de los rebozuelos.

- El hongo goloso adquiere un color marrón amarillento o naranja oscuro.

- Las tapas son en su mayoría de forma convexa, aunque también tienen otras formas. El diámetro de las tapas varía entre 2 y 17 cm.

- Las branquias varían de un color blanquecino a un marrón claro y tienen una estructura similar a un diente.

- El tallo de los hongos golosos suele estar descentrado y, a menudo, tiene una forma irregular.

No hay muchos imitaciones venenosas comunes. El hongo goloso tiene un sabor dulce a nuez, es crujiente y también se puede congelar. Dos especies estrechamente relacionadas representan los hongos golosos, a saber, Hydnum repandum y Hydnum umbilicatum.

Algunas diferencias básicas entre estas dos especies incluyen:

- La tapa de Hydnum repandum varía entre 2 y 8 pulgadas de diámetro. Es grueso y mayoritariamente convexo, aunque también se ven casquetes de otras formas. Obtienen un color anaranjado cuando se magullan. El casquete de Hydnum umbilicatum es generalmente más pequeño y tiene una depresión hundida en la parte superior. El tallo de esta especie está más centrado que el Hydnum repandum.

- La pulpa de Hydnum repandum es blanquecina, espesa y se tiñe a un color anaranjado cuando se cepilla. La carne de Hydnum umbilicatum es delgada y blanquecina, pero no mancha cuando se magulla.

- Hydnum umbilicatum se puede encontrar en áreas húmedas y debajo de coníferas desde aproximadamente agosto hasta noviembre, aunque se ven más prominentemente en septiembre y octubre. Si encuentra un Hydnum umbilicatum, es probable que encuentre muchos más en los alrededores. Hydnum repandum se puede encontrar cerca de árboles de madera dura como abedules y hayas.

Los hongos golosos tienen un sabor delicioso cuando simplemente se saltean o se fríen en mantequilla. También puedes secarlos para conservarlos. Tienen una textura crujiente y su olor y sabor son bastante similares a los rebozuelos. El olor de los hongos golosos se intensifica cuando se secan. Algunos expertos en hongos creen que los hongos erizo son subestimados debido a los rebozuelos más populares y disponibles.

Limpiar los hongos golosos puede ser bastante complicado porque los granos de arena pueden atascarse en los grandes espacios entre los dientes. Sería mejor para usted primero cepillar toda la arena y la suciedad visibles, y luego enjuagar rápidamente con agua corriente para asegurarse de que se elimine toda la suciedad. Es importante no mantenerlos mucho tiempo en el agua porque tienden a encharcarse. Después de un enjuague rápido, manténgalos en una toalla de papel para que se sequen. Si los champiñones están relativamente limpios, basta con cepillarlos con una brocha de repostería.

Encurtir hongos golosos es una excelente manera de conservarlos. Secarlos puede no ser una gran idea porque, como los rebozuelos, la textura y el sabor cambian después de que se rehidratan y se convierten en algo bastante diferente del estado original.

Hash de papa con hongos dulces

Ingredientes:

- Aceite de oliva - 4 cucharadas
- Chalotas (cortadas en cubitos) - 4 (si usa cebolla, una mediana sería suficiente)
- Papas medianas (en cubos) - 2-4
- Apio (picado) - 1 taza
- Tomillo fresco - algunas ramitas
- Hongos golosos (picados) - 2-3 tazas
- Cebolletas - 3-5 hojas (puede usar cebolletas de ajo para darle más sabor)

Direcciones:

Sofría las cebollas o chalotes con 3 cucharadas de aceite hasta que estén suaves y traslúcidos. Mezcle las papas y cocine durante unos 20 minutos hasta que los cubos de papas estén lo suficientemente cocidos como para que pueda perforarlos con un tenedor. Ahora, agregue las cebolletas, el apio y el tomillo y continúe cocinando hasta que el apio esté listo, revolviendo ocasionalmente. Retirar esto del fuego y reservar en un bol.

Ahora, cocine los hongos golosos en la cucharada restante de aceite durante unos 5-10 minutos hasta que los hongos se ablanden. Vuelva a colocar el picadillo de papa en la sartén y mezcle bien. Servir caliente.

Capítulo 6

Hongos de Pradera y Hongos de Melena Lanuda

Hongos de pradera

La buena noticia para los principiantes es que los hongos de la pradera (Agaricus campestris) no necesitan ser "forrajeados" porque se pueden ver en abundancia al azar. Por lo general, comienzan a fructificar a principios del verano. Cuando encuentre hongos de pradera, es probable que encuentre un montón de ellos juntos. Y aún mejor es cuando encuentre un lugar así, luego almacene la ubicación en algún lugar porque si regresa el próximo año aproximadamente a la misma hora, definitivamente lo encontrará creciendo repetidamente en la misma área.

Los hongos de pradera también se llaman hongos de campo y se encuentran en toda América del Norte. También crecen abundantemente en Asia, Europa, Nueva Zelanda y África del Norte. Generalmente se encuentran en los pastizales, los hongos de los prados pueden crecer en forma de anillo (como los hongos de los anillos de hadas) o como una variedad independiente. Se encuentran comúnmente en el Gran Valle Central de California. Los hongos de la pradera se pueden cosechar en verano, primavera y otoño después de las lluvias. Las características identificativas incluyen:

- Una gorra blanca con un diámetro de entre 5 y 10 cm.

- La tapa es plana cuando el hongo está maduro.

- Las branquias debajo del sombrero son de color rosa durante la etapa inmadura y, a medida que los hongos maduran, estas branquias se vuelven de color marrón rojizo en la etapa juvenil y finalmente a marrón oscuro cuando está completamente maduro.

- El tallo, tallo o estipe de los hongos de pradera miden entre 3 y 10 cm de altura.

- La espora es de color marrón rojizo.

- Las setas de la pradera adquieren un color marrón rojizo.

Hay muchas especies fatales que se parecen y, por lo tanto, es imperativo que descarte todos los hongos de apariencia similar que no tienen las branquias rosadas. Amanita virosa (con branquias blancas) es un hongo mortal que se parece mucho al hongo del prado. Otro parecido peligroso es Amanita ocreata, que tiene una gorra blanca y cuerpos fructíferos de color blanco a rosado. Un capítulo separado de este libro trata sobre los hongos venenosos.

Los hongos de la pradera tienen un sabor similar al de los champiñones, aunque con una vida útil más corta. Los hongos de campo se pueden freír o saltear o incluso comer crudos y, por lo tanto, a menudo se agregan a las ensaladas. Los hongos de la pradera se conservan bien congelándolos (después de cocerlos al vapor, escaldarlos o saltearlos debidamente) o encurtirlos. Los hongos de la pradera secos se pueden pulverizar y usar en caldos y sopas y también como condimentos.

Existen algunas semejanzas de hongos de pradera, especialmente aquellas con branquias rosadas similares. Aquí hay algunos consejos para identificar correctamente los hongos comestibles de la pradera y no recoger los tóxicos (aunque no se sabe que sean fatales):

- Corta el tallo del hongo que recogiste con la esperanza de que sean hongos de la pradera. Espere unos 15 minutos. Si el tallo se tiñe de amarillo, entonces lo que ha recogido no es el hongo comestible del prado. Tirar a la basura.

- Huele la parte inferior de las tapas. Si obtiene un olor agradable a "hongos", entonces está listo. Si percibe un olor desagradable, tírelo.

- Los hongos de la pradera tienen un anillo distintivo en la mitad del tallo.

- Los hongos de la pradera tienen excelentes beneficios medicinales y cosméticos, que incluyen:

- Los extractos de esta pradera se utilizan en cosmética por sus propiedades acondicionadoras de la piel.

- Se utilizan como bioindicadores para rastrear concentraciones de plata en cualquier medio.

- Los expertos ambientalistas creen que los hongos de los prados pueden ser útiles para descontaminar el suelo, que ha estado expuesto a los aceites de motor.

- Los beneficios terapéuticos de los hongos de pradera incluyen un regulador de glucosa en sangre, un antioxidante, un antimicrobiano, etc.

- Los hongos de la pradera tienen una buena concentración de ácido linoleico, un ácido graso esencial en la dieta humana.

Setas de la pradera provenzales

Ingredientes:

- Hongos de la pradera - 1 libra

- Cebolla (picada) - ½ taza

- Aceite de oliva - 2 cucharadas

- Dientes de ajo (picados) - 3

- Perejil (picado) - ¼ de taza
- Jugo de limón - para dar sabor
- Sal y pimienta - al gusto

Direcciones:

Cortar los champiñones limpios y secados en rodajas gruesas. Coloca las rodajas en una sartén grande al fuego. Pronto, las setas comenzarán a chisporrotear. Pronto, el agua de ellos se liberaría en la olla. En este punto, agregue la sal y la cebolla picada. Muy pocos hongos y cebollas nadarán en el agua del hongo. Deje que esta mezcla hierva hasta que la mayor parte del agua se evapore.

Ahora, agregue el aceite de oliva y mezcle para asegurarse de que todo en la sartén esté cubierto con el aceite. Sofría la mezcla hasta que empiece a dorarse. Agregue el ajo y la pimienta y cocine por uno o dos minutos más. Finalmente, agregue el perejil y mezcle todo. Agrega el jugo de limón después de retirar del fuego y sirve caliente.

Hongos melena lanuda

También conocidos como **Shaggy Inkcap**, **Lawyer's Wig** o **Maned Agaric** , los hongos de melena lanuda (Coprinus comatus) se encuentran en prados y pastizales en toda Europa y América del Norte. Aparecen directamente del suelo y se pueden encontrar en suelos rocosos, montones de virutas de madera, césped o cualquier parche de tierra degradada y compactada, lo que los convierte en una caza fácil para los recolectores urbanos.

Se pueden recolectar entre junio y noviembre, dependiendo de la temperatura del lugar. Escoger los hongos melena peluda es bastante fácil, excepto por confundirlos con los hongos tapa de tinta, sus gemelos tóxicos. De hecho, los hongos melena peluda son uno de los "cuatro infalibles" de los hongos fácilmente identificables. Los otros tres son bolas gigantes, colmenillas y gallinas del bosque. Las características de identificación de los hongos melena lanuda incluyen:

- Son comestibles solo en la etapa inmadura, es decir, si antes las branquias se vuelven negras.

- Las esporas de los hongos melena peluda son de color negro intenso.

- Fiel a su nombre, este hongo tiene un sombrero peludo que cae y cubre casi toda la longitud del tallo, especialmente en la etapa inmadura. El gorro peludo tiene una cubierta escamosa.

- El tallo de los hongos melena peluda es hueco y fibroso. Son anchos en la parte inferior y se estrechan lentamente hacia la parte superior, donde se unen a la tapa que cae sobre el tallo.

- Las branquias son blancas en la etapa madura y rápidamente se vuelven rosadas y luego negras a medida que madura el hongo. Estos hongos deben cosecharse antes de que las branquias se pongan negras.

Los similares tóxicos comunes de los hongos melena peluda son el hongo de la **tapa de tinta**, que puede inducir náuseas, vómitos y diarrea, especialmente cuando se consume con alcohol. Curiosamente, los efectos secundarios de comer hongos de tapa de tinta son directamente proporcionales a la cantidad de alcohol consumida. Algunas de las diferencias comunes entre los hongos de capa de tinta y melena peluda son:

- Las melenas peludas son más altas y más fuertes que los hongos de capa de tinta.

- Las melenas peludas crecen comúnmente en forma individual frente a las capas de tinta, que crecen principalmente en grupos densos.

- Las melenas peludas generalmente crecen en terrenos duros como tierra compacta al borde de un sendero para caminar o conducir. Los tapones de tinta suelen crecer directamente de la madera.

- Las melenas peludas, como su nombre, tienen un aspecto extremadamente peludo, lo que hace que parezca que llevan pelucas. Los tapones de tinta no tienen una apariencia tan peluda.

El sabor de estos hongos es casi como sacado de un restaurante de cuento de hadas. Los hongos de melena lanuda tienen mucho contenido de agua y, por lo tanto, son excelentes sopas y caldos. También son excelentes adiciones al risotto.

Sin embargo, cocinar melenas peludas no es una tarea fácil. El problema principal es que tienen una vida útil muy corta porque son muy delicados y tienden a dañarse rápidamente. Si se magullan aunque sea levemente o solo una o dos veces, comienzan a ablandarse, mojarse y oscurecerse y rápidamente se convierten en un líquido entintado que, por cierto, se usaba como sustituto de la tinta antes de que se inventara la tinta artificial, la razón y la raíz del nombre 'inky cap'.

Por lo tanto, puede imaginar fácilmente cómo la descomposición de los hongos de melena peluda puede manchar todo en su mundo, incluidas sus manos. El proceso de oscurecimiento de los hongos melena peluda se llama deliquescing. Si tocas un hongo maduro de melena peluda, tu mano se teñirá con el distintivo color negro tinta.

Las melenas peludas frescas tienen un sutil sabor terroso y son excelentes para maridar con pollo o pasta. No son excelentes en platos de sabor fuerte porque su sabor sutil simplemente se perderá.

A medida que las melenas peludas se transforman en el líquido tintado, sucede algo mágico. El sabor se vuelve más intenso y aromático que antes. Algunos chefs usan esta masa pegajosa de melenas peludas deliquesped para hacer masa de pasta, aunque el proceso es bastante complicado y puede que no sea una buena idea para que lo prueben los principiantes.

Champiñones Shaggy Mane cocidos con parmesano (un delicioso entrante)

Ingredientes:

- Setas de melena lanuda
- Huevos - batidos con un poco de leche
- Harina para todo uso
- Parmesano rallado
- perejil fresco (picado)
- Sal y pimienta - al gusto
- Aceite para freír

Direcciones:

Condimente el huevo batido con sal y pimienta y agregue el perejil picado. Utilice una mano para la capa húmeda y otra para la capa seca. Primero, sumerge los champiñones de melena peluda en la harina, luego en el huevo y finalmente en el parmesano rallado.

Caliente el aceite en una sartén grande o en una superficie antiadherente hasta que esté caliente. Agregue los champiñones de melena peluda recubiertos al aceite caliente y cocine durante unos 2-3 minutos. El queso puede desprenderse hasta que todo se caramelice en una masa cohesiva de bondad frita.

Dar la vuelta a los champiñones y cocinar por el otro lado durante unos 4-5 minutos o hasta que estén bien cocidos. Retirar del aceite, escurrir el exceso en papel de seda y servir inmediatamente con un chorrito de jugo de limón.

Capítulo 7

Hongos Bola Gigantes y Boletes

Hongos bola gigantes

El hongo bola gigante crece abundantemente en lugares con clima templado. Crece en bosques caducifolios, campos y prados. Su temporada de cosecha es desde finales del verano hasta principios del otoño. Las características de identificación de los bejines gigantes incluyen:

- Estos hongos suelen tener un diámetro que varía entre 10 y 50 cm . Se sabe que algunos también crecen hasta 150 cm.

- Un hongo bola gigante maduro tiene carne de color marrón verdoso. Sin embargo, son comestibles solo en su etapa inicial cuando la carne es blanca. No se deben consumir bolas gigantes maduras. Todas las especies de hongos bola gigantes se pueden comer cuando son jóvenes y son tóxicas cuando están maduras.

- La mejor forma de asegurarse de que se puedan comer es cortarlos y comprobar si la pulpa es blanca.

Hay muchas imitaciones tóxicas de los jóvenes pedocitos gigantes. Una buena forma de asegurarse de que no ha elegido el incorrecto es cortar la carne. Los hongos bola comestibles tienen interiores blancos sólidos, mientras que los que parecen tóxicos tienen interiores de otros colores. Algunos imitadores tóxicos pueden tener interiores blancos. En tales casos, también debes buscar las siluetas de branquias o gorras, y si las ves, entonces no es un pedo de lobo gigante comestible.

Los pedocitos gigantes no deben lavarse porque absorben el agua rápidamente. Se pueden refrigerar durante unos días sin que se pierda su comestibilidad. Hay múltiples especies de hongos bola, aunque los gigantes son los más comunes, aptos para la cocina y obvios. Algunos consejos para cosechar pedocitos gigantes:

- Primero, sin importar el tamaño de la bola gigante, déle la vuelta para asegurarse de que esté pegada al suelo.

- Corte la pulpa de donde está adherida al suelo y luego inspeccione el hongo.

- Es imperativo que el hongo bola que hayas cosechado sea perfectamente blanco. Manchas amarillentas o verdosas significan que es viejo y no debe consumirse.

- Si nota muchos túneles en el pedo, entonces podría significar gusanos e insectos.

- Corte la carne para ver si el túnel se puede eliminar por completo.

- Asegúrese de que se eliminen todos los insectos para evitar que continúen comiendo su bejín cosechado. Si el resto es firme y totalmente blanco, entonces te lo puedes llevar a casa.

Limpiar los pedocitos gigantes no es muy difícil, considerando que tienen una capa de cuero que los protege de la arena y la suciedad. Es bueno mantener la piel hasta el momento de cocinarlos, especialmente si planea utilizar los especímenes frescos. La piel se desprende con bastante facilidad. Puede utilizar los dedos o un cuchillo de cocina para pelarlos.

Los hongos bola se vuelven rancios y emiten un olor desagradable a carne en mal estado si se dejan desatendidos un par de días después de recogerlos. Por tanto, es muy importante que los conserves enfriándolos. Por supuesto, teniendo en cuenta el tamaño de las bolas gigantes, tiene sentido cortarlas en trozos pequeños para que quepan en el frigorífico y enfriarlas. Además, puede secar bolas gigantes o convertirlas en puré o hummus para su uso posterior.

Otra forma creativa de conservar los pedocitos gigantes es secarlos, espolvorear los hongos secos y luego usar el polvo para hacer pan sin levadura. La pulpa blanca pura de los pedocitos gigantes tiene la textura de los malvaviscos y el sabor de las vieiras. Hay muchas formas de cocinar pedocitos gigantes. Puedes ponerlos en sopas y freírlos en la masa. O simplemente cortarlos en rodajas y sofreírlos en un poco de mantequilla. Son excelentes sustitutos del tofu. Asar a la parrilla, freír o asar bolitas gigantes realza el sabor parecido a la vieira.

Hongos bola gigantes fritos clásicos

Ingredientes:

- Champiñón gigante fresco - 1 (minuciosamente inspeccionado y limpiado)
- Sal y pimienta - al gusto
- Aceite de cocina: para freír
- Pan rallado
- Harina para todo uso
- Huevos: batidos con agua o leche
- Cualquier hierba de su elección
- Zumo de lima recién exprimido

Direcciones:

Precaliente su horno a 225 grados F. Condimente la harina con sal y pimienta y corte los hongos bola gigantes en rodajas de ½ pulgada. Cubra las rebanadas con harina, huevos batidos y pan rallado.

Calentar el aceite para freír. Cuando esté muy caliente, sofreír las rodajas de hojaldre hasta que estén doradas por ambos lados. Mantén los hongos bola gigantes fritos en el horno caliente hasta que termines de freír todas las rodajas. Luego retira del horno y sirve con una pizca de tus hierbas favoritas y un chorrito de lima.

Boletes

Los boletes tienen poros y tienen una relación simbiótica con su anfitrión. Ninguna especie de bolete en América del Norte es mortal o tóxica. Pero, es importante no ceder a la falsa sensación de seguridad que esta información les brinda a los principiantes porque, aunque los no comestibles no matan, sus efectos secundarios pueden ser extremadamente desagradables y agotadores.

Como principiante, debe tratar todas las especies de hongos con cuidado. En las etapas iniciales, es mejor no consumir ninguna de sus selecciones hasta que haya obtenido una segunda opinión de un experto de confianza. Los boletes también se conocen como hongos porcini y tienen múltiples especies. Aquí están las características identificativas de los boletes:

- No tienen branquias y la carne es bastante densa.

- La parte inferior de las tapas tiene poros de los que se dispersan las esporas de los boletes. La parte inferior de las gorras de los boletes parece casi una esponja.

- Se sabe que los boletes son parciales hacia los robles. Es probable que los encuentre alrededor de los robles más que cualquier otro tipo de árbol.

- El micelio de los boletes brota hongos durante la temporada de lluvias y cuando el clima es fresco. Sin embargo, los boletes no prosperan en los meses de invierno.

- La mejor temporada para cosechar boletes es a principios del otoño.

Algunos consejos para asegurarse de no elegir boletes no comestibles incorrectos:

Cuando escoja un bolete sospechoso, aplaste o corte una esquina. Si se tiñe de azul, deséchelo, especialmente si es un principiante.

Algunos expertos también pueden notar la diferencia entre boletes comestibles y no comestibles que se tiñen de azul. Por ejemplo, hay una especie de bolete de dos colores que se tiñe de azul y también es comestible. Sin embargo, como seta principiante, no se debe consumir ningún bolete que se tiñe de azul. Espere hasta que haya alcanzado ese nivel de conocimiento en la búsqueda de hongos antes de consumir un bolete teñido de azul.

Si el bolete que recogió tiene poros amarillos o rojos brillantes, entonces también debe desecharlo. Muchas de las variedades no comestibles de boletes tienen poros debajo de las tapas que son de color amarillo o rojo brillante.

Bolete Juliana

Ingredientes:

- Champiñones bolete (cortados en rodajas de ¼ de pulgada de grosor) - 4 onzas
- Aceite de cocina - 2 cucharadas
- Cebolla (cortada en cubitos) - ¼ de taza
- Ajo (cortado en cubitos) - 1 cucharada
- Mantequilla sin sal - 1 cucharada
- Harina para todo uso - 2 cucharadas
- Crema agria - ½ taza

- Queso parmesano - ¼ de taza

- Gruyere rallado - ¼ taza

Direcciones:

Precalienta el horno a 375 grados F. Caliente 1 cucharada de aceite hasta que esté casi humeante. Agrega los boletes y cocina a fuego medio por 5 minutos hasta que esté caramelizado y dorado, revolviendo ocasionalmente. Retirar los champiñones del fuego y sazonar con pimienta y sal.

Ahora, agrega el aceite restante y sofríe las cebollas y los ajos a fuego lento hasta que estén tiernos. Agrega los boletes cocidos y condimentados junto con los jugos formados mientras se enfriaban en un bol. Agrega la mantequilla y espera a que se derrita. Agregue la harina para todo uso y cocine hasta que se elimine el sabor crudo de la harina.

Agregue un poco de vino para desglasar la sartén y agregue los quesos y la crema agria. La mezcla quedará cremosa en esta etapa. Transfiéralo a una fuente para hornear y hornee hasta que esté dorado y burbujeante. Por lo general, se necesitan unos 15 minutos para hornear esta juliana.

Enfríe el plato horneado durante unos 5-10 minutos antes de servir caliente.

Capítulo 8

Hongos Cabeza de Carnero y Hongos Diente Cabeza de Oso

Hongos cabeza de carnero

Los hongos cabeza de carnero (Grifola frondosa) tienen diferentes nombres, incluidos **Gallina del bosque, Cabeza de oveja, Maitake** y **Signoria** . Puede encontrar esta variedad de hongos en la base de muchos árboles, especialmente los robles en las partes del noreste de América del Norte.

Los recolectores han informado haber encontrado esta variedad de hongo hasta Idaho hacia el oeste de América del Norte. Los hongos cabeza de carnero también se encuentran en Japón y China. Se usa comúnmente en la cocina japonesa. Maitake es el nombre japonés, que significa "el hongo bailarín".

Su temporada de cosecha es desde finales del verano hasta principios del otoño después de las lluvias. Necesitas un cuchillo grande para cosechar los hongos cabeza de carnero. Es mejor cosechar estos hongos cuando son jóvenes para obtener un sabor y textura óptimos. Hen of the Wood son hongos parásitos que viven fuera de los árboles hospederos, especialmente los robles rojos y blancos. Verá que la gallina de la madera forma racimos que se asemejan a las flores de coliflor.

Aunque los hongos cabeza de carnero tienen una vida útil corta, son hongos perennes que siguen creciendo en el mismo lugar repetidamente año tras año. Las características identificativas incluyen:

- Este hongo crece como un gran grupo parecido a un coral. Crece en capas circulares de una rama común de un árbol vivo. Sus hojas en forma de lengua forman una coliflor, y puedes ver rosetas de este hongo debajo de los árboles de madera dura, especialmente los robles.

- Las tapas son de color marrón grisáceo y están rizadas o tienen la forma de una cuchara.

- ¡En Japón, algunas variedades de este hongo pueden crecer hasta 100 libras!

- Los tallos son de color blanco y tienen ramas.

- Como los hongos, se vuelven bastante duros

Los hongos cabeza de carnero saben muy bien cuando se saltean en aceite de oliva o mantequilla. A continuación, se ofrecen algunos consejos para fregar la gallina de los hongos de madera:

- Puede encontrarlos en su parque local si hay robles viejos. Teniendo en cuenta que es un parque, debes estar preparado para decepcionarte de que alguien más rápido que tú ya lo haya elegido.

- Puede usar una bicicleta para buscar este hongo en lugar de ir de excursión porque puede cubrir mucho más terreno a un ritmo más rápido, lo que lo ayuda a recolectar gallinas del bosque fácilmente detectables rápidamente. El uso de una bicicleta también lo ayudará a estar por delante de otros recolectores que tienden a caminar en lugar de usar una bicicleta.

- Si encuentra uno, sólo tiene que buscar en el vecindario y es probable que encuentre muchos más. Mire la base de los robles, y una vez que haya encontrado un grupo debajo de un árbol, puede seguir regresando al mismo lugar y tener la seguridad de que encontrará gallinas año tras año indefectiblemente. Curiosamente, siguen regresando al mismo árbol todos los años durante la temporada de fructificación.

- Además, si encuentra un árbol, es probable que los árboles vecinos también estén infectados. Recuerde, son hongos parásitos.

Cuando te encuentras con una gallina joven que suele ser del tamaño de una pelota de golf, la tendencia es esperar a que se haga más grande, considerando que puede llegar a tamaños muy grandes. Pero es importante saber que es mejor elegir entre jóvenes y tiernos contra viejos y duros.

Más grande no es necesariamente mejor cuando se trata del hongo cabeza de carnero. Cuando vea una gallina-de-la-madera, a continuación, que acaba de tomar sin ceder a la tentación natural de espera de una semana a 'esperemos que salga una bonanza." Las posibilidades de que el hongo se infecten por larvas, babosas, y escarabajos No solo esto, sino que la limpieza del hongo también se ve comprometida porque a medida que crece, este hongo tiende a absorber la suciedad física en su carne, especialmente durante las lluvias.

Limpiar hongos tan sucios puede ser bastante complicado. De hecho, la gente ha encontrado guijarros e insectos alojados en lo profundo de la carne de algunos maitake de gran tamaño. Debe inspeccionar y examinar minuciosamente cada maitake que elija antes de cocinarlos. Una cosa buena de los maitakes es que generalmente no tienen gusanos. Simplemente inspecciónelos para asegurarse de que estén totalmente libres de gérmenes.

Los champiñones de cabeza de carnero de gran tamaño son los mejores cortados en trozos pequeños antes de limpiarlos y cocinarlos. Inspeccione las piezas del tamaño de un bocado en busca de arena, mugre y, a veces, incluso insectos. Los más jóvenes, más pequeños, se pueden limpiar y cocinar en su conjunto sin cortarlos. Asar estos maitakes de tamaño pequeño es como asar un trozo de carne.

El encurtido y salteado con congelación son excelentes métodos de conservación para los hongos cabeza de carnero. Los secos se pueden pulverizar y usar para hacer caldo de hongos cuando sea necesario.

Champiñones Fritos De Cabeza De Carnero

Ingredientes:
- Hongos cabeza de carnero
- Leche - ⅓ a ½ taza
- Harina para todo uso - ½ taza
- Pan rallado sazonado - ½ taza
- Aceite para freír

Direcciones:

Combine la leche, los huevos, la harina y el pan rallado. Use más leche si es necesario para asegurarse de que la masa tenga la consistencia adecuada, ni demasiado espesa ni demasiado delgada.

Caliente el aceite en una sartén. Freír los champiñones rebozados con la masa a fuego medio hasta que se doren.

Servir caliente.

Hongos de diente de cabeza de oso

Los hongos del diente de cabeza de oso (Hericium americanum) también se conocen como **hongos Pom-Pom, cabeza de mono, melena de león** y hongo de **erizo barbudo** . Se encuentran comúnmente en todo el mundo, especialmente en bosques caducifolios y alpinos. Tiene una apariencia peluda y es nativa de las partes orientales de América del Norte, especialmente en el este de las Montañas Rocosas.

Hay cuatro especies que se encuentran en América del Norte, todas las cuales son comestibles. Todavía no se han identificado imitaciones venenosas en América del Norte. Crecen muy bien en troncos podridos y también en partes heridas de árboles de madera viva en áreas sombreadas. La temporada de cosecha es el otoño. Características identificativas:

- Este hongo parece como si numerosos carámbanos estuvieran colgando o colgando del tronco o de los fuertes y resistentes tallos del hongo. Esta característica distintiva hace que este hongo se destaque.
- Los apéndices en forma de dientes de este hongo crecen en las ramas de los árboles y forman una estructura similar a una fregona con la apariencia de espinas colgantes.
- Este hongo es de color blanco, sin embargo, a medida que madura, los dientes adquieren un tinte marrón o amarillento.
- Las esporas son de color blanco.

Todas las partes blancas del hongo diente de oso son comestibles. Deben comerse solo en la etapa inmadura. Saben muy bien cuando se cocinan en mantequilla y también se pueden usar en sopas. El sabor del hongo diente de cabeza de oso es comparable al de las langostas. Este hongo combina muy bien con maíz, papas, repollo, ajo, chalotes, puerros, cebollas y carnes como res, cerdo y pollo.

Lo que hay que recordar es que una vez elegido; estos hongos deben consumirse en uno o dos días. Se vuelven amargos incluso si se almacenan en el refrigerador. Los hongos de cabeza de oso son ricos en vitamina D, hierro, fibra, proteínas y antioxidantes. Las tribus indias de América del Norte usaban hongos de cabeza de oso secos y en polvo para curar heridas y cortes.

Champiñones Silvestres Mixtos con Perejil y Ajo

Ingredientes:

- Setas silvestres mixtas - 8 onzas
- Sal y pimienta - al gusto
- Ajo fresco (picado) - ½ cucharadita
- Aceite de cocina - 2 cucharadas
- Perejil fresco (picado) - 1 cucharadita
- Mantequilla sin sal - 1 cucharadita

Direcciones:

Calentar el aceite en una sartén grande hasta que esté caliente. Ahora, reduce la llama a fuego medio, agrega los champiñones y cocina con sal y pimienta hasta que los champiñones estén caramelizados. A continuación, agregue el ajo, la mantequilla y el perejil. Cocine por un minuto más, revolviendo continuamente para asegurarse de que los condimentos se distribuyan uniformemente. Retirar del aceite y servir caliente.

Capítulo 9

Hongos Reishi y Pollo de la Madera

Hongos Reishi

Los hongos reishi son uno de los mejores y más fáciles para que un recolector principiante comience su viaje de búsqueda. Son fáciles de identificar y no tienen ningún parecido tóxico, lo que los hace relativamente seguros para la recolección y el consumo. Los hongos reishi son un poco difíciles de comer. Pero sus valores medicinales están excelentemente respaldados por mucha investigación científica. Los hongos reishi también se conocen con otros nombres, que incluyen:

- Lingzhi
- Hongo de la inmortalidad
- Hierba de potencia espiritual
- Hongo de 10000 años
- Conk de artistas
- Auto barniz

Existen muchas variedades de hongos Reishi en todo el mundo, aunque sus beneficios y propiedades medicinales son más o menos los mismos, independientemente de su geografía. Todas las especies crecen en árboles muertos y moribundos. Estos hongos fructifican anualmente (la temporada de cosecha es en verano) y, como muchas otras especies, una vez que los encuentra en cualquier tocón muerto y en descomposición de un árbol moribundo, puede seguir regresando a ese lugar cada año durante la temporada de cosecha y encontrar nuevos cuerpos fructíferos que crecen allí. Esto continuará hasta que todos los nutrientes del muñón sean consumidos por el micelio.

Las características identificativas de los hongos Reishi son:

• Tienen forma de abanico o de riñón y tienen un color distintivo que varía entre el rojo y el naranja.

• La parte superior de la seta tiene un acabado lacado brillante.

- No tiene branquias y la parte inferior del sombrero es blanca cuando es joven, que se vuelve gris o bronceada a medida que maduran los hongos. La parte inferior de la tapa también tiene pequeños puntos rosados que se asemejan a pinchazos.

- Los hongos reishi crecen horizontalmente en el tronco o tronco de madera.

- Los tallos son muy cortos o están completamente ausentes.

- Los hongos reishi tienen un olor a madera fuerte, aunque agradable. Algunas personas piensan que el olor es similar al mantillo de hojas en descomposición.

- Las esporas salen de la parte inferior de las tapas. La impresión de esporas de los hongos Reishi es marrón. También puede encontrar esporas en los troncos, así como en las tapas de los hongos inferiores, ya que las esporas de los superiores caen sobre ellos. La salpicadura de esporas de los hongos superiores tiende a opacar el color rojo anaranjado de las tapas.

- La pulpa del hongo se vuelve bronceada o marrón cuando se golpea. El característico sombrero rojo anaranjado de la variedad de cicuta Reishi es visible a medida que madura.

- Comúnmente, los hongos Reishi miden de 4 a 6 pulgadas de ancho y de 0,5 a 1 pulgada de grosor. Sin embargo, algunos de ellos pueden crecer hasta aproximadamente 2 pulgadas de grosor y hasta un pie de ancho.

- La mayoría de los hongos Reishi no duran más de unos pocos días porque a medida que maduran, las babosas comienzan a devorarlos.

Es importante cosechar solo aquellos hongos cuya parte inferior del sombrero sea blanca. Los mohos tienden a crecer en los hongos Reishi curtidos / dorados y maduros. Además, como estos hongos pueden magullar con bastante rapidez después de la cosecha, también es importante conservarlos rápidamente. Puede identificar fácilmente los hongos blancos nuevos y jóvenes a medida que emergen del micelio.

Hay múltiples especies de hongos Reishi y las que se encuentran en América del Norte son:

Ganoderma lucidum : esta especie es un ingrediente común en la medicina china y crece en climas más cálidos como Asia, el sur de Europa y el Pacífico Sur. En América del Norte, puede encontrar esta especie de hongos Reishi en el sureste de Estados Unidos.

Ganoderma curtisii : esta especie de hongos Reishi se puede encontrar desde Massachusetts hasta Nebraska. Con una tapa distintiva de color ocre, esta especie tiene un acabado de laca mate en lugar de brillante en la parte superior. Principalmente, se encuentra en troncos de arce y roble. Pero estos hongos también crecen en otras maderas duras.

Ganoderma tsugae : esta especie se conoce comúnmente como cicuta Reishi o, a veces, como repisa de barniz de cicuta. Tsugae significa cicuta, que es un indicador de dónde crecen comúnmente estos hongos. Aunque los árboles de cicuta son hospedadores típicos de esta especie de hongos Reishi, también puede encontrarlos en abedules o arces, especialmente aquellos que están cerca de los árboles de cicuta. Encontrarás los hongos Reishi de cicuta más frescos entre mayo y julio.

Como se mencionó anteriormente, no existen imitaciones tóxicas de los hongos Reishi, lo que los convierte en uno de los hongos ideales para los recolectores novatos. Sin embargo, puede ser una tarea bastante difícil distinguir entre las diversas especies de hongos Reishi. Sin embargo, todos se cuecen y se conservan de la misma forma. Además, los beneficios nutricionales de todas las especies son los mismos. Las sutiles diferencias entre las especies son más para académicos que para consumidores de hongos.

Solo para reiterar un punto mencionado anteriormente, elija solo hongos Reishi jóvenes que tengan la parte inferior blanca y las tapas brillantes. Los hongos más viejos con tapas opacas y la parte inferior marrón o bronceada tienden a tener una gran cantidad de mohos potencialmente dañinos y no deben comerse.

Puede sacar el hongo suavemente del árbol huésped o usar un cuchillo para cortar las muestras más blandas. Además, debe asegurarse de no recolectar hongos que crecen alrededor de otras plantas, árboles y vegetación tóxicos, especialmente la hiedra venenosa, que a veces se puede encontrar cerca.

Una advertencia sobre el consumo de Reishi para las personas que toman otros medicamentos, especialmente para el hígado. Hay registros de reacciones alérgicas cuando se combinan Reishi y ciertos medicamentos para el hígado. Pero, las reacciones se detuvieron inmediatamente después de que se suspendiera Reishi.

Deben secarse rápidamente porque se estropean rápidamente. Los hongos Reishi secos deben almacenarse en recipientes herméticos lejos de la luz solar directa. También puede hacer una tintura de hongos con hongos Reishi inmediatamente después de cosecharlos. Tienen componentes solubles en alcohol y solubles en agua. Por lo tanto, un método de preparación de tintura de doble extracción asegurará que obtenga los beneficios medicinales óptimos de esta maravillosa especie.

Como medicina, la mejor manera de consumir hongos Reishi es hacer un té fuerte con hongos en rodajas finas hervidos a fuego lento durante aproximadamente 1-2 horas en agua. Los hongos secos se pueden pulverizar y usar en otros platos o poner en cápsulas de Reishi y tomarlos diariamente para aumentar su inmunidad.

Sopa de verduras con hongos reishi

Ingredientes:

- Aceite de oliva - 1 cucharada
- Cebolla (cortada en cubitos) - 1
- Dientes de ajo (picados) - 4
- Jengibre fresco pelado y rallado - 2 cucharadas

- Zanahorias (en rodajas) - 2

- Bulbo de hinojo (cortado en cubitos) - 1

- Una mezcla de hongos silvestres (en rodajas) - 4 tazas

- Agua: 6 tazas

- Polvo de hongo reishi - ¼ de taza

- Pasta de miso - ¼ de taza

- Pimienta de Jamaica - 1 cucharada

- Tomillo fresco - 1 cucharada

- Col rizada (picada) - 3 tazas

- Sal y pimienta - al gusto

Direcciones:

Caliente el aceite en una olla grande y agregue las cebollas al aceite caliente. Saltea por 2 minutos. Luego agregue el ajo y saltee por un minuto más. Luego agregue el jengibre y todas las demás verduras picadas. No se debe agregar polvo de reishi en este momento. Saltea esta mezcla por 5 minutos.

Ahora, agregue el agua, las especias secas, la pasta de miso y el polvo de Reishi. Deje hervir la mezcla líquida. Reduzca la llama a fuego lento y cocine el caldo durante aproximadamente una hora. Por último, agregue la col rizada al caldo caliente para que se marchite. Agregue la sal y la pimienta requeridas, y su sopa de verduras con hongos Reishi estará lista.

Pollo de las Setas de Madera

También conocidos como hongos de pollo, los hongos de azufre se encuentran creciendo tanto en árboles adultos como en árboles muertos, especialmente en el lado este de las Montañas Rocosas. Si bien la temporada de cosecha más típica es el verano, también se pueden cosechar desde la primavera hasta el verano, siempre que el clima sea adecuado para su crecimiento. Las características identificativas incluyen:

- Los hongos de azufre no tienen branquias.

- La parte superior de este hongo es de color rosa salmón o naranja, mientras que la parte inferior es de color amarillo brillante.

- Crecen en grupos en muchos árboles, pero especialmente en los robles. Es importante que reconozca el árbol huésped antes de recoger los hongos de la plataforma de azufre porque son tóxicos si crecen en algunos árboles específicos.

Los hongos azufrados que crecen en los árboles de pino, abeto, enebro, eucalipto, cicuta, abeto, tamarack o algarrobo son venenosos similares. Los que crecen en los robles son los más seguros. Por lo tanto, si no puede identificar el árbol huésped porque está muerto, lo más seguro es que no recoja el hongo.

Además, solo se pueden cocinar y comer las tapas jóvenes de los hongos azufrados. El tallo, así como el más maduro de estos hongos, es demasiado duro para cocinarlo. Los gorros de los jóvenes son populares por su sabor rico y carnoso.

Los vibrantes colores amarillos y el impresionante tamaño hacen que sea muy fácil identificar el pollo de las setas de madera. Con un sabor carnoso y a limón, la razón de su nombre es que este hongo tiene un sabor similar al pollo. Algunas personas tienden a pensar que el sabor de este hongo está más alineado con la langosta o el cangrejo.

Independientemente de a qué carne tenga un sabor similar, no se puede negar el hecho de que el pollo del hongo de madera es un delicioso sustituto de la carne, y a los comedores de hongos les encanta. Los champiñones con pollo pueden reemplazar al tofu o al pollo en cualquier receta. Un punto importante de preocupación es que algunas personas tienden a tener problemas gástricos cuando consumen este hongo. Por lo tanto, intente comer una pequeña cantidad por primera vez, y si está de acuerdo, puede seguir adelante y consumirla sin miedo.

Además, es importante recordar NO recoger hongos de pollo que crecen en eucaliptos, cedros o árboles coníferos, ya que se sabe que contienen toxinas que podrían crear problemas para algunas personas. Aquí hay algunos datos básicos sobre el pollo de los hongos de madera antes de pasar a una comprensión más detallada de las características de identificación:

- Hay muchas especies de hongos gallina de los bosques. Pueden ser hongos saprofitos o parásitos. Es más probable que los encuentre en la base de un árbol vivo o muerto.

- Tienen un color naranja amarillento distintivo que hace que sea muy fácil identificarlos. Normalmente crecen en grandes grupos de paréntesis superpuestos. El color naranja amarillento se desvanece a medida que maduran los hongos.

- Otros nombres de pollo de la madera son estante de azufre, hongo de pollo y hongo de pollo. Pertenecen al género Laetiporus.

- Actualmente existen alrededor de 12 especies diferentes de hongos pollo. Algunos de ellos incluyen Laetiporus sulphureus, Laetiporus cincinnatus (ambos encontrados en el este de América del Norte), Laetiporus gilbertsonii (que se encuentra en la costa oeste de América del Norte) y Laetiporus conifericola (que se encuentra en el oeste de América del Norte).

Considerado un hongo 'seguro' para principiantes, los pollos pueden identificarse fácilmente con las siguientes características:

- Este hongo no tiene tallo, por lo que no hay altura de la que hablar.

- Las tapas mismas crecen en soportes de gran tamaño que van desde 2 a 10 pulgadas de diámetro y hasta 10 pulgadas de largo.

- Los soportes en forma de abanico pueden ser lisos o ligeramente arrugados. Los corchetes crecen en un patrón superpuesto y aparecen apilados uno encima del otro. Por lo tanto, todo el cuerpo fructífero puede volverse bastante grande.

- Tanto el exterior como el interior de la gorra son de color naranja amarillento. Con la edad, el brillo de la carne, así como los colores del exterior, se desvanecen. Además, los hongos de pollo maduros tienden a tener una carne dura y quebradiza.

- No hay branquias debajo de las tapas, solo poros amarillentos o blanquecinos de donde se dispersan las esporas. Como las tapas están agrupadas y no son distintas, no es fácil obtener esporas de hongos de pollo.

Los hongos de pollo siempre crecen en o sobre la base de árboles vivos o muertos. Nunca crecen directamente del suelo o del suelo. En su mayoría, crecen en maderas duras moribundas o muertas, especialmente robles, aunque también se pueden encontrar en la base de hayas y cerezos . Se deben evitar los pollos que crecen en cedro y eucalipto, ya que tienen el potencial de causar malestar gástrico.

Se pueden recolectar desde el verano hasta el otoño, lo que significa que encontrará muchos pollos en crecimiento entre agosto y octubre. En climas más cálidos, también puede encontrarlos incluso en los primeros meses de invierno. Algunos consejos generales de cocina para los champiñones con pollo:

A medida que estos hongos se vuelven más duros y quebradizos a medida que envejecen, los ejemplares jóvenes funcionan mejor en sus platos. Busque tapas tiernas y jugosas que rezuman un líquido al cortarlas. Además, los márgenes de los brackets son mejores para cocinar que los centros que tienen un sabor a madera o corchoso, que no es necesariamente agradable de comer. Debido a que son tan esponjosos y ligeros, es mejor limpiarlos con un paño húmedo, ya que el lavado regular puede provocar que se llenen de agua.

Se pueden refrigerar en una bolsa de papel por no más de una semana. Córtelos en trozos pequeños del tamaño de un bocado antes de cocinarlos. Puede blanquearlos, freírlos, saltearlos o hornearlos. Puede conservarlos salteándolos y congelándolos para su uso posterior. Otro punto importante para recordar es tener cuidado con la cantidad de aceite que usa al cocinar pollos. Tienden a absorber una gran cantidad de aceite, provocando problemas estomacales más adelante.

Salsa para Pasta con Champiñones Pollo del Bosque

Ingredientes:

- Mantequilla - 4 cucharadas
- Champiñones de pollo jóvenes (limpios y picados finamente) - 1 libra
- Chalotas (finamente picadas) - 1
- Jerez o vino blanco seco - ¼ de taza
- Leche - 1 taza
- Caldo de verduras - 1 taza
- Harina - 3 cucharadas
- Ramitas de tomillo secas o frescas
- sal y pimienta

Direcciones:

Derretir la mantequilla en una sartén y cocinar las chalotas y los champiñones, revolviendo continuamente. Primero, el hongo liberará sus líquidos y luego lo reabsorberá. Este proceso tardará unos 10 minutos.

A continuación, agregue el vino y cocine por otros 5-10 minutos. Mezcle el caldo y la leche y deje que hierva, y luego cocine a fuego lento.

En otra olla, derrita la mantequilla restante. Agregue la harina lentamente y cocine durante unos 4 minutos. Retirar del fuego y batir en la mezcla de caldo / leche hirviendo, tomando una pequeña cantidad a la vez. Agregar todo el líquido creará una gran masa desordenada.

Agregue el tomillo a esta salsa y vuelva a ponerla en la estufa para que se cocine por otros 4-5 minutos, mientras revuelve vigorosamente para evitar que se formen grumos. Ahora, mezcle los champiñones y sazone con sal y pimienta. Esta salsa se puede acompañar con cualquier pasta que elijas. Es posible que no necesite demasiado queso en su plato de pasta si usa esta salsa.

Capítulo 10

Hongos Trompeta Negra y Hongos Chaga

Hongos Trompeta Negra

Puede encontrar hongos trompeta negra en toda América del Norte, principalmente en bosques de madera dura cubiertos de musgo donde crecen abundantemente robles y hayas. Otros nombres de este hongo son " **cuerno de la abundancia**", "**cuerno del diablo**", "**trompeta del diablo** y " **trompeta de la muerte** ". Otro nombre es " **rebozuelos negros** " porque están estrechamente relacionados con los rebozuelos.

Muy a menudo, estos hongos se encuentran cerca de arroyos y lavados, ya que prefieren espacios húmedos y oscuros. Su temporada de cosecha es en verano y otoño, aunque se encuentran incluso en inviernos en el sur de América del Norte. Es probable que encuentre hongos trompeta negra en las áreas de alimentación de California, incluso en los inviernos. Las características identificativas incluyen:

- Los hongos trompeta negra crecen en la hojarasca, por lo que son bastante difíciles de encontrar.

- En su mayoría, crecen en racimos, aunque hay casos raros de un hongo que crece solo.

- La tapa del hongo trompeta negro puede ser gris, marrón oscuro o negro tinta. Las tapas tienen forma de trompeta o jarrón, por lo que se llaman así.

- La parte inferior de la tapa es lisa y no tiene branquias, dientes ni poros. La parte superior de la gorra puede tener escamas, pero en su mayoría tiene una sensación suave aunque ligeramente arrugada.

La mejor parte de este hongo es que no tiene un aspecto tóxico, lo que lo convierte en un hongo perfecto para que los recolectores novatos lo encuentren y recojan. Los hongos trompeta negra tienen un sabor ahumado y rico. Deben limpiarse a fondo porque se ensucian bastante.

Puede darles un enjuague rápido, pero debe evitar ahogarlos. Los hongos trompeta negra mantienen muy bien su sabor incluso cuando están secos. Tienen un sabor delicioso cuando se saltean con aceite y ajo. Se pueden pulverizar y espolvorear sobre sopas y cereales cocidos para realzar el sabor de los platos.

Los hongos trompeta negra con su rico sabor ahumado y su agradable aroma afrutado son comestibles gourmet. Si bien son una gran especie de hongo para los recolectores principiantes, considerando que no hay similitudes venenosas, no es fácil encontrarlas debido a su color oscuro y forma irregular.

Para un ojo novato, la apariencia oscura e irregular de los hongos trompeta negros hace que el suelo del bosque parezca que tiene múltiples pequeños agujeros. Muchos principiantes se han perdido por completo estos ingredientes gourmet a pesar de verlos frente a sus ojos. Por tanto, son fáciles de identificar pero difíciles de encontrar. Algunos datos básicos sobre los hongos trompeta negra:

- La especie más común de hongos trompeta negra es Craterellus cornucopioides, y otra especie no tan común es Craterellus foetidus.

- Tienen forma de embudo o jarrón y son de color negro, marrón o gris. Los bordes de la tapa están enrollados hacia adentro y tienen una apariencia ondulada similar a una trompeta.

- No tienen branquias ni ninguna otra estructura portadora de esporas, incluidos dientes o poros. La parte inferior de las tapas es lisa o ligeramente arrugada. Es probable que obtenga una sensación suave cuando los toque, comparable a tocar la gamuza.

- El tallo de los hongos trompeta negros crece a unas pocas pulgadas de altura y generalmente son del mismo color que el sombrero, o quizás, un poco más claro.

- El tallo es hueco por dentro, puede romperse fácilmente y la pulpa es bastante delgada. Los expertos aún no están seguros de la categoría de hongos a la que pertenecen. Se considera que son hongos tanto saprofitos como simbióticos.

Teniendo en cuenta la dificultad para localizar los hongos trompeta negra porque se camuflan tan bien en el suelo del bosque, utilice estos consejos para asegurarse de no perder un tesoro por no prestar atención a los "agujeros en el suelo del bosque".

- Los bosques de frondosas, especialmente los robles y las hayas, son los lugares más comunes donde crecen las trompetas negras. Estos hongos no crecen en la madera directamente, sino cerca de ella. No es probable que encuentre hongos trompeta negros en la base de los árboles, pero nuevamente, cerca de ellos.

- Es probable que fructifiquen en áreas verdes cubiertas de musgo. El color verde del musgo facilita la localización de estos hongos de color oscuro.

- Los hongos trompeta negra se sienten atraídos por lugares húmedos y oscuros y, por lo tanto, miran con atención cerca de pequeños arroyos y lavados, especialmente en el borde de arroyos que fluyen a través de colinas.

- Mientras camina por el sendero de búsqueda de hongos, recuerde caminar lentamente y mirar directamente hacia abajo. Es muy fácil pasarlos por alto a menos que esté parado y aplastándolos con sus pies cargados de zapatos. Mire minuciosamente, de cerca y lentamente, especialmente cuando esté examinando la hojarasca.

Los hongos trompeta negra crecen en racimos. Por lo tanto, si ha logrado localizar uno, mire aún más de cerca en las áreas cercanas, y es probable que encuentre muchos más. Además, como no hay imitaciones tóxicas, son relativamente seguras para los recolectores principiantes. Sin embargo, es una decisión acertada tomar una segunda opinión antes de comerlos, independientemente de lo segura que se crea que es la especie de hongo.

Esta especie de hongos tiene un excelente sabor rico y ahumado y son una gran adición en muchas recetas. Puede agregarlos a pastas, sopas, platos de mariscos y más y experimentar el sabor de su plato llevado a niveles gourmet.

Secar los hongos trompeta negra es una excelente manera de conservarlos, considerando que mantienen su rico sabor cuando se secan. Los champiñones secos se pueden encender o picar y agregar a sus platos. Son excelentes para dar sabor a arroz, cuscús, mantequilla e incluso vinos blancos.

Es aconsejable limpiar los hongos trompeta negros antes de cocinarlos. Rómpalos suavemente y limpie el interior y el exterior. Un enjuague rápido está bien si están muy arenosos. La delgadez de la carne es un excelente elemento disuasorio para los insectos y, por lo tanto, rara vez encontrará estos hongos infectados. Sin embargo, los caracoles y las babosas disfrutan de este hongo. A veces, es posible que algunos insectos y arañas tengan su hogar dentro del casquete en forma de canal de estos hongos. Asegúrese de que su hongo esté totalmente limpio antes de cocinarlo.

El parecido más cercano de los hongos trompeta negros son los rebozuelos azules. Los rebozuelos azules también son comestibles y comparten la tapa en forma de jarrón, así como la ausencia de branquias con trompetas negras. Los hongos orejas de cerdo (también comestibles) también se parecen a las trompetas negras. La urna del diablo (otro comestible, aunque no recomendado para principiantes por su dureza) también se puede confundir con las trompetas negras.

Rape con Salsa de Trompeta Negra y Espinacas

Ingredientes:

- Rape - 1 libra
- Hongos trompeta negros frescos - ¼ de libra
- Espinaca fresca - 1 libra

- Mantequilla - 3 cucharadas
- Chalota - 1 (picada)
- Scotch - ¼ de taza
- Crema espesa - ½ taza
- Aceite de oliva - 2 cucharadas
- Sal y pimienta - al gusto

Direcciones:

Limpiar el rape y cortarlo en filetes de ½ pulgada. Enjuague y limpie los hongos trompeta negros, escurra y exprímalos para secarlos. Corta los champiñones grandes en trozos pequeños.

Derretir la mantequilla en una sartén, sofreír las chalotas por un minuto, luego agregar los champiñones limpios y cortados. Agrega el whisky y cocina hasta que los champiñones estén tiernos. Luego agregue la crema y cocine hasta que los champiñones estén bien cubiertos con la crema. Condimentar con sal y pimienta y reservar.

A continuación, cocine las espinacas hasta que las hojas se marchiten. Retirar del fuego, escurrir y exprimir toda el agua sobrante y reservar.

En otra sartén, cocine el rape a fuego alto casi humeante con un poco de sal y pimienta. Necesitaría unos 4-5 minutos para cocinar cada lado del pescado. Colocar el rape cocido en un plato relleno con las espinacas cocidas. Luego, vierte la salsa de champiñones sobre el pescado y las espinacas y sirve.

Hongos Chaga

Desde hace siglos, los hongos Chaga se han recolectado de la naturaleza y se han utilizado como remedio medicinal para múltiples enfermedades que van desde la presión arterial alta hasta el cáncer. A pesar de la abundante disponibilidad de estos hongos en todo el mundo, los hongos Chaga son bastante caros.

Los hongos chaga se encuentran comúnmente en abedules blancos y amarillos, y cuando encuentre un abedul con estos hongos, es probable que encuentre más en los alrededores. Crecen abundantemente en el mundo en climas del norte, como en América del Norte, el norte de Europa, China y Rusia. Son los mejores y más fáciles de cosechar en inviernos donde los árboles están libres de follaje denso que pueda obstruir su vista. Estos hongos de color negro tienden a destacarse en la nieve blanca, así como contra las cortezas claras de los abedules.

Chaga está repleto de múltiples nutrientes, incluidos antioxidantes, minerales y fitonutrientes, razón por la cual se usan regularmente como terapéuticos en diferentes culturas alrededor del mundo. Los hongos chaga tienen un alto contenido de ácido betulínico, por lo que se cree que son útiles para tratar o reducir los síntomas incluso de algunas formas de cáncer. Sin embargo, no hay suficiente evidencia científica para respaldar tales afirmaciones, aunque se continúan realizando estudios. La relevancia de la cura milagrosa no es importante para los recolectores de hongos. Los hongos Chaga son excelentemente nutritivos y gustan a los amantes de los hongos.

Aunque los inviernos son el mejor momento para buscar hongos Chaga, se pueden encontrar durante todo el año en América del Norte. Es un hongo parásito que se alimenta de la madera de abedules amarillos y blancos. Una vez que el micelio se apodera de la nutrición de estos árboles, los hongos comienzan a crecer y salen de las cortezas de los árboles en forma de conk o tumor negro (porque está cargado de melanina).

Para evitar cosechar las especies de hongos equivocadas, es más seguro identificar y cosechar los hongos Chaga solo de los abedules vivos. Los hongos Chaga y los abedules anfitriones viven juntos durante unos 30 años, momento en el que los nutrientes del árbol se agotan por completo y muere. Cuando el árbol muere, también lo hacen los hongos Chaga que crecieron en ellos. Por lo tanto, no debe recoger hongos Chaga de árboles muertos.

Puede usar un cuchillo, un hacha o un hacha para romper un trozo de hongos Chaga o toda la corteza en la que crecen. Debes dejar un poco de corteza en su lugar para que puedan crecer nuevos hongos Chaga desde allí. El Chaga cosechado se puede consumir en forma de té o conservarse como tintura para su uso posterior. Siga estos pasos para limpiar, secar y preparar té o tintura / extracto de hongos Chaga:

- Enjuague los hongos recolectados en agua para eliminar todos los escombros, arenilla e insectos o babosas que puedan estar escondidos en las pequeñas grietas inalcanzables.

- Luego, corte o parta los hongos Chaga en trozos más pequeños para que se sequen más rápido y para evitar el moho.

- A continuación, seque estos trozos pequeños en un lugar fresco y seco hasta que estén completamente secos, un proceso que puede tardar hasta un mes.

- Puede cortar los champiñones secos en trozos más pequeños o molerlos hasta obtener un polvo fino. Puedes almacenar las piezas y el polvo durante mucho tiempo siempre que te asegures de que estén totalmente secos y se guarden en recipientes herméticos.

Puede agregar las piezas o el polvo a sus platos o hacer té. Las piezas más grandes son ideales para preparar té en lugar de condimentar sus guisos y otros platos. Y la mejor parte es que puede reutilizar estos grandes trozos de champiñones Chaga secos para hacer té repetidamente hasta que no obtenga un líquido oscuro intenso con ellos.

Receta simple de té Chaga para principiantes

Ingredientes:

- Chaga molido o en polvo - 1 cucharadita
- Sirope de arce o miel - al gusto
- Limón

Direcciones:

El té Chaga es la mejor manera de obtener todos los beneficios medicinales de este maravilloso hongo. Ponga una cucharadita de polvo de Chaga (puede agregar una cucharada si lo desea más fuerte) en una taza de té. Agregue agua caliente a la taza y manténgala tapada durante unos 5-10 minutos, que es la mejor manera de infundir el Chaga en el agua. Filtra el té Chaga. Luego puede agregar jarabe de arce o miel junto con una pizca de lima. Revuélvelo bien y tu té estará listo.

Capítulo 11

Los Mejores Lugares en América del Norte Para la Búsqueda de Hongos

Las primeras generaciones de personas que existieron en la Tierra solo querían sobrevivir. Consumirían cualquier cosa, ya sea animal o vegetal, para saciar su hambre. En el siglo XXI, la gente se ha vuelto muy quisquillosa acerca de dónde obtienen sus alimentos. Queremos saber exactamente qué contiene nuestra comida y de dónde viene. La única forma en que podemos estar seguros de tales cosas es si cultivamos y buscamos nuestro propio alimento.

Si es la primera vez que busca comida, lo mejor es investigar mucho o, mejor aún, consultar a un experto. Es posible que te topes con un hermoso grupo de hongos que en realidad son venenosos. Por eso es importante saber exactamente lo que quiere antes de ir a la caza de hongos.

La caza de hongos puede convertirse rápidamente en un pasatiempo. Todo lo que se necesita es un poco de paciencia y algunas herramientas económicas. Los chefs pagan un buen dinero por hongos bien cosechados, incluidas algunas especies deliciosas como rebozuelos, morillas y porcinis.

Hay ciertas condiciones que los lugares deben satisfacer antes de volverse aptos para el crecimiento de hongos.

- **Clima adecuado** : es vital que la región donde desea cultivar sus hongos tenga un clima adecuado. La región debe estar ubicada en cualquiera de las zonas templadas con humedad ambiental y lluvia.

- **Proximidad a zonas** boscosas : **las** setas juegan un papel muy importante para mantener vivos los bosques. Si no fuera por los hongos, la materia muerta nunca se descompondría, y pronto el bosque estaría cubierto de escombros de materia muerta. Teniendo esto en cuenta, los parques y las selvas tropicales son lugares donde el crecimiento de hongos es seguro.

Aunque muchos de los estados de América del Norte son ricos en hongos, la gente no puede caminar casualmente por los bosques y elegir los hongos que les gustan. Si alguien es dueño de la tierra que quiere recolectar, tiene el consentimiento por escrito del propietario de la tierra. Y, sin embargo, las personas solo pueden recoger algunas especies de hongos. Otras especies de hongos son raras y están destinadas a ser conservadas.

Las setas son principalmente para uso personal. Pero el gobierno permite que se vendan algunos hongos en el mercado, incluidos

Hedgehog, Porcini, Pacific Golden Chanterelle, Oyster, Saffron Milk Cap, etc.

En el caso de intoxicación por hongos, se recomienda conservar una muestra del hongo que consumió el paciente para que encontrar un antídoto sea rápido y el tratamiento se realice antes de que sea demasiado tarde.

Aquí hay algunos lugares en América del Norte donde tiene la garantía de alimentarse y darse un festín con hongos.

Weyerhaeuser, Wisconsin

Si planea visitar Wisconsin para su búsqueda de hongos, conozca a Samuel Thayer. Este experto en alimentos silvestres toma y dirige clases de alimentación de mayo a octubre con eventos y discusiones durante el invierno.

Durante la primavera, las colmenillas se encuentran en abundancia en Wisconsin. Durante los primeros días de primavera, las colmenillas se encuentran típicamente en las laderas que apuntan al sol. Crecen cerca de fresnos, manzanos u olmos muertos. En verano, encontrará muchos rebozuelos.

Los boletes porcini o rey también se encuentran en abundancia en Wisconsin en los meses de verano. Estos grandes hongos que pueden crecer más de un pie de ancho y pesar más de una libra, porcinis generalmente se encuentran debajo de robles y abetos desde finales de junio hasta septiembre en todo el estado de Wisconsin.

Nueva York, Nueva York

Cuando esté en la ciudad de Nueva York y quiera ir a buscar hongos, asegúrese de consultar a Steve Brill en Central Park antes de hacerlo. Puedes pasar el día con él descubriendo diferentes y comestibles especies de hongos en la ciudad que nunca duerme. Estos recorridos se realizan durante la mayor parte de marzo a diciembre, y dependiendo de la temporada durante la cual realice el recorrido, podrá ver diferentes especies de hongos.

Cuando la gente vaya a buscar hongos en la ciudad de Nueva York, se encontrará con una gran variedad de especies de hongos. Saben mejor cuando se comen con mantequilla y ajo. Durante el verano, los rebozuelos son algo que verías todos los días. Es importante poder diferenciar entre el venenoso Jack o 'Lantern y los hongos rebozuelos. Se ven muy similares en el exterior, y la transición es clara solo si corta uno de ellos a lo largo y observa cómo están dispuestas sus branquias.

Además, la Sociedad Micológica de Nueva York organiza expediciones de alimentación casi todos los fines de semana. Los recolectores se reúnen en busca de versiones tanto comestibles como venenosas. Los comestibles se utilizan para cocinar algunas comidas deliciosas, y los tóxicos se utilizan para mejorar el conocimiento y la habilidad de los miembros para que puedan enseñar a los principiantes qué hongos no deben comer en el plato.

Ithaca, Nueva York

Eleve sus estándares de campamento con recorridos con temática de safari y a la luz de las fogatas glamorosos y coloridos. No tendrá nada de qué preocuparse si va de campamento con Sarah Kelsen en Buttermilk Falls State Park en Ithaca, Nueva York.

Solo necesitas noventa minutos para que seas completamente capaz de diferenciar entre una gran variedad de plantas y hongos. Sarah anima a su grupo de turistas a probar las propiedades medicinales de los hongos y las plantas, que encontrará durante el recorrido. Ella también está abierta a preguntas. Sarah realiza sus giras entre abril y noviembre.

El Cornell Mushroom Club de la Facultad de Agricultura y Ciencias de la Vida de la Universidad de Cornell permite la membresía a las personas que viven en Ithaca y sus alrededores, Nueva York. Los miembros se familiarizan con los eventos de búsqueda de hongos y los boletines informativos regulares. Aquí hay algunos detalles de qué tipo de hongos puede buscar en las respectivas temporadas en Ítaca:

- Bosques estatales, áreas de vida silvestre, reservas forestales y otras áreas de vegetación de uso múltiple, permitidas para la búsqueda recreativa de hongos para uso personal. Prohibido para forrajeo comercial.

- Parques estatales: están prohibidos para todo tipo de búsqueda de hongos.

Las morillas se encuentran en abundancia en mayo. Los boletes reales se pueden encontrar en junio bajo los abetos blancos. Los rebozuelos se ven comúnmente en julio si miras de cerca la base de los robles. En agosto y septiembre, encontrará una gran cantidad de pedocitos gigantes. Desde septiembre y hasta el invierno, encontrará muchas variedades de hongos en Ithaca, Nueva York.

McCloud, California

California es el destino número uno para los cazadores de hongos. De hecho, McCloud tiene todo un festival de música dedicado al hongo llamado McCloud Mushroom and Music Festival. Todd Spanier, conocido localmente como el "Rey de los hongos", lidera un equipo entusiasta en una emocionante búsqueda de hongos durante el festival, un evento destacado que a muchos recolectores novatos y experimentados no les gusta perderse. Hay varios talleres que enseñan todo lo relacionado con la búsqueda de hongos. Mientras esté aquí, la cena de hongos de varios platos también es un evento al que debe asistir, que consiste en degustar platos gourmet de hongos.

Chesterfield, Misuri

Chesterfield se encuentra muy cerca del Bosque Nacional Mark Twain, donde se encuentran en abundancia diferentes especies de hongos. Tienen una temporada completa dedicada a las morillas llamada 'Morel Madness'.

El momento en que elijas las setas, la caza afectará a las setas con las que vuelvas a casa. Si vas en primavera encontrarás muchas colmenillas y si vas en verano acabarás encontrando muchos rebozuelos. Pero independientemente de los hongos con los que regrese, no hay forma de que no los disfrute si saltea mantequilla y tomillo y los toma sobre un bistec a la parrilla.

Eugene, Oregón

La ciudad de Eugene está rodeada de bosques gigantes viejos con coníferas, helechos y hongos. El Willamette, monte. Los bosques nacionales de Hood y Siuslaw se encuentran a poca distancia en automóvil de Eugene. Siempre puedes acercarte a la Sociedad Mitológica de Cascade si quieres ayuda con tu primera búsqueda de hongos.

Hay una regla estricta en Oregón en la que los hongos se pueden recolectar solo para uso personal. Eugene está lleno de bosques verdes y frondosos con temperaturas y lluvias moderadas; perfecto para el crecimiento de hongos. El Bosque Estatal de Tillamook y el Bosque Nacional Siuslaw cubren grandes áreas de tierra, que son territorios privilegiados para los hongos.

Hot Springs, Carolina del Norte

Hot Springs se encuentra muy cerca del sendero de los Apalaches, que tiene un gran potencial para la búsqueda de hongos con éxito. Si conduce solo cuarenta y cinco minutos hacia el sureste hasta Asheville, puede asistir a las reuniones mensuales del Asheville Mushroom Club, donde puede conectarse con otros cazadores de hongos entusiasmados e intercambiar ideas.

Todo el sendero de los Apalaches está cubierto de densas selvas tropicales templadas y boscosas. La cordillera se extiende desde el noreste de Alabama hasta New Brunswick. Esta área no es el hogar solo de una gran especie de hongos, sino que también es conocida por otras delicias silvestres como rampas, helechos violines y bayas silvestres durante la primavera.

Mendocino, California

Mendocino se encuentra a solo tres horas en automóvil al norte del área de la bahía en la costa de California. Los Jardines Botánicos de la Costa de Mendocino organizan una caminata de hongos todos los lunes durante noviembre y diciembre, y organizan un evento de una semana conocido como Mushroom Feast Mendocino.

Una vez que comiences a adentrarte en los bosques de California, encontrarás pequeños parches de hongos. Los rebozuelos dorados ocupan la mayor parte del territorio. Es posible que también te encuentres con hongos dulces, que a menudo se usan en productos horneados. Tienen un sabor muy similar al jarabe de arce.

Olimpia, Washington

El noroeste del Pacífico es una visita obligada para los cazadores de hongos principiantes y profesionales del mundo. Olympia está convenientemente ubicada junto a bosques con materiales naturales en descomposición. Además, alrededor del área, encontrará el Bosque Nacional Olympic y el Parque Nacional Monte Rainier.

Paul Stamets, micólogo y emprendedor, tiene su negocio, Fungi Perfecti, ubicado en el área de Olympia. Esto ofrece extractos de hongos medicinales y cápsulas para cultivar sus propios hongos.

Es importante controlar la cantidad de hongos silvestres que consume. A pesar de limpiarlos y enjuagarlos a fondo, aún estarán presentes pequeñas toxinas, ya que han estado creciendo en el bosque durante mucho tiempo. Asegúrese de lavarlos y cocinarlos bien antes de servirlos.

Kennett Square, Pensilvania

Kennett Square en Pensilvania alberga algunas de las mejores y más sabrosas especies de hongos de los Estados Unidos. Los expertos locales en búsqueda de hongos y los chefs gourmet de hongos silvestres le ofrecen demostraciones de cocina sobre cómo usar sus cosechas de la mejor manera posible. Este lugar también tiene un peculiar museo de hongos que exhibe el ciclo de vida de los hongos.

Condado de Chester, Pensilvania

Conocido por sus sesenta y un granjas de hongos, el condado de Chester es el único responsable de más de cuatrocientos millones de libras de hongos en los Estados Unidos, que se estima en $ 365 millones. Alrededor del 47% de los hongos del país provienen del condado de Chester. Los hongos se cultivan en graneros, casas y dobles.

La mayor parte de los hongos producidos aquí pertenecen a la especie Agaricus. Son pequeñas setas blancas y marrones con forma de botón y portobellos grandes, que son un lado popular para el bistec. Aparte de estos hongos, el estado también es una fuente importante de "especialidades" o "exóticos" como ostras, shiitakes, maitakes, hayas, etc.

Hay muchos más lugares a los que puedes ir a buscar comida una vez que hayas aprendido el terreno. El truco está en abrir tu corazón y tu mente y aceptar tu nuevo amor por la búsqueda de hongos. Cuanto más abras tu corazón y tu mente, más lugares descubrirás y más te divertirás. Una de las mejores partes de la búsqueda de hongos es que creará un círculo social extenso en todo el mundo, ya que será muy fácil conectarse con personas de ideas afines, gracias a las múltiples plataformas de redes sociales disponibles a su alcance.

Capítulo 12

Desmentir los Mitos de los Hongos y Reforzar los Hechos Sobre los Hongos

Una caza de setas es algo que disfrutaría cualquiera. Sus tonos eléctricos dorados y anaranjados realmente dan vida al área que los rodea. Se pueden disfrutar de diversas formas. Se pueden comer con tostadas, ajo, parmesano y muchas otras cosas. Sin embargo, existen muchos rumores que se centran en las setas silvestres, que dicen que es mejor no consumirlas. Otros dicen que es seguro comer hongos que huelen bien. Esto no es verdad. Este artículo intentará aclarar las dudas comunes que tendrán la mayoría de los cazadores de hongos.

¿Son plantas de hongos?

La mayoría de las personas se pasan la vida creyendo que los hongos son plantas. Los hongos incluso se consideran parte de una dieta vegetariana. Sin embargo, la investigación muestra que la genética de los hongos está más relacionada con los animales que con las plantas. Estos resultados genéticos muestran relaciones entre hongos y animales, que prevalecían hace más de 1.100 millones de años. Se cree que el mismo organismo unicelular dio a luz tanto a animales como a hongos, pero es difícil confirmarlo.

En conclusión, los hongos no pertenecen ni al reino vegetal ni al animal, sino a un reino propio.

¿Son las setas verduras?

Sabemos que los hongos no son plantas y, por lo tanto, definitivamente no son vegetales. Los hongos en realidad nacen de hongos. Pueden considerarse manzanas que se originan en los manzanos.

¿Los hongos son consumidos solo por humanos?

No, los humanos no son la única especie que consume hongos. De hecho, las investigaciones muestran que los hongos son una fuente principal de alimento para las criaturas e insectos que prosperan en los bosques de coníferas y caducifolios. También son populares entre las ardillas.

También contribuyen al ecosistema al consumir la materia muerta y en descomposición que los rodea. Pueden crecer a partir de plantas, árboles e incluso animales muertos. También forman relaciones simbióticas con otros animales vivos, ya que tienen necesidades de nutrientes comunes con su anfitrión, como azúcar, nitrógeno, fósforo, potasio, etc. Básicamente se comen su casa.

¿Es el rebozuelo el único hongo comestible?

Los hongos rebozuelos son uno de los muchos hongos deliciosos. Los hongos erizo también son muy populares para hacer caldos de hongos. King Bolete, también conocido como Cèpe de Francia y porcini de Italia, también es muy popular por su sabor.

¿Los hongos causan cándida?

Candida es una infección por hongos que afecta nuestra piel y membranas mucosas. Los hongos a menudo se asocian con Candida debido a su origen fúngico. De hecho, el shiitake, una variedad de hongos exóticos famosa en Japón, puede luchar contra Candida. Shiitake funciona de manera brillante atacando solo a los patógenos sin afectar los órganos internos, lo que garantiza que Candida se elimine del sistema de la persona afectada y mantenga los efectos secundarios casi insignificantes.

¿Pueden los hongos fortalecer el sistema inmunológico?

En las relaciones simbióticas, los hongos pueden tener un impacto positivo en el sistema inmunológico del huésped. Los hongos tienden a tomar ciertos nutrientes de sus huéspedes y, a cambio, les dan los nutrientes. Por ejemplo, si el sistema inmunológico del huésped tiene un problema, entonces una variedad de hongo que vive en una relación simbiótica con este huésped podría transmitir ciertos nutrientes y minerales que podrían tener un efecto de refuerzo de la inmunidad.

¿Son todos los hongos iguales?

Existen muchas variaciones entre las diferentes especies de hongos. Se diferencian en dónde se cultivan, en qué condiciones se cultivan, si son orgánicos o no, cómo se extraen, qué parte del hongo es comestible, etc.

¿Son venenosas las setas?

Entre una gran variedad de hongos, algunos hongos son venenosos y pueden tener efectos secundarios muy dolorosos, y hay algunos con poderosas propiedades medicinales. En realidad, todo depende de cómo elijas tus hongos y de qué tan seguro y minucioso estés en tu investigación sobre hongos.

Limpiar las setas antes de consumirlas es imprescindible

Los hongos son organismos amantes de la humedad. Mientras crecen afuera, absorben mucha humedad para su supervivencia. Si vuelves a lavar los champiñones antes de cocinarlos, liberarán el exceso de agua mientras los cocinas y harán que tu plato se vuelva viscoso. Entonces, un enjuague rápido es la mejor manera de lavar los champiñones para limpiarlos. A veces, usar un cepillo para deshacerse de la arena puede funcionar muy bien. Un paño húmedo también puede ser suficiente. Sin embargo, remojar los hongos en agua puede ser contraproducente para crear excelentes platos con hongos.

¿Son fáciles de identificar los hongos silvestres?

La mayoría de la gente identifica los hongos silvestres y venenosos por su apariencia manchada. Esto no es suficiente. Muchos hongos silvestres no tienen apariencia manchada. Es importante investigar qué tipo de hongo está buscando antes de ir al bosque en busca de hongos. Hable con un experto en hongos para perfeccionar lo que ya sabe sobre los hongos.

A los hongos les encanta crecer en ambientes oscuros y subterráneos

La mayoría de los hongos crecen en la superficie, junto a un árbol húmedo o materia muerta y en descomposición. Los hongos que crecen bajo tierra se conocen como trufas y son uno de los alimentos más caros del mercado.

Los hongos no tienen ningún valor nutricional ya que están compuestos principalmente de agua

Aunque aproximadamente el noventa por ciento de un hongo es solo agua, contienen muchos minerales y vitaminas, que son esenciales para el cuerpo humano. Son ricos en vitamina A y complejo B. Son bajos en grasas y ricos en proteínas.

Algunos hechos importantes

Utilice fuentes confiables y verificables para identificar sus hongos

La caza de hongos sin información confiable sobre cómo distinguirlos tiene el potencial de salir increíblemente mal. El 'Ángel Destructor' se parece a muchos hongos comestibles y deliciosos que en realidad pueden conducir a la muerte cuando se consumen. Es hermoso mirar tan instintivamente; uno iría a arrancarlo y cometería el error de incluirlo en su plato. Estos son capaces de arruinar tu día, tu hígado o, peor aún, matarte también.

Enviar una simple imagen de un hongo a un amigo y obtener su aprobación no será suficiente. Muchos hongos se ven muy similares entre sí por fuera, pero son completamente diferentes por dentro. Debes profundizar más y hablar con expertos y conocer su opinión.

La caza de hongos se puede hacer en equipo

Ir a cazar hongos con tu amigo durante el fin de semana puede ser una actividad muy divertida. Es muy fácil encontrar comunidades de hongos que siempre te echen una mano. Además, siempre puede acercarse a un experto en hongos para obtener respuestas a sus preguntas.

No abuse de sus productos de hongos

Los parches de hongos son muy difíciles de producir y es un procedimiento lento. La recolección excesiva de hongos puede afectar al siguiente producto e incluso a las criaturas que lo rodean. Tómatelo con calma y elige solo la cantidad de hongos que necesites en ese momento.

Algunos datos interesantes sobre los hongos

Francia fue uno de los primeros países en comenzar a cultivar hongos. En unos pocos años, la práctica de cultivo creció en Inglaterra y ahora prevalece incluso en los Estados Unidos. Hay alrededor de 10000 especies diferentes de hongos, de las cuales se sabe que solo 250 son comestibles. Dado que los hongos no tienen clorofila, obtienen sus nutrientes de otros árboles vivos y de materia muerta y en descomposición.

Un hongo maduro es capaz de arrojar hasta dieciséis mil millones de esporas.

Solo una porción de champiñones (unos cinco champiñones) tiene solo veinte calorías y no contiene grasa. Sin embargo, son muy ricos en el complejo vitamínico B.

Si tiene suerte durante una de sus cacerías de hongos en bosques densos, puede encontrarse con un hongo llamado Laetiporus, que sabe a pollo frito.

Los antiguos egipcios creían que los hongos eran un vegetal que les otorgaba la inmortalidad.

Se cree que los invasores vikingos consumirían hongos alucinógenos para contener su rabia. Esto era equivalente al alcohol actual.

El hongo Fly Agaric, que se parece mucho a los hongos en el juego Super Mario, hace algo similar al hongo en Super Mario. Si se consume, la persona tendrá la ilusión de que todos los objetos a su alrededor son más grandes de lo que realmente son.

Hay un hongo venenoso que parece un cerebro. Parece tan venenoso que países como Suiza y Alemania prohíben su venta.

Los hongos tienden a adoptar un patrón circular muy común para crecer. Este patrón se conoce comúnmente como el "anillo de hadas".

Hay una seta que se digiere sola. El proceso puede ser muy rápido, por lo que se recomienda que este hongo se cocine y se coma minutos después de ser arrancado.

Los hongos mágicos son conocidos por sus efectos secundarios similares al alcohol. Sin embargo, algunos países consideran perfectamente legal que las personas compren las esporas de estos hongos y las críen ellos mismos.

Capítulo 13

Cómo Cosechar Hongos de Forma Ética y Segura

La frase "búsqueda de alimento ético" describe las reglas y pautas que los recolectores de alimentos deben seguir para evitar efectos adversos en el medio ambiente y el entorno natural. Las pautas se enmarcaron a partir de las lecciones aprendidas sobre la base de los resultados de errores involuntarios o involuntarios cometidos por falsificadores anteriores.

Las pautas recopiladas bajo el término de búsqueda de alimento ético están diseñadas para proteger:

- Los propietarios de la propiedad en la que se realiza la búsqueda de alimento.
- Los propios recolectores.
- Medio ambiente y entorno natural.

Las tres éticas más importantes basadas en la sabiduría convencional a seguir indefectiblemente al recoger y cosechar hongos silvestres son:

No elija demasiado

Si bien puede ser cierto que la recolección excesiva de hongos no dañará el micelio subterráneo, incluso entonces, es una actitud cortés y sensible no recolectar más de lo que necesita. Un recolector experimentado aprende la importancia de elegir no más de un tercio de lo que ve y dejar el resto para el próximo recolector que pueda llegar allí. Si todos los recolectores practicaran esta regla, entonces habría suficiente para todos. Además, al micelio le queda suficiente para seguir floreciendo y fructificando durante la próxima temporada.

Un corolario del punto de recolección excesiva es recordarse a sí mismo que no es un recolector comercial de hongos. Todos somos cazadores de hongos recreativos, y deberíamos recoger lo suficiente para nosotros mismos, y tal vez para compartir con algunos amigos y familiares. La caza comercial se trata de enfocarse solo en la cosecha y nada más. Los cazadores comerciales pueden conseguir sin piedad toneladas de hongos que valen mucho dinero recogidos en un tiempo increíblemente corto. No somos este conjunto.

Además, los permisos que otorgan los funcionarios forestales a menudo tienen la cantidad de hongos que se le permite recolectar, especialmente los raros y exóticos. Cumplir con el límite autorizado por estos permisos no solo es legal sino también éticamente bueno para usted.

Además, cuando recoja hongos, sea ingenioso y elegante al respecto. Puede hacer palanca o cortar los champiñones con un cuchillo. Los expertos creen que, siempre que sea amable con la forma en que recoja sus hongos, el potencial de crecimiento futuro del micelio permanece seguro e intacto.

Otro elemento crucial para recordar en este punto es no recoger la última planta de ninguna especie, lo que garantiza que los hongos se repongan y crezcan nuevamente.

Camine suavemente por el sendero de forrajeo

Camine suavemente por el camino para no pisotear y dañar posibles hongos debajo de sus pies. Las botas de montaña y otros calzados duros que dejan marcas en el suelo no son ideales para la búsqueda de hongos. Además, mantener los senderos y encontrar un secreto de otros recolectores es parte del trato de búsqueda de alimentos entre los experimentados, razón por la cual los expertos le darán una idea general de dónde ir a buscar alimento, pero nunca revelarán sus terrenos de caza secretos.

Esparcir esporas es la responsabilidad de un buen recolector

Las esporas son esencialmente semillas de hongos que deben liberarse en todas partes del suelo del bosque para que el nuevo micelio y los hongos puedan seguir floreciendo en el futuro. Aquí hay algunos consejos a través de los cuales puede asegurarse de que puede cumplir con su deber con las esporas de hongos:

Siempre que sea posible, intente recoger hongos maduros cuyas esporas ya se hayan liberado al medio ambiente.

Para aquellos hongos que todavía tienen esporas, asegúrese de usar una canasta de mimbre o cualquier recipiente poroso / con agujeros para colocar sus cosechas, de modo que las esporas caigan mientras camina por el sendero del bosque. Usar bolsas de plástico es lo peor que puede hacer cuando busca hongos. Aquí hay algunas ideas más para asegurarse de cosechar éticamente:

Si bien es fácil asegurarse de no dejar basura grande, también es importante cuidar la micro basura que podría generar en su camino de alimentación. No debes dejar basura. Llévelos con usted y deséchelos de manera responsable.

Más consejos para la recolección segura y ética de hongos

No dejes todos los recortes de hongos en el mismo lugar donde los cosechaste. Extiéndalos porque estos recortes también tienen el potencial de producir nuevos micelios.

Además, observe los hongos con un profundo sentido de curiosidad. Deja atrás y marca aquellos lugares donde encuentres hongos inusuales y únicos. Regrese al lugar en su próximo viaje y vea lo que ha sucedido en la zona. Este enfoque es una de las mejores formas de aprender sobre el ciclo de vida de hongos específicos. Comprender cómo la recolección y la recolección de hongos afectan su ciclo de vida lo ayudará a desarrollar la sostenibilidad en la búsqueda de hongos. No quiere tener hongos en exceso en una temporada y no queda nada para buscar en la próxima temporada, ¿verdad?

Desde el punto de vista de la seguridad, debe aprender a distinguir entre hongos comestibles y tóxicos y hongos demasiado maduros. Además, cuando vea los indeseables intactos, especialmente los demasiado maduros y comestibles en su etapa inicial, déjelos para que completen su ciclo de vida. De esta manera, puede tener la oportunidad de regresar en el tiempo para elegir a los jóvenes la próxima vez, o al menos algún otro recolector tendrá la oportunidad de hacerlo.

Siga las leyes de la tierra y el área donde busca alimento. Debe seguir los mapas aprobados de la región y asegurarse de no traspasar la propiedad privada y prohibida.

Algunos lugares tienen reglas estrictas sobre la cantidad de hongos que los recolectores pueden recolectar, y es imperativo cumplir con estas leyes. Además, en algunos lugares se podría prohibir la recolección comercial. Por lo tanto, aprenda y siga las leyes del área. Casi todos los sitios de búsqueda de alimentos tienen estatutos que se pueden buscar y leer en línea antes de comenzar su expedición de búsqueda de alimentos.

Algunas áreas podrían tener una regla muy estricta con respecto a las especies de hongos en peligro de extinción. El peligro podría ser el resultado de una cosecha excesiva o debido al clima y otras condiciones climáticas. Conozca y aprenda sobre estas especies en peligro de extinción y asegúrese de seguir las reglas que rigen la recolección de dichos hongos. Puede encontrar las listas en peligro de áreas específicas en los documentos de los departamentos que administran la vida silvestre y la agricultura. Los recolectores expertos en estas áreas específicas también serían fuentes de información enciclopédica.

Tenga una idea clara de qué tipos de hongos crecen en la región que está buscando. Conozca los mejores lugares para buscar y dónde se puede encontrar una gran cantidad. Lo mejor es dejar esos hongos que no crecen en abundancia porque está claro que están luchando por reproducirse. Entonces, al dejarlos solos, está fortaleciendo su lucha por la supervivencia.

Los agricultores y expertos locales pueden ser de gran ayuda cuando se trata de brindarle información sobre qué hongos crecen en abundancia y cuáles de ellos luchan por sobrevivir. Como principiante, debe aprender a respetar el conocimiento de los guías, cazadores y agricultores locales si desea mejorar su conocimiento y sus niveles de habilidad en la búsqueda de hongos.

Verificar la toxicidad del suelo y el medio ambiente es un aspecto importante a verificar antes de comenzar a buscar hongos. Debe revisar la topografía del área para saber si ha estado expuesta a químicos tóxicos de cualquier tipo. Por ejemplo, si hay una fábrica de productos químicos o fertilizantes cerca, es posible que desee verificar si los efluentes de allí están afectando el suelo de la región.

Las toxinas de la fábrica pueden llegar a las plantas y árboles de los alrededores. Si bien existen leyes estrictas para prevenir tales casos, como principiante, podría ser una buena idea usar estas ideas como lecciones valiosas, especialmente al identificar variedades de hongos evitables. Las oficinas municipales locales y otras agencias gubernamentales asignadas para monitorear tales cosas lo ayudarán con los datos necesarios.

Aprenda a identificar los hongos basándose en más de una característica. Cuando haya elegido un destino de alimentación, lea sobre el lugar y recopile información sobre 2-3 especies de hongos comunes que probablemente encontrará allí. Dedique tiempo a reconocer e identificar las características de estas 2-3 especies.

Cuando esté concienzudo con estos, pase únicamente al siguiente par de especies. Este enfoque lo ayudará a aprender teóricamente sobre cada tipo de hongo primero, y luego aplicar su conocimiento de manera práctica mientras busca hongos. Esta combinación de teoría y práctica desarrollará sus habilidades para buscar hongos de manera excelente.

Y finalmente, recuerde ser un administrador de la naturaleza. La recolección descuidada e irreflexiva refleja una actitud de insensibilidad hacia la naturaleza. Un recolector ético respeta y valora a la madre naturaleza.

Capítulo Fourteen

Hongo Venenoso en América del Norte

Nota de precaución: muchos hongos se ven muy similares y pueden ser difíciles de diferenciar. Algunos pueden ser mortales. Si no está seguro, ¡no los coma!

Los hongos más mortíferos conocidos por el hombre pertenecen al género (plural de género) Amanita. Los hongos del género Amanita representan un pequeño porcentaje de todas las especies de hongos. Sin embargo, este género tiene algunas de las especies de hongos más mortíferas y tóxicas conocidas por el hombre.

Se cree que el límite de muerte o Amanita phalloides es el culpable de más del 90% de las muertes causadas por la intoxicación por hongos. Una de las principales razones de esto es el hecho de que el límite de muerte parece extremadamente apetitoso y carnoso. Otra estadística interesante con respecto a la intoxicación por hongos es que un gran porcentaje de inmigrantes de Asia oriental y sudoriental han sido víctimas. Los expertos atribuyen este gran recuento a las similitudes entre el sombrero de la muerte y el hongo de la paja de arroz, una variedad común que se encuentra en las regiones del sudeste y este de Asia.

Hongo Death Cap - ¡NO comas!

Curiosamente, el género Amanita también contiene algunas de las especies de hongos comestibles más hermosas y sabrosas. Por ejemplo, Amanita caesera, con su hermoso perfil rojo anaranjado, era una de las favoritas de los emperadores romanos, así como de los antiguos egipcios reales.

Las Amanitas jóvenes e inmaduras se distinguen fácilmente por el capullo universal en forma de velo que las cubre. Esto también los hace parecer peligrosamente similares a los hongos bejín . La mayoría de las especies de Amanita tienen una volva en forma de collar en la base, que es otra característica de marca registrada de este género.

Los hongos más mortíferos conocidos

Algunas características comunes que puede utilizar para identificar algunos hongos venenosos comunes que se encuentran en América del Norte son:

Amanita phalloides

Conocido como tapones de muerte, el nombre biológico de esta variedad de hongo mortal es Amanita phalloides. Los expertos le otorgan el primer puesto en cuanto al recuento de muertes en el número de casos de intoxicación por hongos en todo el mundo.

Por cierto, se cree que esta variedad de hongo fue traída accidentalmente a América del Norte, quizás junto con las importaciones de árboles de Europa. Pero ahora se han extendido por todo el continente aunque no son muy comunes. Originario de Europa, los casquetes de la muerte se encuentran en muchas partes de las costas oriental y occidental de EE. UU.

Los tapones de muerte tienen tapones amarillos, marrones, verdes o blancos de 6 pulgadas que a menudo son pegajosos al tacto. Los tallos de estos hongos venenosos generalmente miden 5 pulgadas de alto y crecen sobre bases de copa de color blanco debajo de robles, cornejos, pinos y otros árboles similares.

Normalmente visto de septiembre a noviembre, los gorros de muerte se pueden confundir fácilmente con los hongos de los géneros Lycoperdon, Calbovista y Calvatia. El aspecto más mortífero de los límites de muerte es que no hay síntomas inmediatos que causen preocupación. Después de un tiempo, es probable que la persona experimente vómitos, calambres y diarrea, que también desaparecen después de unos días, lo que hace que la gente piense que está bien.

Desafortunadamente, durante este tiempo "bueno", el veneno de las cápsulas de la muerte dañaría todos los órganos internos, muchas veces de manera irreversible. Se sabe que la muerte ocurre entre 6 y 18 días después del consumo. La toxina más prominente en Death Cap se conoce como a-amanitina. La potencia de esta toxina no se elimina ni se reduce con ningún método de cocción o congelación.

El joven Death Cap a menudo se confunde con el hongo de madera comestible y el hongo de campo, ambos del género Agaricus. Además, el hongo Death Cap en su etapa de botón se puede confundir con los hongos bola comestibles y no venenosos. Curiosamente, las ardillas y los conejos no se ven afectados por este hongo venenoso y, por lo tanto, verificar si los animales salvajes lo comen antes de recogerlos es una idea extremadamente mala para discernir entre variedades venenosas y no venenosas.

Aquí hay algunas marcas de identificación vitales para Death Cap:

- Las tapas (que varían entre 5 y 15 cm de diámetro) de Death Cap son casi de un blanco puro en la etapa inmadura y, a medida que maduran, el color de las tapas cambia a amarillo, oliva o bronce, y el centro casi se vuelve negro.

- Inicialmente, las tapas tienen forma de huevo. A medida que maduran, las tapas se vuelven casi planas. Una capa de muerte en descomposición emite un olor extremadamente desagradable.

- El tallo del sombrero mortal crece hasta una altura de 7 a 15 cm. Son de color blanquecino y se ven más pálidos que la gorra y tienen moteados en zig-zag.

- Las branquias son anchas y libres y blancas inicialmente. A medida que el hongo madura, las branquias se vuelven de color crema. A veces, las branquias adquieren un ligero tinte rosado a medida que el cuerpo envejece.

- La base del Death Cap está hinchada y rodeada por una gran volva en forma de saco con un interior de color verdoso.

- Las esporas de Death Cap son blancas y la forma varía de elipsoidal a subglobosa.

Los hongos no venenosos de los géneros Agaricus no tienen volva. Además, las branquias de la variedad comestible inmadura son de color gris o marrón rosado, que no es el caso de las branquias del Death Cap, que es de color blanco puro en la etapa inmadura.

Otro punto importante para asegurarse de que no está eligiendo un Amanita confundiéndolo con un Agaricus es este; la volva de la Amanita podría haberse roto o permanecer oculta bajo tierra. Entonces, sin duda, tiene sentido desenterrar la tierra y buscar la volva rota u oculta antes de consumirla.

Amanita bisporigera y Amanita ocreata

¡No comas!

Pertenecientes al género Amanita, estos hongos mortales (también conocidos como ángeles de la muerte o ángeles destructores) se llaman ángeles porque todas las especies tienen gorros y tallos blancos puros. Sus tallos blancos, gorras y branquias son casi hermosos a la vista, y es fácil sentirse atraído por estos hongos. Sus imitaciones inocuas incluyen hongos de caballo, hongos de pradera, hongos botón y bejines.

Los ángeles destructores se ven ampliamente en los EE. UU. Durante las temporadas de verano y otoño. Estos hongos se conectan a las raíces de ciertos árboles, plantas y arbustos. Puede verlos crecer en y cerca de los bosques y también en las leyes suburbanas.

Los síntomas de envenenamiento por consumir ángeles destructores incluyen dolor abdominal, diarrea y náuseas, que generalmente aparecen entre 5 y 12 horas después de la ingestión. Estos síntomas también tienden a desaparecer por un tiempo, lo que hace que la persona piense que está bien. Sin embargo, los síntomas volverán en un par de días y con fuerza.

Lamentablemente, cuando los síntomas regresen, puede que sea demasiado tarde para hacer algo, ya que muchos de los órganos internos, incluidos los riñones y el hígado, se habrían dañado de forma irreversible. Por lo general, las personas afectadas por el veneno de los ángeles destructores tienden a terminar en un coma hepático fatal.

¡No comas!

Amanita muscaria

Conocido como el agárico de mosca, Amanita muscaria es un alucinógeno y se encuentra comúnmente en muchos de los bosques del hemisferio norte, incluidos los EE. UU. Y Canadá, y las islas británicas. Se le dio el nombre Fly Agaric porque, tradicionalmente, el hongo se usaba como insecticida. Hay muchas variedades de Amanita muscaria, que incluyen:

- Amanita muscaria var. formosa: es una vista familiar en América del Norte con su gorra de color amarillo anaranjado o amarillo, un tallo amarillo y cubierto de manchas amarillas.

- Amanita muscaria var. alb - es una forma blanca del agárico mosca, que es un hongo raro.

- Amanita muscaria var. regalis - es una forma marrón de Fly Agaric. Algunos expertos tratan esto como una especie separada y se refieren a ella como Amanita regalis.

Las toxinas presentes en este hongo tienen diferentes síntomas en diferentes personas y también en función de la cantidad consumida. Por ejemplo, consumir una forma seca de Fly Agaric puede causar náuseas, somnolencia, sudoración, euforia, mareos y distorsiones en los sonidos y las vistas. Los expertos creen que las toxinas de estos hongos también son compuestos psicoactivos, que tienen varios efectos alucinógenos.

¡No comas!

Se cree que los efectos alucinógenos se han utilizado desde tiempos inmemoriales. Incluso pueden ser el alucinógeno más antiguo conocido de la humanidad. Los expertos creen que Amanita muscaria se usó ampliamente en todo el mundo desde las primeras civilizaciones indias hasta los invasores vikingos y los chamanes siberianos más contemporáneos.

Los hongos de la especie Amanita muscaria son fatales cuando se consumen en grandes cantidades. Por lo tanto, las muertes reportadas de esta especie son menores en comparación con las de las otras variedades venenosas.

En América del Norte, Amanita muscaria var. Formosa, que se conoce como Amanita muscaria var. Guessowii. Algunos de los rasgos característicos de esta variedad de este hongo que se encuentran en Norteamérica son:

Este hongo se distribuye ampliamente en el noreste de América del Norte y en el norte del Medio Oeste.

- El tapón varía entre 5 y 19 cm de diámetro. Es redondo en el centro y se vuelve cada vez más convexo y casi plano en los bordes.

- El color de la tapa puede variar de amarillo pálido a amarillo brillante, de amarillo anaranjado a amarillo rojizo. Estos colores tienden a desvanecerse con la edad.

- Las tapas tienen verrugas algodonosas, cuyo color puede ser blanquecino o amarillento. Estos parches son pegajosos cuando están frescos.

- Las branquias están unidas al tallo de manera muy floja y, a veces, incluso están libres de él. Las branquias generalmente se encuentran solo en las áreas marginales.

- Con una longitud de 6 a 30 cm y un espesor de 1 a 3,5 cm, los tallos de esta especie de hongos norteamericanos tienen una base ancha y un ápice ahusado.

- La pulpa de este hongo permanece blanca durante toda su vida, incluso cuando se corta en rodajas.

Galerina marginata

Comúnmente conocida como Funeral Bell, las toxinas que se encuentran en Galerina marginata son similares a las que se encuentran en los casquillos de la muerte o Amanita phalloides. Estos hongos mortales se encuentran comúnmente en toda América del Norte, incluidos los Estados Unidos. Se encuentran en Europa, Rusia, Japón y muchas otras regiones asiáticas también.

¡No comas!

Con tapas anchas, marrones y tallos delgados, estos hongos mortales causan problemas gastrointestinales severos que, si no se tratan, resultan en insuficiencia hepática que conduce al coma y, finalmente, a la muerte.

La famosa campana fúnebre se puede encontrar en los tocones, ramas caídas y troncos de árboles muertos de coníferas, así como en los tocones de algunos árboles de hoja ancha. La campana funeraria se puede confundir fácilmente con el hongo comestible llamado Wood Tuft o Brown Stew Fungus.

Una de las razones por las que Funeral Bell no ha causado tantas muertes como la tapa de la muerte es porque su aspecto comestible inocuo, Wood Tuft, no es una variedad de hongo muy buscada. Además, la campana fúnebre no es tan común como los Death Caps.

Aquí hay algunos consejos para identificar la campana del funeral

- La tapa de la campana funeraria es inicialmente hemisférica y se va estrechando lentamente en una forma convexa o casi plana. Las tapas son marrones en el medio y se desvanecen a un color amarillo miel claro en los bordes. El diámetro del tapón oscila entre 1 y 7 cm.

- El tallo de la campana fúnebre varía entre 2 y 7 cm de largo y 2 a 7 mm de diámetro. El ápice del tallo suele ser de color beige y se vuelve más marrón hacia la base.

- El color de las branquias varía desde el color miel hasta un leonado crema pálido y adquiere un color ligeramente oxidado a medida que maduran los hongos. Las esporas de Funeral Bell son de forma elíptica y tienen un color marrón tabaco.

- La campana del funeral tiene un olor a harina

El hongo del estofado marrón, el similar comestible, es similar en color y tamaño. Sin embargo, la tapa del hongo comestible tiene un centro de color pálido y bordes oscuros y se encuentra principalmente en sustratos de madera dura. Lo más importante es que el hongo de estofado marrón no tiene un olor a carne.

Morillas falsas

Las morillas falsas son un grupo de hongos que tienen un extraño parecido con los famosos y populares hongos morel. Los hongos del género Gyromitra generalmente se conocen como falsas morillas. Los recolectores de hongos novatos pueden confundir fácilmente las morillas falsas con las comestibles. Sin embargo, con un poco de experiencia, esta brecha de aprendizaje se puede cubrir rápidamente, y discernir entre las morillas falsas y las comestibles se vuelve fácil.

Gyromitra esculenta : esta especie se conoce más comúnmente como "morillas falsas". Tiene numerosos nombres comunes, que incluyen hongos bistec, hongos cerebrales, orejas de elefante y hongos turbante. Todos estos nombres se refieren a la forma retorcida y arrugada de esta variedad.

Es una de las morillas falsas más tóxicas y también tiene un parecido sorprendente y fácilmente confundible con las morillas comestibles. Algunas de las características distintivas de la altamente tóxica Gyromitra esculenta son:

- Estas morillas falsas generalmente crecen debajo de las coníferas.

- La tapa de forma enrevesada de esta especie de hongo tiene múltiples pliegues y arrugas.

- El color del sombrero puede ser rosado, marrón rojizo o casi negro, dependiendo de la madurez del hongo.

- La parte inferior de la gorra casi siempre es invisible.

- El interior del sombrero es parcialmente hueco y las partes carnosas son de color tostado.

- Esta falsa morilla no tiene branquias.

- Se producen esporas rojizas a anaranjadas que se encuentran en la superficie del sombrero.

- El tallo es delgado y corto y tiene pliegues verticales profundos y de color pálido. El tallo nunca está hueco. Las verdaderas morillas tienen tallos huecos.

Curiosamente, las toxinas de Gyromitra esculenta pueden eliminarse cocinando los hongos. Sin embargo, los humos que emanan del recipiente de cocción también son tóxicos. Además, la cantidad de toxinas en cada hongo es muy variable. Por lo tanto, nunca puede estar seguro de haber eliminado todas las toxinas al cocinar.

A veces, las toxinas se eliminan por completo, lo que hace que el hongo cocido sea comestible, mientras que, a veces, puede haber toxinas suficientes para matar que aún quedan después del proceso de cocción. Por lo tanto, es mejor no intentar cocinar ni comer morillas falsas. Esta información es solo eso, solo información.

Gyromitra caroliniana : al igual que Gyromitra esculenta, el sombrero de esta especie de hongo está muy arrugado y tiene un color rojo distintivo. El tallo de esta especie es bastante grueso, especialmente en la base. Se encuentra cerca de troncos podridos y tocones de árboles de madera dura y es una vista común durante la primavera en las partes del sureste de América del Norte.

Omphalotus olearius

Omphalotus olearius, comúnmente conocido como hongos Jack O 'Lantern, se parecen mucho a los rebozuelos, uno de los hongos comestibles más preciados del mundo. Los rebozuelos son carnosos y deliciosos y se encuentran en abundancia debajo de las coníferas y las maderas duras. Las linternas de Jack O 'son hongos bioluminiscentes que limpian y descomponen y viven de los restos de madera en los bosques de frondosas.

Los patrones de fructificación estacionales y los famosos y distintivos colores naranjas de Jack O 'Lanterns combinan estrechamente con los rebozuelos. Sin embargo, mientras que los rebozuelos son deliciosos y muy buscados, los Jack O 'Lanterns son venenosos. Contienen la toxina muscarina, que causa múltiples problemas gastrointestinales, que incluyen diarrea severa y calambres estomacales. Aunque este hongo no resulta en una fatalidad, la hospitalización es casi una certeza. Por lo tanto, es mejor evitar consumir Jack O 'Lantern.

La mayor atracción hacia este hongo tóxico es su gran parecido con un hongo gourmet muy buscado, el rebozuelo. Es fácil para los principiantes dejarse llevar por la emoción de creer que han encontrado un rebozuelo cuando, en realidad, podrían estar sosteniendo el tóxico Jack O 'Lantern.

Por lo tanto, debe controlar su entusiasmo y hacer un examen minucioso antes de consumir cualquier hongo. De hecho, como principiante, lo más inteligente que puede hacer es mostrarle a un experto todos los hongos que ha recogido para que le dé una segunda opinión antes de cocinarlos o consumirlos. Aquí hay algunos datos sobre este hongo interesante pero no comestible:

- El sombrero y el tallo del hongo son de color naranja brillante a naranja verdoso.

- Inicialmente, la tapa es lisa y convexa o plana. A medida que maduran los hongos, las tapas se vuelven hacia arriba.

- El tallo también es suave al tacto.

- Hay un saco en la base o un anillo en la parte superior del tallo.

- Este hongo saprofito tiende a crecer en maderas duras muertas, especialmente en los robles.

- Puede ver Jack O'Lanterns desde finales del verano hasta el otoño.

- Otra característica atractiva de esta variedad tóxica es su bioluminiscencia, lo que significa que brillan en la oscuridad, gracias a una enzima especial que tienen en su cuerpo.

El debate sobre el nombre de la especie exacta que se encuentra en América del Norte aún continúa. Algunos expertos creen que la especie norteamericana es en realidad Omphalotus illudens (que crece en la costa este) y Omphalotus olivascens (que crece en la costa oeste). Independientemente del nombre, los efectos venenosos y su apariencia son similares. Es mejor no recoger los hongos que coincidan con las marcas de identificación mencionadas anteriormente.

Es importante aprender a distinguir entre rebozuelos gourmet y linternas Jack O'. La diferencia más importante se puede ver cuando observa las branquias. Las branquias de los rebozuelos son branquias falsas que no se pueden arrancar fácilmente de debajo de la tapa. Están dobladas o arrugadas hacia adentro. Las branquias de Jack O'Lanterns no están bifurcadas, son afiladas y se pueden quitar de debajo de la tapa, aunque se necesita mucho cuidado considerando que las branquias en forma de cuchillo pueden cortar la piel.

Conclusión

El capítulo final de este libro es una lista resumida de los mejores consejos que ayudarán a cualquier principiante a comenzar de manera fabulosa uno de los pasatiempos más emocionantes, a saber, buscar hongos. Entonces, aquí hay una lista de sus consejos imprescindibles para usar durante la búsqueda de hongos. No olvide aprenderlos de memoria. Te agradecerás por hacerlo.

Cuando esté en una búsqueda de forrajeo, concéntrese en el suelo

El bosque adquiere una nueva perspectiva cuando elige centrarse en el suelo del bosque. Comenzará a notar innumerables flora, fauna, insectos y muchas formas de vida diminutas que ni siquiera sabía que existían hasta que se centró en el suelo del bosque. Como no recolector de alimentos, estaría acostumbrado a ver y disfrutar de vistas aéreas de bosques frondosos y espesos y de la vida silvestre. Este enfoque tiene que cambiar cuando busca hongos. Mire hacia abajo en lugar de hacia arriba cuando busque hongos.

Los abedules y hayas son excelentes hogares para muchos hongos

A los hongos les encanta la proximidad de abedules y hayas, especialmente entre hojas de mantillo. Las pilas de madera muerta alrededor de estos dos tipos de árboles son lugares excelentes para comenzar su búsqueda.

Utilice la ayuda de expertos y recolectores experimentados

A estas dos categorías de personas les encanta compartir sus conocimientos sobre los hongos. Lo ideal es que su primera expedición de búsqueda de comida sea en compañía de un experto. Puede observar y aprender de esas personas. Además, su entusiasmo cuando localizan un hongo raro o exótico es contagioso, y su pasión por la actividad aumentará algunos niveles.

Si no puede encontrar un experto, puede unirse a un recorrido organizado de búsqueda de hongos. Estos recorridos son realizados regularmente por grupos y clubes de forrajeo. Alternativamente, puede hacer su propia investigación e ir a un bosque o campo en particular. Es probable que encuentre muchos recorridos de alimentación organizados por los expertos locales en el área, muchas veces junto con las autoridades reguladoras. Esto significa que todos los permisos y otras necesidades regulatorias serán atendidas por expertos experimentados, y usted puede simplemente concentrarse en la alegría y el aprendizaje de la expedición de búsqueda de comida.

Lleve un libro guía de hongos en línea o sin conexión con imágenes

A medida que encuentre sus hongos, utilizando imágenes de guías en línea o sin conexión, los libros de referencia son una excelente manera de verificar sus hallazgos antes de cosecharlos. Este enfoque no solo lo ayudará a mantenerse alejado de las variedades venenosas y no comestibles, sino que también lo ayudará a unir la teoría y la práctica. Si bien los recursos en línea son excelentes, podría ser una buena idea recordar que la cobertura de Internet en áreas forestales puede no ser muy buena.

No olvide mostrar su gratitud a la madre naturaleza asegurándose de seguir procesos éticos y seguros de búsqueda de hongos. La madre naturaleza tiene suficiente para las necesidades de todos, pero nada para la codicia de nadie.

Y finalmente, el mejor consejo que puede obtener de cualquier libro recolector de hongos es este (incluso si se ha repetido un par de veces antes):

"¡En caso de duda, dejarlo fuera!" Si no puede identificar un hongo con un 100% de confianza, no lo consuma. Nada es más importante que tu vida y tu salud. Y si estos dos elementos están ausentes, entonces la emoción y la diversión en la búsqueda de hongos no tienen valor.

Si observa con atención, una gran parte de la conexión con la naturaleza y la restauración del equilibrio de nuestro ecosistema se basa en nada más que un poco de sentido común. Capacítese con habilidades básicas y luego desarrolle el hermoso arte de buscar hongos para que pueda pasar de un novato a un experto de manera rápida, segura y orgullosa.

La búsqueda de hongos es uno de los pasatiempos más fáciles de comenzar. Todo lo que necesita es mimbre o cualquier tipo de canasta porosa, un par de cuchillos / tijeras decentes y ya está listo para comenzar. Incluso si no puede elegir los hongos más selectos en sus días iniciales de búsqueda de alimento, puede estar seguro de que sentirá los beneficios de esta actividad. Todo comienza con diversión y entusiasmo y continúa mejorando su bienestar físico, mental y espiritual.

Además, las áreas de alimentación están ampliamente disponibles en toda América del Norte, y las agencias gubernamentales han abierto estas regiones para los recolectores recreativos. Siempre que cumpla con las reglas y regulaciones del área local, la mayoría de los propietarios lo recibirán felizmente para buscar comida en su propiedad. Además, si bien la actividad de buscar comida en sí es físicamente beneficiosa, los beneficios para la salud de los hongos recolectados también llegan a su cocina, ya que aprovecha las múltiples ventajas nutricionales de los hongos cultivados naturalmente en la naturaleza.

Entonces, continúe y encuentre su pasión, y no permita que las curvas de aprendizaje aparentemente empinadas apaguen su espíritu. Sea paciente consigo mismo y tenga la seguridad de que se convertirá en un experto al que otros principiantes se acercarán más temprano que tarde.

Recursos

https://www.alimentarium.org/en/knowledge/history-gathering-food

https://britishlocalfood.com/what-is-foraging/

https://www.healthista.com/13-reasons-to-be-outdoors-and-foraging-for-food/

https://www.moneycrashers.com/foraging-guide-edible-wild-plants-food/

https://www.goodhousekeeping.com/health/diet-nutrition/a27633487/mushroom-health-benefits/

https://food.ndtv.com/food-drinks/5-amazing-reasons-to-add-mushrooms-to-your-daily-meals-1705629

https://www.treehugger.com/wild-mushrooms-what-to-eat-what-to-avoid-4864324

http://mushroomwizard.com/_pages/_index_pages/n_a_deadly.html

https://www.first-nature.com/fungi/galerina-marginata.php

https://www.first-nature.com/fungi/amanita-phalloides.php

http://themushroomforager.com/2010/09/21/amanitas-from-deadly-to-delicious/

https://www.mushroomexpert.com/amanita_muscaria_guessowii.html

https://healing-mushrooms.net/gyromitra-esculenta

https://healing-mushrooms.net/false-morels

https://www.sceltamushrooms.com/es/themes/what-is-a-mushroom/

https://www.mushroom-appreciation.com/types-of-mushrooms.html#sthash.PpSGRnYj.dpbs

https://www.nytimes.com/wirecutter/blog/how-to-hunt-mushrooms/

https://1stchineseherbs.com/parts-of-mushrooms/

https://www.plantsnap.com/blog/edible-mushrooms-united-states/

https://www.mushroom-appreciation.com/drying-mushrooms.html#sthash.3zVSx0aH.dpbs

https://fungially.com/how-to-preserve-mushrooms-awesome-methods-to-know/

https://www.madaboutmushrooms.com/mad_about_mushrooms/2007/04/soups.html

http://mycowest.net/articles/p-9903jr.htm#:~:text=Advantages%20%2D%20Drying%20preserves%20mushrooms%20for,many%20species%2C%20especially%20the%20Boletes.

https://herbarium.usu.edu/fun-with-fungi/fairy-rings

https://foragerchef.com/fairy-ring-mushrooms-marasmius-oreades/

https://healing-mushrooms.net/marasmius-oreades

https://wildfoodism.com/2015/04/02/how-to-find-and-identify-morel-mushrooms/

http://mushroom-collecting.com/mushroomhedgehog.html

https://foragerchef.com/hedgehog-mushrooms/

https://foragerchef.com/in-a-yard-near-you-agaricus-campestrismeadow-mushroom/

https://honest-food.net/meadow-mushroom-recipe-escoffier/

https://healing-mushrooms.net/agaricus-campestris

https://foragerchef.com/the-shaggy-mane-mushroomlawyers-wig/

https://practicalselfreliance.com/shaggy-mane-mushrooms/

https://foragerchef.com/hen-of-the-woods-mushrooms/

http://tenrandomfacts.com/bears-head-tooth-fungus/

https://www.ediblewildfood.com/bears-head-tooth.aspx

https://specialtyproduce.com/produce/Bears_Head_Mushrooms_11322.php

https://practicalselfreliance.com/foraging-reishi-mushrooms/#:~:text=Ganoderma%20tsugae%20%E2%80%93%20Found%20in%20the,were%20growing%20close%20to%20hemlock.

https://www.ediblewildfood.com/reishi-mushroom.aspx

https://www.mushroom-appreciation.com/chicken-of-the-woods.html#sthash.DoGY2ZoI.dpbs

https://www.ediblewildfood.com/chicken-of-the-woods.aspx

https://www.cbc.ca/news/canada/newfoundland-labrador/andie-bulman-mushroom-pov-1.5644845

https://mushrooms4life.com/common-mushroom-myths/

https://www.walshmushrooms.com/Mushroom_Myths--post--177.html

https://recipes.howstuffworks.com/food-facts/mushroom-facts.htm

https://www.kickassfacts.com/25-kickass-interesting-facts-mushrooms/

https://www.mushroom-appreciation.com/black-trumpet.html#sthash.H02lY1AA.dpbs

http://foragedfoodie.blogspot.com/2018/09/identifying-black-trumpet-mushrooms.html

https://practicalselfreliance.com/foraging-and-using-chaga-mushroom/

https://foragerchef.com/hongo bola-mushrooms/

https://themushroomforager.com/category/giant-hongo bola/

http://www.thesurvivalgardener.com/how-to-identify-an-edible-bolete-mushroom/

https://forestorigins.com/blogs/mushroom-blog-posts/the-mushroom-life-cycle

https://www.mushroom-appreciation.com/omphalotus-olearius.html

https://www.modern-forager.com/sustainable-mushroom-picking/

https://www.herbal-supplement-resource.com/ethical-foraging/

https://ecosystemrestorationcamps.org/the-joys-of-mushroom-foraging-for-beginners/

https://www.wpr.org/5-wild-foods-forage-wisconsin-summer

https://scienceline.org/2019/03/foraging-with-new-york-citys-mushroom-hunters/

http://www.plantpath.cornell.edu/labs/hodge/MushroomClub.html

https://www.lonelyplanet.com/articles/best-us-foraging-spots

https://www.sparefoot.com/self-storage/blog/23676-the-5-best-us-cities-for-mushroom-foragers-to-move-to/

https://www.travelandleisure.com/food-drink/the-best-places-in-the-world-to-travel-if-you-love-mushrooms

https://modernfarmer.com/2014/05/welcome-mushroom-country-population-nearly-half-us-mushrooms/

https://www.argobuilder.com/wisconsin-mushroom-hunting.html

http://everintransit.com/hunting-mushrooms-on-the-california-coast-and-living-to-tell-the-tale/

https://www.forestmushrooms.com/pages/black-trumpet-recipes

https://chaga101.com/chaga-recipes/

http://www.appalachianfeet.com/2010/12/03/how-to-find-hedgehog-mushrooms-and-eat-them-with-recipes/

https://foragerchef.com/classic-fried-hongos bola/

https://foragerchef.com/bolete-julienne/

https://honest-food.net/meadow-mushroom-recipe-escoffier/

https://foragerchef.com/parmesan-crusted-shaggy-manes/

http://littleindiana.com/2013/10/fried-sheepshead-mushrooms-recipe/

https://foragerchef.com/wild-mushrooms-with-garlic-and-parsley/

https://www.cbc.ca/life/thegoods/reishi-mushroom-veggie-soup-1.5032793

https://cdn.pixabay.com/photo/2014/07/10/20/55/mushroom-389421__340.jpg

https://pixabay.com/photos/cep-dried-mushrooms-dried-mushrooms-1719553/

https://pixabay.com/photos/mushrooms-morels-nature-edible-1053367/

https://pixabay.com/photos/morel-mushroom-hose-mushroom-smell-468690/

https://pixabay.com/photos/fungus-mushroom-sponge-basket-1194380/

https://pixabay.com/photos/hexenring-mushroom-ring-feenring-4683784/

https://pixabay.com/photos/mushroom-meadow-mushroom-lamellar-3769313/

https://pixabay.com/photos/shaggy-mane-wild-mushroom-fungi-4564939/

https://pixabay.com/photos/giant-hongos bola-calvatia-gigantea-185481/

https://pixabay.com/photos/cep-spruce-bolete-herrenpilz-4569397/

https://pixabay.com/photos/baumschwamm-reishi-770056/

https://pixabay.com/photos/sulphur-mushroom-2362179/

https://pixabay.com/photos/mushroom-black-trumpet-mushroom-175800/

https://cdn.pixabay.com/photo/2017/10/20/09/47/chaga-2870598__340.jpg

https://cdn.pixabay.com/photo/2017/10/04/21/36/fly-agaric-2817723__340.jpg

https://cdn.pixabay.com/photo/2019/11/21/20/35/mushroom-4643456__340.jpg

https://cdn.pixabay.com/photo/2017/01/06/12/36/fly-agaric-1957614__340.jpg

BÚSQUEDA
DE COMIDA
PARA PRINCIPIANTES

*Identificación de plantas medicinales
en América del Norte*

MONA GREENY

Introducción

La búsqueda de comida se ha convertido en uno de los pasatiempos y opciones de vida sostenibles más populares en los últimos años. La capacidad de buscar plantas silvestres y utilizarlas como alimento o por sus propiedades medicinales es una habilidad que todos deberían poseer. Cuantas más plantas conozca, mejores serán sus habilidades y posibilidades de supervivencia. Incluso el diente de león más simple está repleto de minerales, vitaminas y diversas propiedades medicinales. Este libro puede ayudarlo a aprender a identificar muchas hierbas silvestres. También le ayudará a conocer los beneficios para la salud que poseen estas plantas.

En este libro, aprenderá los conceptos básicos del forrajeo y una variedad de plantas medicinales. Encontrará información sobre las hierbas comunes, cómo usarlas, cómo conservarlas, etc. Encontrará instrucciones simples pero detalladas sobre cómo reconocer algunas de las hierbas silvestres más comunes en Norteamérica y cómo usarlas. El libro le ayudará a aprender cómo aprovechar el poder de la naturaleza para su beneficio sin dañarla.

Para beneficio del lector, las diversas hierbas y plantas medicinales se han dividido en múltiples categorías según la región donde se encuentran. De esta manera, podrá buscar una hierba rápidamente sin tener que revisar todo el libro repetidamente.

Un capítulo detallado sobre varios productos a base de hierbas le ayudará a comprender cómo utilizar las hierbas. Del mismo modo, un capítulo detallado sobre los conceptos básicos de la búsqueda de alimentos ayudará a los principiantes a comenzar su viaje de búsqueda de alimentos con un amplio conocimiento.

La búsqueda de comida puede ser una experiencia maravillosa con muchos beneficios. Solo tenga cuidado con las plantas que elija, y seguramente podrá vivir una vida larga y saludable.

Capítulo 1

Conceptos Básicos de la Búsqueda de Alimento

La mayoría de las plantas y hierbas silvestres enumeradas en este libro se pueden identificar con facilidad, pero algunas plantas necesitarán más experiencia. Si eres un principiante absoluto, es necesario estudiar detenidamente algunas de las plantas más "exóticas" para que puedas evitar accidentes. Si es posible, pida a un botánico local o un artesano silvestre que le muestre la diferencia entre las plantas. No escoja una hierba medicinal a menos que esté completamente seguro de su identidad y especie. Una vez que aprenda a cosechar una planta en particular, es probable que nunca olvide cómo hacerlo en el futuro.

Las hierbas que se describen en este libro son beneficiosas de múltiples maneras, pero se recomienda verificar las hierbas y su potencia con un médico antes de usarlas. Algunas hierbas pueden ser peligrosas si se mezclan con ciertos medicamentos. Del mismo modo, algunas hierbas pueden producir resultados catastróficos si no se utilizan correctamente.

Al consumir plantas silvestres, nuestros sentidos naturales del olfato, el gusto y, hasta cierto punto, la vista pueden advertirnos del peligro. Las plantas que contienen una gran cantidad de tanino siempre tendrán un sabor excepcionalmente incómodo. Muchas plantas tóxicas parecen tóxicas. A menudo se ven aterradoras o espeluznantes. Generalmente, los colores blanco y rojo brillantes tienden a ser venenosos (pero no en todos los casos). Debido al peligro inherente de consumir plantas, siempre es mejor estar seguro y tener cuidado.

Para comenzar su viaje de búsqueda de alimentos, se recomienda comenzar con las hierbas que ya conoce y puede identificar. Lea el capítulo sobre la hierba en este libro y compruebe cómo cosecharla y qué propiedades medicinales tiene. Se recomienda establecer una comunidad de alimentación con un grupo de personas de ideas afines. El grupo debe estar formado por entusiastas, naturalistas, herbolarios, expertos en silvicultura y botánicos, junto con fotógrafos, etc.

¿Son mejores las plantas silvestres?

Casi todas las plantas y hierbas descritas aquí se pueden comprar a granel en el mercado o en línea. Sin embargo, se recomienda cultivar o forrajear sus plantas en lugar de comprarlas. Hay una multitud de razones por las que debería buscar plantas silvestres en lugar de comprarlas. Al buscar sus plantas, conocerá la fuente de sus hierbas y podrá consumir y usar solo los productos más potentes y de alta calidad. También es una opción mucho más económica y viable en comparación con la compra de plantas en el mercado.

La principal razón por la que debería considerar buscar en lugar de comprar hierbas en las tiendas es la frescura. Las hierbas recolectadas siempre estarán más frescas en comparación con las compradas en la tienda. Las hierbas compradas en la tienda a menudo se rocían con productos químicos o se enceran, calientan o recubren con ciertos productos químicos. También están expuestos a irradiación, refrigeración, gases de escape, gérmenes y pesticidas. El forrajeo reduce todo el procesamiento y le proporciona productos frescos y 100% naturales. Esto le brindará la tranquilidad que tanto necesita.

Artesanía salvaje ética

Al buscar hierbas y plantas con fines medicinales y otros, es necesario tener en cuenta ciertas cosas. Algunas hierbas se han generalizado y ahora todo el mundo quiere probarlas. Esto ha llevado a una sobreexplotación, lo que ha puesto a la especie en peligro. Nunca sobre forraje y solo tome las plantas absolutamente necesarias. Ciertos métodos de búsqueda de alimento son similares a la poda. Esto mejora el crecimiento de la planta y no amenaza a la especie.

Siempre que coseche las copas en flor de las plantas, debe dejar muchas oportunidades de crecimiento mientras realiza el corte. Nunca coseches todas las flores de una planta; las flores producen semillas para la propagación, y si tomas todas las flores, la planta no se propagará. Siempre que excave una raíz o un tubérculo, vuelva a plantar una parte en el suelo. Se trata de un forrajeo sostenible, que resultará beneficioso para todos.

El mejor momento para buscar comida

Se pueden cosechar muchas hierbas casi en cualquier época del año, pero ciertas plantas solo deben cosecharse en temporadas específicas. El mejor momento para cosechar hojas y flores es cuando son nuevas y frescas. Esto cambia según la especie y la planta también. Consulte el ciclo de crecimiento de la planta antes de cosecharla. Recoge las hojas justo antes de que comience la floración. Elija flores cuando sean nuevas y se vean vibrantes. Coseche las raíces a principios de otoño o primavera. Evite cosechar las raíces cuando la planta está en flor o tiene hojas. Coseche las raíces antes de que salgan las hojas o una vez que mueran.

Se recomienda cosechar hojas y flores alrededor de las 10 de la mañana. En días nublados el período de recolección es mucho más largo. En la mayoría de las plantas, una vez que las flores se marchitan, las hojas se vuelven amargas y su potencia disminuye. Las raíces se pueden cosechar en cualquier momento del día.

Sentido común y búsqueda de alimento

Hay muchos lugares diferentes donde puedes encontrar hierbas y plantas. Puede encontrarlos en bosques, prados, campos, pastos, etc. También puede encontrar muchas hierbas potentes en su patio trasero.

Compruebe la salud de la tierra y la atmósfera antes de buscar plantas. Por ejemplo, nunca coseche plantas que estén situadas junto a las carreteras.

Si planea buscar comida en la propiedad de otra persona, pida permiso para que no termine invadiendo.

Capítulo 2

Plantas Medicinales de Prados

La mayoría de estas plantas se encuentran fácilmente en áreas abiertas, patios, bordes de caminos, etc. y también se pueden cultivar en su jardín.

Alfalfa Fabaceae

(Medicago sativa L.)

Identificación

Estas son plantas perennes con flores diminutas, de color púrpura o lavanda. Tienen un racimo corto y generalmente tienen cinco pétalos y la planta crece alrededor de 20 "a 4 'de alto. El tallo es angular, erecto y liso. Las hojas son dentadas en el frente y tienen una punta afilada. Las hojas son alternas.

Habitat

Se encuentra en laderas alpinas bajas, en campos y pastos.

Usos

Se pueden utilizar hojas y brotes frescos / secos para mejorar la digestión. También alcaliniza la orina, lo que puede desintoxicar el cuerpo. La alfalfa también puede combatir el exceso de colesterol, la inflamación y los hongos. También mejora las condiciones anémicas y el equilibrio hormonal. También se usa para tratar úlceras, afecciones de la piel, algunos problemas de colon y también puede fortalecer huesos y articulaciones. La alfalfa tiene propiedades antimicrobianas y antifúngicas. También tiene propiedades cosméticas y es bueno para el crecimiento del cabello.

Precaución

La alfalfa prácticamente no tiene efectos secundarios si se cocina y se consume con moderación. Algunas personas son alérgicas a la alfalfa y puede desencadenar lupus en personas propensas a padecerlo. Evite comer semillas, ya que puede afectar la coagulación de la sangre a largo plazo. Los niños deben evitar esto.

Asango asiático

Commelinaceae (Commelina communis L.)

Identificación

Se encuentra comúnmente como maleza en muchos jardines. Tiene tallos erectos que colapsan pronto y flores de un azul profundo que se parecen a las orejas de Mickey. Las hojas son oblongas y miden alrededor de 5 "de largo con puntas puntiagudas. Están presentes en forma de vaina alrededor del tallo.

Habitat

Se encuentra fácilmente a lo largo de las carreteras y en el jardín. (Originario de China).

Comestible

Las hojas y las flores se pueden consumir en forma de tés.

Usos

Contiene fitoesteroles e isoflavonas. Las semillas contienen aminoácidos y ácidos grasos no esenciales y esenciales y las vainas son comestibles.

Espárragos

Asparagáceas (Asparagus officinalis L.)

Identificación

El espárrago es una planta perenne que puede crecer hasta 60 "de altura. Tiene follaje plumoso y tubérculos fasciculados. Las flores son verdosas amarillentas y florecen solas o en racimos. Las flores masculinas y femeninas crecen en diferentes plantas (generalmente). La fruta es roja ya menudo es venenoso para los humanos.

Habitat

Se puede encontrar a lo largo de los bordes de las carreteras y cercas y ama los suelos salinos.

Comida

Se puede saltear, cocer al vapor, asar, etc. Queda muy bien con pizza, pescado, ternera, aves, etc.

Cosecha

Recoja en primavera antes de que las hojas plumosas comiencen a crecer.

Usos

Las prácticas antiguas creen que se puede usar para tratar la gota, pero la medicina moderna dice que puede empeorar los síntomas. En la medicina española se utiliza para tratar infecciones urinarias y cálculos renales. Según cierta evidencia científica, el espárrago tiene propiedades antileucémicas. Es un alimento depurativo que es bueno para el tracto urinario. Tiene múltiples micronutrientes, lo que lo hace ideal para el poder inmunológico.

Diente de león

Asteraceae (Taraxacum officinale GH Weber ex Wiggers)

Identificación

Es una hierba perenne que tiene una flor amarilla. Es muy popular y reconocible al instante. Las hojas y las flores rasgadas rezuman látex blanco.

Habitat

Hierba resistente que se encuentra en casi todas partes del mundo.

Comestible

A menudo se utilizan como ensalada verde por su sabor distintivo y su composición rica en nutrientes. El té de hojas / raíces de diente de león tiene múltiples beneficios. Las hojas también se pueden utilizar para hacer salteados.

Cosecha

Las hojas, raíces y flores se pueden cosechar al madurar.

Usos

La decocción de la raíz se puede utilizar como purificador de sangre y como tónico para el hígado. Puede usarse para tratar la inflamación y la congestión. También se puede utilizar para tratar infecciones del tracto urinario, problemas de la vesícula biliar, pérdida del apetito, etc. El extracto de raíz puede reducir el colesterol. Tiene buenas propiedades diuréticas y puede funcionar mejor (o igual) que los medicamentos recetados.

Ortiga de caballo

Solanáceas (Solanum carolinense L.)

Identificación

Crece hasta 24 "y produce una diminuta fruta amarilla. Las hojas tienen espinas y son rugosas. Según la medicina tradicional, las hojas que tienen espinas nunca deben consumirse ya que generalmente son tóxicas (en este caso, lo son).

Habitat

La ortiga de caballo se encuentra comúnmente en campos abiertos, campos cultivados, áreas con buen drenaje e incluso en áreas cultivadas para atraer

Cosecha

Las hojas se pueden triturar y utilizar como repelente de insectos. Cherokee ha utilizado las plantas marchitas por vía tópica sobre la hiedra venenosa.

Zanahoria salvaje

Umbelliferaceae (Daucus Carota L.)

Identificación

Es una bienal con hojas parecidas a plumas y profundamente cortadas. La raíz y las hojas rasgadas generalmente huelen a zanahorias. En el segundo año, la planta da flores blancas que huelen a zanahorias. También se conoce como encaje de la reina Ana.

Habitat

Se encuentra en lotes baldíos, prados, bordes de caminos, etc.

Comestible

Los floretes se pueden agregar a las ensaladas para obtener bioflavonoides, las semillas también se pueden agregar a las ensaladas y jugos y la raíz es leñosa pero comestible. Es un gran alimento de supervivencia si no hay nada más disponible.

Precaución

Muchas plantas venenosas se parecen a Daucus Carota. Esta planta también se parece a la cicuta, no la coseches a menos que estés completamente seguro.

Usos

Los extractos se pueden utilizar como agente antiarrugas. La planta se puede infundir y usar para lavar llagas, heridas e incluso el cabello. Algunas personas usan hojas para purgar los intestinos. Las hojas también contienen carotenoides que pueden prevenir el cáncer. El té elaborado con plantas enteras y semillas se puede utilizar para tratar cálculos, cistitis y otros problemas urinarios. Las semillas también se pueden utilizar como antiflatulento. El aceite de semillas se utiliza en muchos productos cosméticos y para la piel. Las zanahorias sin jugo se pueden utilizar como antidiabético.

Vara de oro

Asteraceae (Solidago Canadensis L .; Solidago spp.)

Identificación

Hay una multitud de especies y casi todas son perennes. Las hojas son de dientes afilados y tienen forma de lanza con tres nervaduras. Las flores crecen en racimos triangulares. Las flores florecen de julio a septiembre.

Habitat

Se encuentra en lotes baldíos, prados, campos, vías férreas, bordes de campos, etc.

Comestible

Los brotes, hojas y semillas son comestibles. Las flores se pueden usar para hacer tés o se pueden usar para hacer té o se pueden agregar a ensaladas y otros platos.

Usos

La vara de oro no debe confundirse con la ambrosía. El té elaborado con sus hojas y flores se puede utilizar contra las alergias. Las flores y hojas secas también se pueden aplicar a las heridas. Las flores y las hojas se pueden utilizar para las infecciones urinarias y los cálculos renales. La planta también tiene propiedades antiinflamatorias.

Precaución

La planta rara vez puede provocar reacciones alérgicas. Las personas con problemas de riñón y vejiga no deben usarlo. Siempre consulte a un médico antes de usar la planta.

Ortiga

Urticaceae (Urtica dioica L.)

Identificación

Otra planta perenne que crece hasta 5 pies de altura. Está cubierto de pelo punzante y tiene hojas en forma de corazón (u ovaladas) de color verde oscuro. Tiene muchas semillas.

Comestible

Los brotes jóvenes en primavera y otoño se pueden cocinar y consumir. Las ortigas endurecidas se pueden usar en base para sopa, etc. Mientras prepara la sopa con material endurecido, deséchela después de 20-25 minutos.

Cosecha

Coseche los brotes jóvenes en otoño o primavera.

Usos

Las ortigas están llenas de minerales y pueden usarse para tratar alergias. La infusión tiene propiedades expectorantes y puede usarse para curar la tos y el asma. Las partes secas se pueden utilizar para limpiar heridas. Comer ortigas puede ser útil para la salud del cabello. En la medicina tradicional rusa, se usa para tratar la hepatitis. La raíz se puede utilizar para reducir el tamaño de los cálculos renales. La decocción de las semillas se puede utilizar para prevenir la micción en los niños (involuntaria).

Tradicionalmente, la ortiga se ha utilizado para golpear las articulaciones artríticas, ya que causa dolor y reduce la inflamación. Puede traer un alivio temporal, pero no se recomienda.

Precaución

Puede causar irritación y alergias en algunas personas.

Fresa

Rosaceae (Fragaria virginiana, F. vesca, Californica)

Identificación

Tienen flores pequeñas y blancas con cinco pétalos y cinco sépalos. Los sépalos son puntiagudos, triangulares y pilosos. Las hojas están presentes en grupos de tres y también son peludas. La fruta se vuelve roja cuando está madura y es comestible.

Habitat

Las fresas se pueden encontrar en la naturaleza en prados, bosques abiertos, etc.

Cosecha

Los frutos se pueden recolectar a principios de junio. El mejor momento para cosechar es en primavera, ya que te proporcionará una cosecha robusta.

Comestible

Las fresas son comestibles y están llenas de fibra y vitamina C. Es una opción saludable para las personas que están tratando de perder peso o que están tratando de controlar sus niveles de azúcar en sangre. Se puede utilizar de varias formas, incluidos batidos, tortitas, etc. También se puede comer crudo.

Usos

Tradicionalmente, los nativos americanos han utilizado la fresa para tratar la infección renal, la gota y el escorbuto. Las raíces se utilizaron para tratar la malaria. En muchas partes del mundo, las hojas se utilizan para hacer té, que tiene propiedades antidiarreicas.

Las fresas contienen muchos antioxidantes y pueden reducir el colesterol.

Milenrama

Asteraceae (Achillea millefolium L.)

Identificación

Es una planta perenne con hojas suaves y crece alrededor de 4 'de altura. Las flores son blancas y crecen en racimo. Son fragantes y tienen cinco pétalos.

Habitat

Se encuentra fácilmente alrededor de arroyos, bosques, laderas de montañas y áreas montañosas.

Comestible

Es técnicamente comestible pero rara vez se consume. A menudo se utiliza para dar sabor a varios licores y se considera un ingrediente secreto. El té hecho con milenrama puede salvarlo de muchas infecciones.

Cosecha

Las partes aéreas se pueden recolectar una vez que comienza la floración.

Usos

Los nativos americanos consideran la milenrama como la hierba más importante y utilizan casi todas sus partes. Nativo

Usos americanos

La milenrama está clasificada como una de las hierbas más importantes utilizadas por los nativos americanos. Una infusión de las partes aéreas de la planta se puede utilizar para tratar diversas infecciones, como fiebre, resfriados, gripe, y también sirve como un gran diurético. La infusión también se puede usar para lavar heridas, mordeduras y picaduras. Se usa una decocción de raíz para limpiar los granos. El té elaborado con hojas se puede utilizar para inducir el sueño y detener la diarrea. Tanto las hojas secas como las frescas se pueden utilizar como cataplasma para las heridas. La infusión de hojas se puede utilizar como champú.

El té elaborado con flores y hojas puede aumentar la transpiración y reducir la inflamación interna y externamente. Los chinos usan té para protegerse de la trombosis. En la medicina moderna, las hojas se pueden usar para tratar problemas relacionados con el hígado, el apetito y la dispepsia. En muchas partes del mundo, la planta se usa como tónico, antiespasmódico, ayuda digestiva y para la limpieza de heridas. Las partes aéreas tienen propiedades carminativas.

Precaución

No utilice si está embarazada o en periodo de lactancia. El té a menudo puede provocar fotosensibilidad, lo que significa ser demasiado sensible a la luz. El té a veces también contiene tuyona, una toxina hepática que también es carcinógena. Compruebe si tiene alergias antes de usarlos.

Bardana

Asteraceae (Arctium lappa L.)

Identificación

Es una planta bienal que produce hojas en forma de corazón en el primer año que crecen directamente de la raíz principal. En el segundo año, el crecimiento aumenta con múltiples sucursales. Las flores son rojas con brácteas hacia adentro que producen cápsulas de semillas comúnmente conocidas como rebabas. Estos tienen espinas que se adhieren a pantalones, pieles de animales, etc. Para plantar las semillas, se deben romper las rebabas.

Habitat

Generalmente se encuentra en las zonas templadas y hemisferio norte. También se encuentra junto a carreteras, jardines y casi en todas partes.

Comestible

Las raíces son comestibles. Generalmente miden veinte pulgadas o más. Corta las raíces en diagonal y cocínalas (al vapor / freír) para obtener una guarnición deliciosa y rica en nutrientes.

Cosecha

Las raíces se pueden cosechar en primavera u otoño en el primer año.

Usos

La bardana se puede usar para tratar diversas afecciones de la piel y problemas relacionados con la inmunidad. El aceite de raíz y la infusión de hojas funcionan muy bien para los problemas de la piel. También actúa como desintoxicante y puede fortalecer el sistema linfático, estómago, hígado, etc. Según algunos estudios, también tiene propiedades anticancerígenas.

Precaución

No lo use si está embarazada o en periodo de lactancia. Las raíces pueden ser difíciles de digerir.

Achicoria

Asteraceae (Cichorium intybus L.)

Identificación

Generalmente es perenne pero también puede ser bianual. Las hojas tienen forma de lanza. Las flores son azules pero, en casos raros, pueden ser rosas o blancas. Tiene una raíz primaria similar a las raíces del diente de león.

Habitat

Terrenos baldíos, campos y prados.

Cosecha

Las raíces y flores se pueden cosechar una vez que la planta está en el segundo año.

Comestible

Las flores son un poco amargas y se pueden agregar a tés, ensaladas, etc. La raíz se usa para hacer café cajún seco. Las flores se pueden esparcir sobre platos de carne como guarnición.

Usos

La raíz seca / fresca se utiliza como dietético, diurético y laxante. El té de raíz mejora la digestión. También se puede utilizar para tratar los dolores de cabeza. En homeopatía, las raíces se utilizan para reducir el azúcar en sangre y para problemas de hígado y vesícula biliar. Tiene propiedades antiinflamatorias. Puede reducir el colesterol, aunque se necesitan más estudios.

Muelle

Poligonáceas (Rumex crispus L.)

Identificación

El muelle amarillo (o muelle rizado) tiene hojas largas, grandes, onduladas y en forma de lanza que tienen un sabor claramente amargo. Los seguidores están presentes en cabezas de semillas verdes y florecen profusamente de mayo a septiembre. La raíz es profunda, grande y de color amarillo pálido.

Habitat

Se puede encontrar en lotes baldíos, patios, bordes de caminos, etc.

Cosecha

Las hojas tiernas deben cosecharse lo antes posible, ya que se vuelven amargas con la edad. Las semillas se pueden moler juntas para hacer una papilla.

Usos

A menudo se usaba como tratamiento para la artritis. Los cherokees usaban las raíces para la diarrea. Las semillas cocidas también se pueden usar para tratar la diarrea. Es un buen purificador de sangre. Los naturópatas recomiendan las raíces a las mujeres embarazadas como fuente de hierro.

Las hojas y las raíces pueden estimular la digestión. Puede usarse contra múltiples problemas de la piel. A menudo se combina con raíces de diente de león para hacer cosméticos caseros. Estimula la actividad del hígado.

Precaución

No consuma demasiadas hojas de dique ya que contienen altas cantidades de tanino. Pueden resultar perjudiciales para los riñones y otros órganos del cuerpo si se comen en exceso.

Bálsamo de limón

Lamiaceae (Melissa officinalis L.)

Identificación

Pequeña planta perenne, tiene pequeñas flores de dos pétalos que huelen a limón. Las hojas también tienen un olor cítrico. Las semillas son marrones mientras que el tallo es cuadrado y erecto. Las hojas son generalmente ovaladas y abundantes y florece profusamente en verano.

Habitat

Es una planta de jardín que prospera en casi todas partes. Se puede encontrar en toda América del Norte.

Comestible

Se pueden agregar brotes de hojas, flores, etc. a una variedad de recetas y se pueden comer crudos. Las hojas maduras se utilizan para hacer té, baños, etc.

Cosecha

Las hojas, brotes y flores se pueden cosechar en el momento de la floración.

Usos

Contiene una gran cantidad de fitoquímicos que pueden calmar y relajar los músculos y, a menudo, se utiliza como agente calmante. Puede reducir el estrés y la presión arterial (no comprobado). A menudo se usa para tratar el insomnio y la agitación. También se puede utilizar como fármaco antivírico. Sin embargo, no debe usarse durante el embarazo o la lactancia, ya que se considera un estimulante uterino.

Precaución

Puede inhibir el funcionamiento de la glándula tiroides. No se recomienda para mujeres embarazadas o lactantes.

Algodoncillo común

Asclepidácea (Asclepias syriaca L.)

Identificación

Es una planta perenne de tamaño mediano con muchas especies diferentes. Las flores son rosadas y florecen en racimos. Las flores y las vainas se ven llamativas.

Habitat

Se encuentra comúnmente en terrenos baldíos, ferrocarriles, bordes de carreteras, campos de maíz, desiertos, dunas, jardines, etc.

Cosecha

Los brotes, flores y hojas se pueden utilizar una vez que la planta comienza a florecer. Las vainas se pueden cosechar al madurar.

Comestible

Los botones florales se pueden cosechar antes de que se abran y se cocinen como el repollo. Las vainas se pueden cocinar después de hervir. Se recomienda lavar las vainas tres veces con agua hirviendo. Las flores se pueden almacenar y utilizar en invierno en guisos. En homeopatía, puede usarse para tratar hidropesía, edema, etc. En medicina china, se usa para tratar bronquitis, amigdalitis, uretritis, neumonía y se usa como antiséptico.

Usos

Las raíces secas se pueden usar para reducir las palpitaciones (pero solo deben usarse bajo supervisión médica).

Precaución

Algunas especies pueden ser tóxicas. No consumir sin consultar a un botánico. La decocción de raíces de ciertas especies puede provocar alergias.

Hierba gatera

Lamiaceae (Nepeta cataria L.)

Identificación

Es una planta perenne que puede crecer hasta 3,5 '. Generalmente es erecto y tiene muchos tallos. Las hojas son de color gris verdoso, lo que hace que se parezca un poco a la salvia. Las flores están presentes en un gran racimo.

Habitat

Se puede encontrar a lo largo de carreteras, terrenos baldíos, jardines, patios, etc.

Cosecha

Las hojas se pueden recolectar cuando son jóvenes.

Comestible

Las hojas se pueden usar para hacer té.

Usos

Las partes aéreas se utilizan para hacer una infusión amarga pero antiespasmódica. El té elaborado con hojas y flores tiene un ligero efecto sedante y la infusión también tiene propiedades antiflatulentas. Puede reducir los cólicos menstruales. A menudo se usa para tratar el malestar estomacal y los cólicos en los niños. Puede convertirse en una tintura y usarse para reducir el dolor artrítico. El té también es bueno para el sistema urinario y estimula la vesícula biliar. A menudo se combina con flores de saúco para tratar infecciones. Puede combinarse con lúpulo y raíces de valeriana y usarse como ayuda para dormir y como relajante.

Precaución

Evítelo si está embarazada o en período de lactancia.

Notas

Si planea plantar hierba gatera en su jardín, primero cultívela en el interior y deje que alcance al menos un pie de altura. Si lo plantas directamente, los gatos lo atacarán.

Manzanilla

Asteraceae (Matricaria matricarioides; Chamomilla recutita L .; Chamaemelum nobile L.)

Identificación

La manzanilla silvestre también se conoce como hierba de piña. Tiene pequeñas flores amarillas y no tiene los rayos blancos presentes en la manzanilla regular. Las flores sin rayos huelen a piña y las hojas se extienden hacia abajo.

Habitat

Se encuentra fácilmente alrededor de caminos, bordes de carreteras, terrenos baldíos y lugares similares. También se puede encontrar en zonas montañosas.

Cosecha

Las flores y hojas deben cosecharse cuando estén frescas y jóvenes. Las hojas se vuelven amargas con la edad.

Comestible

La hierba se puede utilizar tanto fresca como seca, pero se prefieren las flores frescas. Es mucho más eficaz que la manzanilla. También se puede utilizar en sopas.

Usos

La hierba de piña es bastante similar a la manzanilla y se usa como tal. El té hecho con flores frescas tiene propiedades antiespasmódicas y puede prevenir úlceras, ayudar a la digestión y aliviar el dolor de la artritis. El té caliente también se puede utilizar para reducir el dolor de muelas. Los nativos americanos usaban la hierba para aliviar los dolores de estómago. La infusión hecha con flores y hojas puede reducir los cólicos menstruales. La infusión también se usa para tratar eccemas, abrasiones, acné e inflamaciones. Se usa para preparar ungüentos y lociones para tratar heridas, dolor de encías, dolor de pezones y otras formas de inflamación. Mucha gente lo usa tópicamente para tratar las hemorroides.

Precaución

Esta hierba se utiliza a menudo como hierba antialérgica, pero en algunos casos, puede provocar alergias. De hecho, incluso puede provocar un shock anafiláctico en algunas personas. Si es alérgico a la ambrosía, manténgase alejado de esta planta.

Equinácea

Asteraceae (Echinacea purpurea L. Moench; E. angustafolia DC)

Identificación

Es una planta perenne de longitud media que produce hermosas flores de color púrpura. Las brácteas parecen puntas de espinas. Las hojas pueden ser opuestas o alternas y generalmente tienen márgenes suaves. La raíz es un rizoma que tiene un centro amarillento que está cubierto con una piel parecida a una corteza. La planta también se conoce como equinácea púrpura.

Habitat

Se encuentra generalmente en estados del centro y este en estado salvaje. Se cultiva como planta de jardín en todo el país.

Cosecha

Las raíces y las flores se pueden cosechar una vez que las flores están en flor.

Usos

Las raíces se utilizaron para tratar las mordeduras de serpientes. El agua de la raíz hervida se utiliza a menudo como tratamiento para el dolor de garganta. Las raíces trituradas se pueden usar para tratar infecciones. La infusión de raíces alguna vez se usó para tratar la gonorrea. Las hojas, raíces y flores se utilizan comercialmente para elaborar preparaciones que se utilizan para tratar la gripe, los resfriados, la bronquitis, la tos, la fiebre, las infecciones urinarias, las heridas, las quemaduras, etc. La planta tiene propiedades antiinflamatorias. Puede aumentar la inmunidad si se usa con regularidad.

Puede usarse internamente para tratar infecciones fúngicas y diversas enfermedades de la piel. También se puede usar para tratar forúnculos, heridas de curación lenta, gangrena y sinusitis. Se puede aplicar tópicamente para el acné.

Precaución

No utilice si está embarazada o en periodo de lactancia. Puede provocar malformaciones fetales y abortos. Siempre consulte a su médico antes de comenzar con cualquier hierba nueva y no la use si tiene una enfermedad autoinmune activa. No lo use si es alérgico a la familia de las margaritas o aster.

Onagra

Onagraceae (Oenothera biennis L.)

Identificación

Esta es una planta bienal que tiene raíces carnosas parecidas a nabos. En el primer año, la planta no florece y es solo una roseta de hojas.

En el segundo año, la planta crece erecta y produce grandes cápsulas llenas de semillas en otoño. Tiene hojas oblongas en forma de lanza y finamente dentadas. Las flores son fragantes y amarillas y florecen por la noche. Las frutas son oblongas y contienen semillas negras afiladas.

Habitat

Se puede encontrar en praderas, jardines, terrenos baldíos, bordes de carreteras, etc.

Cosecha

El brote de la raíz se cosecha en el primer año para obtener los mejores resultados. Las hojas se pueden cosechar siempre que estén tiernas y nuevas.

Comestible

Las hojas, frutos y raíces son comestibles. La raíz sabe mejor cuando se cosecha joven. Las hojas tiernas se pueden agregar a las ensaladas, mientras que las hojas más viejas son duras y deben cocinarse antes de consumirlas. Las cápsulas de semillas inmaduras se pueden cocinar como la okra.

Usos

Los nativos americanos utilizaron la cataplasma de raíz caliente para tratar las pilas. El aceite de semilla se puede utilizar para reducir el colesterol y se dice que también elimina las obstrucciones arteriales. A menudo se usa para tratar la psoriasis y el eccema. El aceite es demulcente y anticoagulante.

El aceite de onagra suele ser utilizado por mujeres que sufren de quistes mamarios recurrentes. También puede reducir la dependencia de la insulina en los niños. El aceite es bueno para el hígado y puede mejorar su función, especialmente en el caso de los alcohólicos. Los supositorios vaginales hechos de este aceite se utilizan para relajar y suavizar el cuello uterino antes del parto.

Precaución

Las dosis grandes pueden provocar diarrea, dolores de cabeza, náuseas, indigestión, etc. No lo use si tiene esquizofrenia o usa medicamentos epileptógenos. No se han realizado estudios a largo plazo sobre los efectos del aceite de onagra en personas embarazadas y lactantes, por lo que es mejor evitarlo.

Agripalma

Lamiaceae (Leonurus cardiaca L.)

Identificación

Es una planta perenne de crecimiento recto que pertenece a la familia de la menta. El tallo es cuadrado, hueco y peludo, mientras que las hojas son lobuladas y dentadas. Las hojas son de color verde oscuro en la parte superior y verde claro en la parte inferior. La planta produce pequeñas flores rojas de abril a agosto. Las hojas, si se trituran, desprenden un olor extraño.

Habitat

Originario de Europa, ahora se ha extendido por todo el país y a menudo se encuentra en los bordes del césped, terrenos baldíos, bordes de carreteras, etc.

Cosecha

Las hojas, el tallo y las flores deben recolectarse cuando la planta comience a florecer.

Comestible

Es técnicamente comestible, aunque rara vez se come. Ciertos usuarios consumen las semillas ya que contienen ácidos grasos y betacaroteno. Las mujeres embarazadas y lactantes deben evitar consumir las semillas porque son estimulantes.

Usos

Se utilizan en la medicina tradicional china para tonificar los músculos del corazón. También se puede usar para tratar los calambres urinarios, la dismenorrea, la amenorrea y la debilidad común . Los antiguos griegos usaban esta hierba para tratar la ansiedad y el estrés en mujeres embarazadas, pero la medicina moderna advierte contra esta práctica ya que la hierba tiene efectos estimulantes del útero.

Tiene propiedades antibacterianas y antifúngicas y se usa para deshacerse de organismos internos y externos. Las partes aéreas se pueden infundir para tratar palpitaciones cardíacas y asma. También lo utilizan personas que padecen disfunción tiroidea. Es antiespasmódico, hipotensor, laxante, diurético, sedante y emenagogo.

Precaución

Como se indicó anteriormente, las mujeres embarazadas y lactantes no deben usarlo, ya que puede estimular el útero.

Dedalera

Plantaginaceae (Digitalis purpurea L.)

Identificación

Es una planta bienal con hojas peludas en forma de lanza que crecen en racimos en la naturaleza. Cuando la planta no está floreciendo, las hojas se ven como hojas de consuelda, muelle o gordolobo, sin embargo, tenga cuidado, las hojas de digital son tóxicas. Las flores son elegantes y suelen ser de color púrpura a blanco. Su apariencia de guante se refleja en su nombre. Por lo general, florecen en su segundo año.

Habitat

Es una de las flores de montaña más reconocidas que crecen a lo largo de las carreteras. También es una planta ornamental y se encuentra con frecuencia en jardines.

Cosecha

Las hojas tiernas se pueden recolectar durante el período de crecimiento.

No comestible.

Usos

Los celtas utilizaron el polvo elaborado con hojas como glucósido cardíaco. La sobredosis puede causar vómitos, náuseas, desmayos, pulso lento y, en algunos casos, incluso la muerte. Se utiliza tópicamente para tratar úlceras, heridas, dolores de cabeza, tumores, abscesos, etc. La planta también se ha utilizado como veneno letal. En la medicina moderna, esta planta y sus propiedades médicas se consideran obsoletas.

Precaución

La planta también es tóxica para los animales. Las flores son tan tóxicas que incluso el agua del jarrón de flores cortadas se convierte en un potente veneno.

Hierba carmín

Phytolaccaceae (Phytolacca americana L.)

Identificación

Es una planta perenne grande con un tallo liso, grueso y rojizo que crece hasta 10 'de altura. Los tallos tienen ranuras y son huecos. La raíz es gruesa y larga, mientras que las hojas tienen forma de lanza y pueden ser ovadas. Cuando se trituran, las hojas producen un olor a humedad. Las flores tienen cáliz pero no corola. Son de color blanco verdoso. Las bayas nacen en racimo y se vuelven negras (o moradas) al madurar.

Habitat

Se puede encontrar en los bordes de las carreteras, terrenos baldíos, jardines y campos.

Cosecha

Las hojas deben cosecharse antes que los pecíolos y el tallo comienza a volverse púrpura. Las bayas, semillas y raíces son tóxicas y no deben consumirse.

Comestible

Hervir los brotes jóvenes dos veces antes de consumir. La cantidad de lectina aumenta con la maduración de la planta. Los jugos digestivos y de cocción pueden destruir casi toda la lectina, pero se debe tener precaución. Es un verde delicioso que también se puede encontrar comercialmente. Los tallos tiernos y jóvenes se pueden escabechar y blanquear. Las hojas son ricas en minerales y vitamina C. De hecho, contienen tres veces más vitamina C que un limón. Los Cherokee solían hacer una bebida con bayas maduras, harina de maíz en polvo y uvas agrias.

Usos

Los nativos usaban las raíces como cataplasma sobre las articulaciones reumatoides. La infusión de raíces se usa para tratar heridas ulceradas, eczema y para reducir la hinchazón. La planta tiene propiedades eméticas y laxantes. Las partes de la planta se utilizan como antiartríticas y purgantes. Actualmente se están investigando las hojas como posible tratamiento de infecciones virales y cáncer. Las dosis homeopáticas están disponibles para inflamaciones, reumatismo, fiebre y ciertas infecciones. Las saponinas de las raíces son eméticas. El extracto de raíz se puede utilizar como refuerzo inmunológico.

Precaución

La sobredosis puede provocar problemas respiratorios, diarrea, mareos, hipotensión, taquicardia, sed, espasmos, vómitos y, en particular, altas dosis, muerte. Las bayas son extremadamente tóxicas para los niños y una sola baya puede enfermar gravemente a un niño. Más de diez bayas pueden resultar fatales. Sin embargo, la industria alimentaria utiliza las bayas como colorante.

Amaranto, Raíz Roja

Amaranthaceae (Amaranthus retroflexus L.)

Identificación

Es una planta alta que se parece un poco a ciertas malas hierbas. Tiene hojas alternas de color grisáceo y las flores crecen en brácteas peludas. El tamaño de las hojas disminuye hacia la parte superior de la planta. Las semillas son numerosas y diminutas, de color negro y el tallo inferior y la raíz principal son rojizos. Las hojas son ásperas al tacto.

Habitat

Se cultiva ampliamente en Sudamérica y México. Muchas especies diferentes crecen en los márgenes de los campos, praderas, etc.

Cosecha

Las hojas y los brotes jóvenes deben recolectarse cuando estén frescos. Las semillas se pueden cosechar con cuidado al madurar. Las semillas son muy pequeñas y deben cosecharse con las herramientas adecuadas.

Comestible

Las hojas y los brotes se pueden comer crudos o se pueden cocinar. También se pueden secar y consumir en invierno. Las semillas se pueden incorporar a la harina y al cereal. Las semillas también se pueden usar en muffins, pan y otros productos horneados. Se utilizan semillas negras maduras para hacer pinole con agua y harina de maíz.

Usos

Los indios nativos la consideran una planta sagrada y se consume de manera ritual en combinación con maíz verde en una variedad de ceremonias. Las hojas se utilizan para tratar la menstruación excesiva. La hierba es astringente y puede resultar beneficiosa en úlceras, diarrea e inflamaciones de la garganta y la boca. En la medicina moderna, tiene pocos o ningún uso comprobado, pero tampoco presenta riesgos para la salud y se puede consumir libremente.

Notas

La planta crece bien en jardines y se propaga fácilmente gracias a la gran cantidad de semillas. Las semillas deben agregarse a ensaladas, productos horneados, salteados, etc.

Flor de Maracuyá

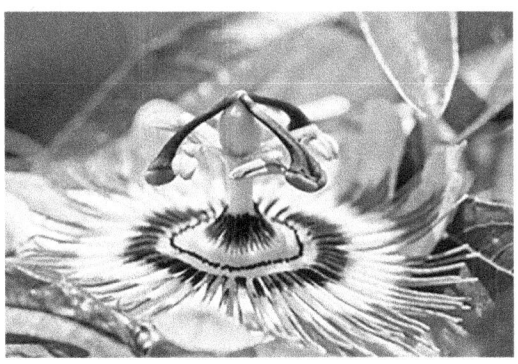

Passifloraceae (Passiflora incarnata L.)

Identificación

Docenas de variedades difieren por motivos menores. Es una enredadera leñosa y perenne. La corteza es estriada y longitudinal. Las hojas tienen pecíolos, son dentadas y crecen alternas. La parte inferior de la hoja es más peluda que la parte superior. Las láminas de las hojas tienen protuberancias, que también se conocen como nectarios florales. Las flores son llamativas con múltiples radios, con forma de rueda.

Habitat

A menudo se encuentra en bosques y otros lugares del mundo. La mayoría de las especies son subtropicales o tropicales, pero también pueden prosperar en zonas templadas. Se encuentran numerosas especies en todo el mundo. Se encuentra en estado salvaje en la zona sureste de los Estados Unidos.

Cosecha

Las hojas se pueden recolectar en cualquier momento, pero las flores deben recolectarse frescas. La fruta se puede recolectar al madurar.

Comestible

El té elaborado con flores y hojas tiene ligeras propiedades sedantes. La fruta se puede comer fresca, cruda o se puede convertir en jugo. Los mexicanos mezclan la fruta con harina o harina de maíz para hacer gachas. Las hojas son consumidas por los nativos americanos y generalmente se hierven y luego se saltean.

Usos

La infusión hecha con partes aéreas frescas o secas de la hierba tiene propiedades sedantes. Puede usarse para tratar el insomnio y el nerviosismo. Tiene un efecto antiespasmódico, lo que lo hace bueno para el sistema digestivo. La raíz triturada se usa a menudo para tratar el dolor de oído. La raíz triturada también se puede utilizar para aplicar como cataplasma sobre forúnculos, contusiones y cortes. Toda la planta, combinada con sales de Epsom, se puede utilizar como baños sedantes. El té hecho con partes aéreas y raíces se puede utilizar para tratar hemorroides. En estudios con animales, se encontró que puede inhibir la motilidad de los organismos y tiene propiedades antiespasmódicas y sedantes. Ahora se usa para tratar el insomnio y el nerviosismo. Se puede utilizar para tratar la "histeria".

Verdolaga

Portulacaceae (Portulaca oleracea L.)

Identificación

Una suculenta rastrera que se extiende por el suelo. Los tallos tienen múltiples ramas y suelen ser rojizos. Las hojas son gruesas, largas, lisas, carnosas, en forma de lágrima y brillantes. Existen múltiples variedades, pero la más común tiene flores amarillentas. Las flores se ven a lo largo de junio a noviembre.

Cosecha

Las partes de la planta se pueden cosechar en cualquier momento, aunque lo ideal es una cosecha fresca.

Habitat

Esta planta se ve en todo el país, a menudo en terrenos baldíos y jardines. Se puede arrancar y comer directamente del suelo.

Comestible

Es una planta de jardín común. Es una gran adición a ensaladas, sopas, etc. Contiene altas cantidades de ácidos omega-3. Las hojas se pueden consumir crudas o como verdura cocida. A menudo se agrega a recetas de carne y guisos. También se puede hervir para hacer sopa. Se puede secar y luego reconstituir para usarlo como alimento de invierno.

Usos

Se puede utilizar como loción para la piel y como cataplasma. La decocción hecha con toda la planta se puede utilizar para tratar lombrices. El jugo de toda la planta se puede utilizar como tónico y se puede utilizar para tratar los dolores de oído. La infusión hecha con los tallos y las hojas se puede utilizar para detener la diarrea. La planta se puede triturar y aplicar a hematomas y quemaduras como cataplasma. La decocción de la planta completa se puede utilizar como lavado antiséptico. La verdolaga se puede usar para tratar el dolor de estómago. La planta contiene muchos ácidos grasos esenciales diferentes, que pueden ayudarlo a prevenir enfermedades y trastornos inflamatorios como diabetes, enfermedades cardíacas y artritis. El extracto de esta planta se utiliza a menudo en cosmética.

Hierba de San Juan

Hiperacáceas (Hypericum perforatum L.)

Identificación

Tiene un tallo leñoso que es rígido, erecto y rojizo. Las hojas están unidas en la base y son ovadas y cubiertas de glándulas. Estas glándulas se pueden ver si las hojas se sostienen hacia el sol. Las glándulas parecen pequeñas perforaciones. Los tallos tienen racimos de flores amarillas con cinco sépalos cada una y las flores tienen múltiples estambres. Las semillas son cilíndricas, marrones o negras y están cubiertas de marcas.

Habitat

Esta planta se puede encontrar en casi todas partes. Se observa comúnmente cerca de riberas de ríos, riberas de arroyos, terrenos baldíos, bordes de carreteras, etc. También se cultivan muchas variedades en jardines.

Cosecha

Cosecha temprano. Las flores deben cosecharse frescas y se pueden secar más tarde a la sombra.

Usos

La decocción hecha con la planta entera se utilizó para inducir el aborto. Puede contener propiedades antibacterianas, antivirales y otras similares. Se consideró astringente, antiinflamatorio y antidiarreico. En Grecia se ha utilizado tradicionalmente para ahuyentar los espíritus. La infusión hecha con flores puede tratar el insomnio y puede disipar el letargo. También puede calmar los nervios y aliviar el estrés. El té se usó para tratar la ansiedad, la ciática, el herpes zóster, la ansiedad y la fibrositis en el pasado. Las flores y hojas trituradas se metieron en la nariz para detener las hemorragias nasales.

En la medicina moderna, se han realizado varios estudios en Europa que muestran que la planta puede usarse para tratar la depresión leve. El medicamento también se puede usar para bajar de peso, fatiga, ansiedad, síntomas de la menopausia y para mejorar el sueño.

Una infusión hecha con hojas y flores puede usarse externamente por sus propiedades curativas y refrescantes. Es bueno para quemaduras, infecciones, esguinces, contusiones, neuralgias, calambres, tendinitis, etc. Los estudios han demostrado que es eficaz contra varios microbios como herpes simple I y II, influenza, poliovirus, retrovirus, citomegalovirus murino, virus sindbis, bacterias gramnegativas y grampositivas y hepatitis C. La exposición a la luz ultravioleta puede mejorar la actividad antimicrobiana.

Nota: está disponible sin receta como suplemento dietético. Se recomienda consultar a un médico para averiguar la dosis y el uso adecuados.

Precaución

No debe usarse para tratar la depresión bipolar o severa. Puede tener ciertos efectos secundarios como inquietud, irritación gastrointestinal, alergia, etc. El suplemento puede reducir la actividad de ciertos medicamentos como los anticonceptivos orales, antihistamínicos no sedantes, antiepilépticos, antirretrovirales, bloqueadores de los canales de calcio, quimioterápicos, ciclosporina, ciertos antifúngicos y antibióticos. El abuso a largo plazo de la hierba de San Juan puede tener varias consecuencias negativas para la salud. No lo use sin la debida consulta.

Curar todo

Lamiaceae (Prunella vulgaris L.)

Identificación

Es perenne con un tallo cuadrado que puede caer y arrastrarse una vez madura. Las hojas son dentadas y en forma de lanza, mientras que las flores pueden variar de azul a violeta. La planta también se conoce como autocuración.

Habitat

Se encuentra en todo el país en prados, terrenos baldíos, campos, humedales, bosques, etc.

Cosecha

Coseche los brotes y las flores cuando estén frescas.

Comestible

La infusión hecha con las partes aéreas de la planta fue utilizada como bebida por los Thompson First People. Las flores y las hojas se pueden agregar a ensaladas y jugos.

Usos

Los chinos han estado usando esta hierba desde la antigüedad para los problemas del hígado y para mejorar la salud y la función del hígado en general. La infusión hecha con toda la planta puede estimular la vesícula biliar y el hígado y puede promover la curación. Muchos médicos utilizan Heal-all para tratar la menstruación excesiva. Las personas también lo usan externamente para tratar cortes, quemaduras, dolores de garganta y llagas. La infusión hecha con toda la planta se puede utilizar como gárgaras para tratar las úlceras de garganta y boca.

Las partes aéreas secas se pueden usar para hacer té para tratar la diarrea. Los extractos de esta hierba se pueden utilizar para tratar la gingivitis.

Tradescantia

Commelinaceae (Tradescantia ohioensis L .; T. occidentalis [Britt.], Smyth; T. pinetorum Greene)

Identificación

Es una planta perenne sin tallo. Las hojas son numerosas, largas y parecidas a espadas y crecen desde la base y las flores son de un azul profundo, como las orquídeas. Abren por la mañana y comienzan a cerrar por la tarde. Hay cuatro especies que se encuentran en América del Norte. La planta también se conoce como planta araña o lágrimas de viuda.

Habitat

Varias especies se encuentran en todo el país. T. occidentalis se encuentra generalmente en los estados centrales, mientras que Trandescantia virginiana se encuentra a lo largo de caminos, vías férreas, praderas, campos, etc.

Cosecha

Los brotes deben cosecharse cuando estén tiernos. Las flores se pueden recolectar durante todo el año, pero se recomienda cosecharlas por la mañana. Coseche la raíz una vez que la planta comience a florecer.

Comestible

Los brotes tiernos se pueden cocinar o comer crudos. Las flores se pueden agregar a ensaladas o se pueden hacer en salteados y también se pueden comer crudas. Hay muchas otras formas de cocinar las flores, como buñuelos, zumos, etc.

Usos

El té elaborado con las raíces mencionadas anteriormente se puede utilizar para tratar trastornos renales femeninos y varios otros problemas estomacales. También se utiliza como laxante. La infusión hecha con partes aéreas se usa para tratar el dolor de estómago. Las plantas aéreas fueron trituradas y utilizadas como cataplasma sobre picaduras y picaduras de insectos en la antigüedad. Se supone que la infusión de esta planta es afrodisíaca.

Las flores tienen flavonoides que contienen propiedades protectoras y protectoras de la salud. Es un buen diurético y puede reducir la presión arterial y mejorar la circulación general también. Los brotes jóvenes son mucilaginosos, lo que puede ayudar a tratar el dolor de garganta y los problemas de los senos nasales. Se utiliza en la medicina tradicional china para tratar la hinchazón.

Batata silvestre

Dioscoreaceae (Dioscorea villosa L .; D. composita Hemsl)

Identificación

Es una enredadera grande, en expansión, perenne con un tallo de color marrón rojizo. Las hojas tienen forma de corazón y son alternas y son peludas por debajo, mientras que la parte superior es lisa. Las flores de color amarillo verdoso son pequeñas y de género. La raíz es cilíndrica y tiene múltiples usos.

Habitat

El ñame silvestre se encuentra en todo el continente de América del Norte. Tiene múltiples especies que crecen desde Canadá hasta el sur de los Estados Unidos en climas tropicales, subtropicales y templados.

Cosecha

Extraiga la raíz una vez que las flores comiencen a florecer.

Comestible

Los ñames silvestres suelen formar parte de las sopas medicinales chinas. Son amargas y pueden ser tóxicas.

Usos

La decocción hecha con la raíz fue utilizada como analgésico para el dolor posparto y durante el parto por los indios Meskwakis. En la medicina china antigua, las rodajas de raíz secas se utilizan con polygonatum para tratar la dismenorrea. La raíz también se usa para tratar el dolor asociado con la menstruación en los pueblos indígenas de América del Sur. La decocción también se puede utilizar como ayuda digestiva, para los calambres musculares y para la artritis. Se supone que tiene propiedades calentadoras, antiespasmódicas, antiinflamatorias, antiartríticas y diuréticas. Contiene una sustancia química llamada diosgenina, que forma el material de la píldora anticonceptiva. Los naturópatas recetan el té para el IBS. Los médicos utilizan la decocción de raíces para tratar las emisiones nocturnas, la fatiga crónica, la neurastenia, la neurosis, el insomnio y los sentimientos de insuficiencia. Las raíces aplastadas se pueden usar como cataplasma para forúnculos, abscesos y llagas en la piel.

Precaución

No consumir si está embarazada o en período de lactancia. Del mismo modo, no lo consumas si padeces estreñimiento o tienes problemas de presión arterial. Consulte con un médico antes de usar ñame silvestre internamente.

Baptisia

Fabaceae (Baptisia australis LR Br. Ex Ait. F .; B. tinctorial L.)

Identificación

Es un arbusto perenne, aunque alto, que crece hasta 5 'de altura. Las hojas son como un guisante. Produce hermosas flores azules, parecidas a guisantes, y las vainas son índigo.

Habitat

Se puede encontrar en jardines y praderas.

No comestible

Cosecha

Las raíces deben recolectarse al madurar.

Usos

Los nativos usaban una decocción hecha con raíces para tratar mordeduras, heridas y picaduras. Es una hierba inmunoestimulante que se utiliza como ducha vaginal en la medicina tradicional como tratamiento para la vaginitis. La cataplasma de raíces se utiliza para tratar las llagas causadas por enfermedades venéreas. La infusión de raíz se puede utilizar para lavar heridas, pero una dosis excesiva puede provocar vómitos y náuseas. Se están investigando sus efectos sobre los leucocitos.

Precaución

No debe ingerirse ya que puede resultar tóxico.

Amapola de California

Papaveraceae (Eschscholzia Californica Cham.)

Identificación

Puede ser una planta perenne o anual que puede crecer hasta 40 "de altura. Las hojas son escasas y azuladas. Son parecidas a helechos o plumosas. Las flores son solitarias y son de llamativos tonos de naranja y amarillo. Hay cientos de especies disponibles en la naturaleza.

Habitat

Se encuentra en estado silvestre en los bordes de las carreteras, áreas abiertas, terrenos baldíos, etc. en el área desde la Columbia Británica hasta California. Se cultiva en el jardín como planta ornamental en todo el país.

Cosecha

Las partes aéreas se pueden recolectar una vez que las flores comienzan a florecer.

Usos

Una infusión hecha con las partes aéreas secas de la planta se puede utilizar como sedante. Tradicionalmente ha sido para reducir el nerviosismo, la ansiedad y el estrés. Tiene propiedades diuréticas y analgésicas. Muchas tribus lo usan para tratar la micción nocturna en los niños y algunas tribus usaban la savia lechosa producida por las hojas para tratar el dolor de muelas. La resina blanca producida por las vainas se frotó sobre los senos para mejorar la producción de leche. Un alcaloide llamado californidina derivado de la planta se usa como sedante y como ayuda para dormir. Los profesionales de la homeopatía lo utilizan para hacer preparaciones que se utilizan para tratar el insomnio.

Precaución

No utilice si está embarazada o en periodo de lactancia.

Linaza

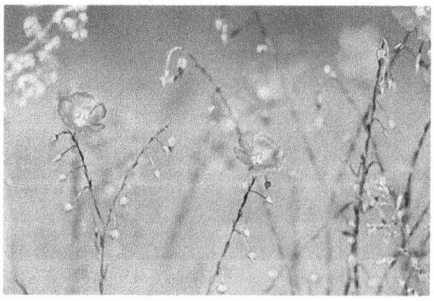

Lináceas (Linum usitatissimum L.)

Identificación

Es una planta anual delgada y delicada que tiene hojas en forma de lanza y produce flores de color azul cielo con cinco estambres, cinco pétalos, cinco sépalos y un ovario. Las semillas son marrones, planas y brillantes. También se conoce comúnmente como linaza.

Habitat

A menudo se encuentra en zonas templadas, pero crece en casi todas partes, incluidos graneros, bordes de carreteras, terrenos baldíos, etc. También puede cultivar estas plantas en su jardín.

Cosecha

Las semillas se pueden cosechar al madurar.

Usos

Los antiguos griegos y romanos consideraban que el lino era una medicina "curativa". Los nativos americanos usan el lino como medicina y alimento. Se usó para tratar la tos, la inflamación, las infecciones, el resfriado, el dolor urinario, la fiebre, etc. Es una de las fuentes vegetales más ricas en ácidos grasos omega-3, superada por las semillas de perilla. Omega-3 estimula la memoria y mejora la cognición. También mantiene a los usuarios a salvo de enfermedades degenerativas. El consumo de grandes cantidades de omega-3 y omega-6 puede ayudarlo a evitar enfermedades inflamatorias y autoinmunes. La cáscara de las semillas se utiliza como mucílago. Contiene una gran cantidad de fenólicos, que pueden prevenir el cáncer, los problemas cardíacos y la diabetes. Puede usarse para tratar el estreñimiento. El aceite producido a partir de las semillas aumenta los niveles de insulina en plasma y reduce el colesterol.

Capítulo 3

Áreas Boscosas Orientales y Hierbas Medicinales

Aquí hay una lista de algunas plantas medicinales comunes que se pueden encontrar en las áreas boscosas de los Estados Unidos de América. Muchas de estas plantas son plantas de transición, lo que significa que se pueden observar tanto en los bosques como entre las zonas de transición de los bosques y los bordes de las carreteras.

Repollo Skunk

Araceae (Symplocarpus foetidus L. Nutt.)

Identificación

Es una gran planta frondosa que tiene hojas gigantes parecidas a las de un elefante. Las hojas son cerosas, verdes y brillantes. Cuando se rompen, huelen a lo que da nombre a la planta.

Habitat

Se encuentra principalmente en bosques húmedos, tierras bajas, pantanos, áreas costeras húmedas, etc. Se encuentra principalmente en los estados del este.

Cosecha

Las raíces se pueden cosechar después de que la planta florece.

Comestible

La especie oriental no se usa como alimento, pero algunas personas consumen las raíces completamente secas. No se deben consumir las raíces frescas que pueden causar sensaciones de ardor en el tracto digestivo y la boca.

Usos

El extracto líquido de las raíces se usó una vez para tratar el asma y la bronquitis y un té hecho con raíces secas se usa para detener el asma, la tos, las convulsiones y el dolor de muelas. La pasta de raíces secas se puede usar tópicamente para detener la picazón. Las hojas se pueden triturar y usar como cataplasma en hinchazones. Esta cataplasma se considera un antirreumático y analgésico y las raíces secas se pueden utilizar para tratar la tos. Los tallos se pueden triturar para hacer una decocción, que se puede utilizar como ducha para mejorar el desplazamiento del útero. Una vez, las hojas se masticaban para tratar la epilepsia. El polvo de hojas secas se utilizó para tratar convulsiones. El extracto líquido de esta planta todavía se usa para tratar el asma y la bronquitis. Es un expectorante, antiespasmódico, diaforético y sedante. Solo los profesionales capacitados deben usarlo, ya que puede resultar tóxico.

Precaución

Contiene cristales de oxalato venenoso. El líquido de una planta fresca producirá ampollas en la piel y puede quemar gravemente el tracto digestivo si se consume. Se puede consumir pero necesita preparaciones extensas, lo que finalmente no rinde mucho alimento ni sabor. Solo los expertos deben manejar esta planta.

Hepatica

Ranunculaceae (Hepatica nobilis var. Obtusa [Pursh] Steyermark, también conocida como H. triloba y H. americana; H. nobilis var. Acuta [Pursh] Steyermark, también conocida como H. acutiloba)

Identificación

Es una planta perenne, perenne y pequeña con hojas basales. El H. nobilis var. obtuso tiene hojas redondas lobuladas mientras que H.

nobilis var. acuta tiene hojas afiladas lobuladas. H. var. obtuso tiene flores blanquecinas mientras que H. var. acuta tiene flores violetas azuladas. Esta es una de las primeras flores que florece en primavera. También se conoce como hepática americana.

Cosecha

Las hojas se pueden recolectar frescas. Las raíces deben recolectarse al madurar.

Habitat

Se puede encontrar fácilmente en los bosques orientales.

Usos

Los nativos americanos utilizaron H. nobilis var. obtusa por sus propiedades laxantes y eméticas. También es abortivo. También fue utilizado como anticonceptivo por las tribus. La decocción de raíces y las infusiones de hojas se utilizan para tratar el vértigo y la diarrea. El té elaborado con las hojas se utilizó para tratar problemas hepáticos. Alguna vez se consideró un tónico. La decocción se utilizó para estimular el útero. Fue una de las hierbas más utilizadas del siglo XIX. Algunos médicos modernos todavía lo usan para tratar cálculos biliares y otros problemas hepáticos.

Precaución

La sobredosis de esta planta es venenosa. La planta solo debe usarse bajo la debida orientación y supervisión médica. No toque la planta ya que puede provocar dermatitis. Si se ingiere sin precaución, puede causar problemas al sistema urinario y al tracto intestinal.

Sanguinaria

Papaveraceae (Sanguinaria Canadensis L.)

Identificación

Es una planta perenne con rizoma espeso. Al cortar el rizoma se desprende un líquido rojo. Las hojas son de color verde grisáceo. Las flores florecen individualmente y tienen 8 o más pétalos blancos y florece a principios de la primavera y se extingue rápidamente.

Habitat

Generalmente se encuentra en bosques húmedos y ricos.

No comestible

Usos

El extracto de esta planta es cálido y tiene propiedades antiespasmódicas. La hierba fue utilizada por los nativos americanos para inducir el vómito. Los extractos de las raíces alguna vez se usaron para tratar la tos, la fiebre, el reumatismo y la laringitis. Se utilizaron dosis muy pequeñas para estimular el apetito. Es un anestésico. Algunas personas lo usaban para tratar el asma, la bronquitis, las infecciones de garganta y diversos problemas pulmonares. Contiene compuestos químicos conocidos como queleritrina y sanguinarina, que tienen propiedades anticancerígenas. En ensayos de investigación, se ha encontrado que los cánceres de oído y nariz responden positivamente a las aplicaciones tópicas. A menudo se usa tópicamente por sus propiedades antiinflamatorias. La sanguinarina es tóxica, pero tiene propiedades antisépticas y se usa a menudo en pastas dentales y enjuagues bucales.

El exudado de la planta se puede combinar con agua para hacer una solución fina. Esta solución, cuando se aplica tópicamente, puede repeler a los mosquitos durante mucho tiempo.

Precaución

Es tóxico, por lo que ya no se usa como expectorante.

Mayapple

Berberidáceas (Podophyllum peltatum L.)

Identificación

Es una planta perenne en forma de paraguas con grandes hojas hendidas. Cada tallo tiene solo dos hojas con cinco o más lóbulos. La flor es blanca y crece debajo de la hoja. Frutas maduras a mediados o finales del verano y solo las frutas maduras son comestibles. Se extiende profusamente por el suelo de los bosques. También se conoce como mandrágora americana.

Habitat

Extensa cobertura del suelo en bosques orientales, bosques ricos.

Cosecha

Coseche la fruta madura a finales del verano. Las raíces se pueden cosechar durante la temporada de crecimiento.

Comestible

La fruta se puede consumir en verano cuando está madura y blanda. Es difícil encontrar la fruta ya que la mayoría de las plantas mueren antes de madurar. Las plantas que prosperan no proporcionan muchos rendimientos, a menudo producen solo una fruta por planta. Muchas veces, los frutos son cosechados por criaturas del bosque. Si encuentra fruta madura, puede comerla directamente. Si la fruta no está madura, cocínela. La fruta madura se puede utilizar en waffles, muffins, pasteles y panqueques. También se puede utilizar para hacer jaleas, mermeladas, etc.

Usos

Los nativos americanos usaban pequeñas dosis de Mayapple para tratar muchas enfermedades diferentes. Se utilizó para tratar las verrugas por virus del papiloma. Es un laxante poderoso y puede usarse como purgante, pero la raíz es tóxica y se usa a menudo para matar infestaciones de gusanos. El polvo de la raíz se usa tópicamente sobre las llagas. A mediados del siglo XX, los médicos inyectaron resina de Mayapple en las verrugas venéreas para tratarlas. Los extractos de raíz contienen un agente antimitótico que se puede utilizar para tratar el cáncer de testículo y el cáncer de pulmón de células pequeñas. P. peltatum todavía se usa para tratar las verrugas genitales y otras. Las hojas y las raíces son venenosas, y el mal manejo (o incluso el manejo regular) de las hojas puede provocar dermatitis. P. emodi o Mayapple del Himalaya, contiene altas cantidades de podofilotoxina, que es una droga tóxica.

Precaución

No lo use sin supervisión médica. El fármaco a menudo se absorbe a través de la piel y puede resultar tóxico.

Puerros salvajes

Liliáceas (Allium tricoccum Ait.)

Identificación

Esta planta tiene hojas largas en forma de cuchilla que crecen en pares directamente del bulbo. La planta huele a cebolla. Las hojas desaparecen en pocas semanas y ceden desde el tallo floral, que produce racimos de flores blancas. Alrededor de septiembre, solo quedan semillas negras en la parte superior del tallo floral. Sin embargo, el bulbo comestible aún permanece fresco bajo tierra. También se le conoce como rampa.

Habitat

Se encuentra profusamente en el suelo de los bosques orientales. Es una planta común en bosques húmedos. Se puede encontrar sobre filtraciones, en bosques húmedos, en laderas húmedas y en lugares similares.

Cosecha

Los tallos, hojas y bulbos se pueden cosechar al madurar. Coseche los bulbos una vez que las flores se hayan agotado y la planta haya producido semillas.

Comestible

Los tallos, hojas y bulbos son comestibles y tienen un sabor excelente en sopas, guisos y salteados. Las hojas, los tallos y los bulbos son comestibles, maravillosos en guisos. También se puede agregar a martinis y pizzas. Es una de las mejores plantas medicinales / comestibles, especialmente para los inviernos. No solo llena, sino que también es saludable. Las semillas se pueden cosechar en el otoño y puede recolectarlas y plantarlas en los rincones sombreados de su jardín. Las semillas secas también se pueden agregar a un molinillo de pimienta, que agregará un suave sabor a ajo a su comida.

Usos

Los nativos americanos usan las plantas como tónico. El jugo tibio se puede utilizar para detener los dolores de oído. La decocción de toda la planta se usa para tratar lombrices. También se utiliza como tónico para tratar los resfriados. Según algunas fuentes, comer bulbos crudos puede ayudarlo a reducir el riesgo de enfermedades cardíacas. Las hojas picadas se pueden agregar a la sopa para tratar la gripe y el resfriado.

Jack en el púlpito

Araceae (Arisaema triphyllum L. Schott)

Identificación

Pequeña planta perenne con dos hojas en dos pecíolos. Las hojas parecen hojas de hiedra venenosa. Produce racimos de bayas de color escarlata.

Habitat

Se puede encontrar en suelos ricos y bosques húmedos en los estados orientales de la nación.

Cosecha

Las raíces se pueden cosechar cuando estén tiernas.

Comestible

El fruto de esta planta no es comestible y no debe consumirse. Las raíces contienen oxalato de calcio cáustico. Los indios nativos cortan y secan estas raíces, que se dice que desactivan este compuesto tóxico. Estas rodajas secas se cocinan y consumen como papas fritas.

Usos

La raíz seca se usó una vez para tratar varios problemas respiratorios, como bronquitis, asma, resfriados, laringitis y tos. La raíz triturada se puede utilizar para lavar llagas, tiña, forúnculos y abscesos. Todavía se utilizan muchas variedades para tratar la mordedura de serpiente en China.

Precaución

No consuma el asno de la planta fresca; contiene oxalatos cáusticos. La planta debe secarse completamente antes de que se pueda consumir.

El oxalato de calcio puede causar quemaduras si no se manipula correctamente.

Uva Ursi

Ericaceae (Arctostaphylos uva-ursi L. Spreng)

Identificación

Es un arbusto bajo, rastrero que generalmente crece postrado con hojas que son siempre verdes, oscuras y coriáceas y con forma de espátula u obovada. La variedad alpina produce hojas más grandes, el fruto es una baya roja y también se la conoce como gayuba o Kinnikinnick.

Habitat

Se encuentra en áreas secas y pantanosas. La planta a menudo crece en la base de árboles como enebro, tamarack, pinos, etc.

Comestible

Las bayas son rojas, harinosas, secas y no tienen ningún sabor, por lo que deben cocinarse con ingredientes que tengan sabores fuertes para que sean agradables. Las bayas se secan y se trituran para formar una harina similar a la harina. La gente de la Nación Bella Coola mezclaba las bayas con grasas y las consumía, mientras que la gente del Bajo Chinook mezclaba las bayas secas con grasa para hacerlas comestibles. Las bayas se agregan a varios guisos y sopas. Saltee las bayas en grasa y luego tritúrelas. Agregue este puré a los huevos de pescado y endulce al gusto.

Usos

Tradicionalmente, la infusión de toda la planta se usaba para hacer un ungüento para tratar llagas, erupciones y problemas similares. Muchas cosas entran en este ungüento, incluida la grasa de los animales y el pegamento de los cascos de los animales. Las partes aéreas se usan para hacer una infusión que se puede usar como enjuague bucal para tratar las encías doloridas y las aftas. Los tallos y hojas secos se pueden convertir en un polvo que se puede usar como cataplasma en las heridas. Una infusión hecha con tallos, bayas y hojas se puede ingerir por vía oral para problemas de vejiga y para limpiar los riñones. Esta infusión también puede eliminar el dolor de espalda y ciertos esguinces. La gente de Kwakiutl fumaba las hojas por sus efectos narcóticos. También tiene propiedades diuréticas y astringentes.

En la medicina moderna, la planta se recomienda para diversos problemas del tracto urinario. Comercialmente está disponible en varias formas, incluyendo té, polvo, cápsulas, etc. Se usa frecuentemente en homeopatía. El té se considera astringente, astringente, diurético y antibacteriano. El té se puede utilizar tanto interna como externamente por sus propiedades antiinflamatorias y antimicrobianas.

Precaución

No lo use si está amamantando o está embarazada. No coma alimentos ácidos cuando use el té, especialmente si lo está usando para tratar problemas urogenitales y del tracto biliar. No debe ser utilizado por niños y personas que padecen presión arterial alta. El uso prolongado o excesivo de la planta puede causar daño al hígado y también puede irritar los riñones y la vejiga.

Gaulteria

Ericaceae (Gaultheria procumbens L.)

Identificación

Es un bosque pequeño y siempre verde que se extiende mediante raíces adventicias. Las hojas son ovaladas, siempre verdes y brillantes. Las flores tienen forma de campanillas caídas y son blancas y cerosas. La fruta es blanca cuando está cruda y roja cuando está madura. También se conoce como té de Canadá, teaberry o checkerberry.

Habitat

Generalmente se encuentra en los estados del norte de los Estados Unidos de América y Canadá. Normalmente crece alrededor de la base de los árboles, pero también se puede encontrar en áreas abiertas.

Cosecha

Las hojas deben cosecharse cuando estén tiernas. Las bayas son difíciles de encontrar, pero deben cosecharse cuando estén maduras.

Comestible

La planta se utiliza para hacer un delicioso y relajante té de gaulteria. Las hojas también se pueden masticar. Las bayas no se encuentran con frecuencia, ya que las criaturas del bosque las consumen a menudo. La planta tiene un sabor delicioso e inusual que cambia cuando se seca. Es por eso que se recomienda probar tanto el té de hojas frescas como el té de hojas secas para experimentar los dos sabores distintos. La gaulteria también se usa para agregar aromas a las velas y como agente aromatizante en las encías. El té se puede utilizar para hacer gárgaras para tratar el dolor de garganta.

Usos

Tradicionalmente se cree que la planta tiene propiedades diuréticas, astringentes, lactagogas y emenagogas. El té de hojas se usaba para tratar fiebres, dolores de estómago, resfriados, enfermedades renales, dolores de cabeza y dismenorrea. El té se usó tópicamente para reducir los dolores musculares y el reumatismo.

En el uso moderno, el aceite de gaulteria no se usa tanto como se usa en la medicina tradicional. A veces se agrega a linimentos y ungüentos que se usan para tratar la ciática y la neuralgia. El aceite es astringente y antiséptico.

Precaución

Evite el uso excesivo. Las dosis orales y subcutáneas excesivas pueden resultar fatales. Tan solo 4 gramos del aceite esencial pueden ser tóxicos o incluso fatales. El aceite también puede provocar alergias graves. Las mujeres embarazadas deben evitar el uso de té o aceite, ya que tiene propiedades estimulantes del útero.

Celidonia

Papaveraceae (Chelidonium majus L.)

Identificación

Tiene hojas profundamente hendidas, parecidas a la amapola, con pecíolos peludos. Las flores generalmente tienen cuatro pétalos, son de color amarillo y parecen flores de amapola. También se le conoce como amapola de madera, amapola celidonia y celidonia mayor.

Habitat

Crece bien en una atmósfera rica, sombreada y húmeda. Requiere suelo bien drenado. Se puede encontrar en Ohio, Michigan, Minnesota, Illinois y otros estados en mayo. Si se mueve hacia el norte, los períodos de floración difieren.

No comestible

Cosecha

Las hojas y las raíces se pueden recolectar al madurar.

Usos

Los iroqueses usaban esta planta junto con la leche para sedar a los cerdos. La savia de color naranja se usa para tratar verrugas, sarna, edemas, etc. y la raíz se masticaba en el pasado para tratar el dolor de muelas. Se puede usar internamente para aliviar diversos problemas hepáticos, incluidos problemas relacionados con la vesícula biliar, los conductos biliares, la hepatitis y la ictericia. Se considera un estimulante uterino, antiinflamatorio, antiespasmódico, estimulante circulatorio, diurético y laxante. Se utilizó en la medicina tradicional china para tratar las irregularidades relacionadas con la menstruación.

En la medicina moderna, la planta todavía se usa para tratar problemas hepáticos y de la vesícula biliar. Se usa una infusión de toda la planta para tratar la inflamación, el estreñimiento y mejorar el flujo de bilis. También puede ayudar a los sistemas circulatorio y reproductivo. Es un estimulante del hígado que puede tratar la inflamación de los conductos biliares y la gota. Es una planta de sabor amargo y puede estimular el apetito.

Según ciertas fuentes, también puede tratar el reumatismo, la artritis, la fiebre, la bronquitis, la tos, etc. Se puede utilizar internamente para tratar las úlceras. Externamente hoy en día, muchos dermatólogos lo usan para lavar tiña, verrugas, psoriasis, inflamaciones oculares, llagas, etc. Se requiere mucha investigación independiente para confirmar más de estas propiedades.

Club musgo

Lycopodiaceae (Huperzia lucidula [Michx] Trevisan; H. selago L.)

Identificación

Es una planta baja en miniatura que mide alrededor de 10 "de alto. Se encuentra debajo de coníferas y maderas duras en colonias. Las hojas son perennes y en forma de lanza, los tallos son vegetativos y bifurcados. Las esporas se ven en los esporangios en forma como riñones.

Habitat

Se encuentra en todo el mundo en bosques húmedos y en atmósfera. Generalmente crece debajo de los árboles. Algunas personas lo consideran nativo de China o Europa del Este.

No comestible

Usos

Los nativos americanos lo usan como un remedio para el resfriado, un purificador de sangre y para varios propósitos tópicos y dermatológicos, mientras que los iroqueses lo usan para estimular el sistema inmunológico. H. selago es purgante, catártico, emético y puede mejorar la inmunidad, especialmente durante la menstruación. Tradicionalmente se utilizaba para tratar los dolores de cabeza aplicándose sobre los ojos en forma de cataplasma. En los tiempos modernos se están estudiando sus componentes antivirales y su química. Según algunos estudios especulativos, puede resultar beneficioso contra el VIH. La infusión tiene un efecto diurético. Muchos profesionales de la homeopatía lo usan para tratar problemas de vesícula biliar, hígado, problemas respiratorios, envenenamiento de la sangre, inflamación de los genitales femeninos y otras inflamaciones similares.

Precaución

Consulte a un médico antes de usar el producto.

Orquídea zapatilla de dama

Cypripedioideae (Cypripedium acaule Aiton)

Identificación

Una deslumbrante belleza perenne con hojas basales, parecidas a lirios, en forma de lanza y sin tallo que pueden crecer hasta 10 ". Son de color verde brillante en la parte superior y pálidas en la parte inferior. El rizoma horizontal produce rosa (y en raras ocasiones, blanco) flores en forma de zapatilla parecidas a las de las orquídeas Las cápsulas de frutas son de color marrón.

Habitat

Por lo general, se encuentra en sitios húmedos de abetos negros y bosques de pinos del norte y tierras altas, pero también se puede encontrar en humedales abiertos. Se encuentra en grandes cantidades en el sur de Ontario y los estados del noreste. Crece en abundancia en la orilla norte del lago Superior.

No comestible

Cosecha

Coseche el rizoma una vez que las flores se hayan extinguido, es decir, en otoño.

Usos tradicionales

La raíz, es decir, el rizoma, está llena de propiedades medicinales. Es astringente y estíptico y se considera un tranquilizante, lo que ha llevado a una sobreexplotación. El rizoma fue utilizado como tintura o decocción por los nativos americanos para una variedad de propósitos, incluidos calambres, resfriados, nerviosismo, problemas menstruales, histeria, gripe, diabetes, inflamaciones y espasmos. Los rizomas recolectados en otoño se pueden usar frescos o se pueden secar para usarlos más tarde. Debido a la forma de la flor, esta planta fue considerada uno de los mejores afrodisíacos. Es una planta protegida porque fue sobreexplotada para el uso legal de esta planta que ya no está permitida y ha sido descontinuada. Todavía se usa para tratar el insomnio y la ansiedad, aunque no se han estudiado los compuestos químicos.

Precaución

Manipular la zapatilla de la dama rosada puede provocar dermatitis de contacto.

Cohosh negro

Ranunculaceae (Actaea racemosa L. Nutt.)

Identificación

Es una planta perenne de tamaño mediano con el rizoma duro, nudoso y de color oscuro. Las hojas son lisas, doble pinnadas y dentadas. Las flores están caídas y pueden tener de tres a ocho pétalos. Los sépalos esconden el capullo de la flor.

Habitat

Generalmente se encuentra en el sur de Canadá y los estados del este de los Estados Unidos de América.

No comestible

Cosecha

El rizoma contiene las propiedades medicinales. Debe cosecharse antes o después de la floración.

Usos

Las infusiones de raíces se utilizaron para promover la lactancia, inducir el aborto y estimular la menstruación alguna vez. Para tratar el reumatismo se utilizó una infusión hecha con raíces y alcohol. La raíz infundida se utilizó como purificador de sangre, como tónico y como decocción estimulante. Las raíces pulverizadas se pueden agregar al agua del baño para reducir el dolor de la artritis. El extracto de la planta todavía se usa para tratar los problemas de la menopausia y el síndrome premenstrual.

Muchas preparaciones comerciales que se utilizan para tratar el dolor menstrual, los calambres, los espasmos uterinos, los sofocos, la atrofia vaginal, la depresión leve y la menopausia incluyen extractos de cohosh negro. Como se indicó anteriormente, tiene un efecto estrogénico que reduce los niveles de la hormona luteinizante.

Según un estudio, los extractos se pueden utilizar para reducir las alteraciones psíquicas y los sofocos en mujeres menopáusicas. Las personas que tienen cáncer de mama pueden utilizar los extractos para reducir la sudoración, los sofocos y otros problemas similares, incluidos el insomnio y la ansiedad, todos efectos secundarios del tratamiento premenopáusico del cáncer de mama. También aumenta la formación de hueso en mujeres posmenopáusicas. Muchos profesionales holísticos usan la planta para tratar el insomnio, la fiebre y la artritis.

Precaución

No lo use sin consultar con un profesional de la salud integral adecuado, especialmente si planea usarlo para terapia de reemplazo hormonal, dismenorrea y / o síntomas de la menopausia. No lo use si está amamantando o está embarazada. La MHRA, es decir, la regulación de productos para el cuidado de la salud del Reino Unido y la EMEA, es decir, la Agencia Europea de Medicamentos, han advertido a los pacientes que dejen de usar la planta inmediatamente si ven signos de toxicidad hepática. Esos signos incluyen pérdida de apetito, cansancio, sangre en la orina, dolor de estómago, vómitos, náuseas, orina oscura, ojos y piel amarillentos, etc. En el Reino Unido, los fabricantes deben agregar una advertencia sobre el cohosh negro en la etiqueta del producto.

Cohosh azul
Berberidáceas (Caulophyllum thalictroides L. Michx.)

Identificación

Es una planta perenne frondosa que crece erecta a partir de un rizoma ramificado. Las hojas son ovadas y tripinnadas, están finamente divididas y tienen tres lóbulos. Las flores nacen de la hoja terminal, tienen seis sépalos y pueden ser de color púrpura o verde amarillento. Cada uno contiene dos semillas de color azul oscuro. Esta planta también se conoce como raíz de papoose o raíz de india.

Habitat

Se encuentra en bosques húmedos en los estados de Arkansas, Carolina del Sur, Iowa, Minnesota, etc.

No comestible

Usos

Se utiliza en la medicina étnica negra y en la medicina nativa americana para facilitar el parto. Se supone que tiene un efecto diurético y analgésico y los Cherokees lo consumían por vía oral por sus propiedades antirreumáticas y anticonvulsivas, mientras que las hojas trituradas se usaban para tratar la hiedra venenosa y el roble venenoso. El Chippewa utilizó la decocción de las raíces raspadas como emético. Muchas tribus usan sus extractos para reducir la menstruación excesiva. Los Mohegan y Meskwakis usan la hierba para tratar problemas urinarios y renales y la decocción también se puede usar como sedante. En la medicina moderna, el rizoma se usa para hacer extractos líquidos que pueden usarse para tratar trastornos ginecológicos. El extracto tiene un efecto estrogénico y se usa para tratar espasmos uterinos, posible aborto espontáneo y dismenorrea. Los chinos usan los extractos para tratar heridas externas. También utilizan la decocción para tratar la hepatitis y la bronquitis.

Precaución

El medicamento tiene efectos estimulantes uterinos y cardíacos y no debe usarse con la orientación médica adecuada. Se recomienda usar cohosh azul solo con el consejo de un profesional de la salud integral capacitado. No use esta planta si está embarazada o tiene enfermedades del corazón, trastornos o hipertensión.

Sombra Nocturna Negra

Solanáceas (Solanum nigrum L.)

Identificación

Es una planta perenne de tamaño mediano, erecta, con múltiples ramas y abundancia de hojas. Las hojas son redondas a ovadas y carnosas y pueden ser lisas o peludas. Las flores blancas florecen en otoño. Las flores tienen cinco estambres y crecen en grupos de seis o más flores. La fruta es verde, amarilla o mora.

Habitat

Se encuentra en todo el mundo en bosques, campos, bordes de carreteras, etc.

Cosecha

Coseche las bayas cuando estén maduras.

Comestible

Los cherokees lo consumieron como una hierba. Las bayas y la fruta se usaban para hacer pasteles, conservas, etc. Muchas plantas que pertenecen a la familia de las solanáceas, es decir, la familia de las solanáceas, se consideran tóxicas, pero otras son perfectamente comestibles, incluidas las papas, los tomatillos, los tomates y los pimientos. No consuma una especie desconocida sin consultar a un experto.

Usos

El jugo de la baya se usó para tratar tumores. Las bayas se consideran diuréticas. El jugo de la planta se utilizó como emoliente y laxante. Los nativos americanos usaron esta planta como emético. La decocción se utilizó como cataplasma o lavado para heridas y problemas de la piel como hemorroides, psoriasis y eccema. El humo de la planta seca, cuando se inhala, puede tratar el dolor de muelas.

En la medicina moderna, S. nigrum se usa para hacer preparaciones que tienen propiedades antiinflamatorias, diuréticas, antitumorales, antioxidantes, protectoras del hígado e inmunomoduladoras. También puede reducir la fiebre. Los expertos en Ayurveda creen que las bayas tienen propiedades afrodisíacas. La hierba mora negra está disponible en forma de extractos líquidos, en polvo, secos y cortados. La planta humedecida se puede utilizar como enjuague o compresa. El uso interno debe ser monitoreado por un profesional de la salud integral. Los extractos de plantas se utilizan tanto interna como externamente en la medicina tradicional china e india.

En Ayurveda, se cree que la planta es una panacea. Se usa para una variedad de propósitos, incluso para tratar la bronquitis, el asma, la disentería, la insuficiencia cardíaca congestiva, las enfermedades cardíacas, el hipo y la inflamación. También se utiliza por sus propiedades laxantes y como tónico. Los frutos secos se pueden utilizar como alternativa y diuréticos.

Precaución

No lo use sin la debida supervisión médica.

Ginseng

Araliáceas (Panaxginseng CA Meyer; P. quinquefolius L .; Panax trifolius L.)

Identificación

Es una planta perenne de tamaño mediano con tallos redondos y lisos. Los folletos están finamente dentados. Las flores son de color amarillo verdoso, lo que produce semillas brillantes del tamaño de un guisante. La variedad enana es similar a la variedad regular pero es más pequeña.

Habitat

Se encuentra en estado salvaje en áreas boscosas del este y noroeste. Es una hierba rara pero se cultiva en todo el país. Necesita un suelo bien drenado con un dosel maduro y sombreado.

Cosecha

Las raíces deben cosecharse cuando las plantas estén maduras. Esto puede llevar alrededor de un par de décadas.

Usos

Los nativos americanos utilizaron las raíces de la planta para mantener alejados a los fantasmas. Tradicionalmente, la decocción hecha con raíces frescas o secas se utilizaba para inducir la sudoración y reducir la fiebre. La raíz se considera una panacea en Corea y China, donde se utiliza como tónico general. La raíz se considera afrodisíaca y puede mejorar la inmunidad. También puede mejorar la presión arterial y los niveles de azúcar en sangre. En la Medicina Tradicional China, se utiliza para tonificar la energía primordial. También se utiliza como tónico para los pulmones en el bazo.

El ginseng también tiene una multitud de usos en la medicina moderna. Según la investigación realizada por Corea, China, Rusia y Europa, el ginseng aumenta la producción de interferón. Puede mejorar la resistencia y es una ayuda ergogénica. Puede regular la glucosa plasmática. Se están realizando muchas investigaciones sobre sus propiedades antiproliferativas, anticancerígenas y antitumorales, especialmente contra el linfoma y la leucemia. Tiene propiedades antifúngicas y antimicrobianas. La preparación hecha con raíces de ginseng se puede utilizar para controlar los niveles de presión arterial. El ginseng también puede resistir las infecciones. Según ciertos estudios, también puede mejorar la agudeza mental. Algunos estudios sugieren que puede prevenir y proteger al usuario de la enfermedad por radiación y de otras sustancias químicas, estrés físico y biológico. Es quizás la hierba más cercana que 'cura todo' en la naturaleza.

El ginseng asiático (P. ginseng) es estimulante y "cálido". El ginseng rojo coreano es más cálido que el ginseng blanco asiático. El ginseng americano (P. quinquefolius) es refrescante, calma y humecta. Se cree que el ginseng tiene efectos que mejoran el rendimiento, pero estos efectos aún no se han probado.

Precaución

No use esta hierba sin consultar con un médico. Es necesaria una estricta supervisión. Usar más de tres gramos de ginseng al día puede provocar insomnio, diarrea, dermatitis y ansiedad. Algunos efectos secundarios leves incluyen erupciones cutáneas y dolores de cabeza. El ginseng puede potenciar los efectos de la cafeína, pero grandes dosis pueden provocar síntomas similares al asma, hipertensión y palpitaciones del corazón. En casos raros, incluso puede provocar problemas menstruales como dismenorrea. No use ginseng si tiene fiebre, diabetes, hipertensión, enfisema, infecciones del tracto respiratorio superior, arritmia, bronquitis y asma. Nunca lo use si está en terapia con esteroides. No lo use durante el embarazo o la lactancia.

Notas

El ginseng se ha vuelto raro en la naturaleza y no debe cosecharse con frecuencia. Es mejor comprarlos a vendedores confiables y mercados de renombre.

Las hierbas chinas a menudo contienen larvas y huevos de insectos y escarabajos exóticos, razón por la cual todas las raíces importadas de China ahora se rocían con fungicida. Frote las raíces antes de usarlas. Las raíces pueden ser excesivamente duras, por lo que se deben utilizar molinillos fuertes únicamente.

Sello de oro

Ranunculaceae (Hydrastis Canadensis L.)

Identificación

Es una planta perenne que produce rizomas de color amarillo dorado o brillante. Las hojas son estriadas y dentadas. Las flores son simples y crecen en un tallo erecto, mientras que la fruta es escarlata y puede producir un par de semillas brillantes. Se propaga profusamente y crece en densas colonias.

Habitat

Se encuentra en abundancia en las zonas orientales de EE. UU. Crece en los bosques y necesita un suelo bien drenado y generalmente crece alrededor del ginseng. También se puede cultivar.

Cosecha

Los rizomas se pueden recolectar al madurar.

Usos

Los rizomas secados al aire se utilizan para tratar la diarrea. La decocción hecha con raíces fue utilizada por los cherokees para tratar el cáncer y como lavado de infecciones, inflamaciones y heridas. El sello de oro también se usa para tratar la dispepsia y un estimulante del apetito. La raíz seca se puede masticar para eliminar la tos ferina, mientras que la decocción filtrada se puede utilizar como enjuague ocular y tratamiento para el dolor de oído. Tradicionalmente, la raíz empapada en whisky se usaba como tónico para el corazón. Los extractos de las raíces se utilizaron tradicionalmente para tratar problemas hepáticos, escrófula, tuberculosis y problemas biliares.

En la medicina moderna, el pelo de la raíz seca y los rizomas se pueden tomar con agua para estimular la secreción de bilis y ácido clorhídrico. Puede mejorar la peristalsis. El fármaco muestra leves propiedades antineoplásicas y antibióticas. Puede limpiar y estimular el hígado y se puede utilizar para contraer los vasos sanguíneos periféricos. Se utiliza para tratar infecciones del tracto respiratorio superior. Según la medicina tradicional china, la ingestión interna de sello de oro puede aumentar el recuento de glóbulos blancos. Proporciona un remedio rápido y fácil contra la diarrea del viajero. La pasta de raíz se puede utilizar para tratar infecciones y heridas por hongos. El sello de oro tiene un sabor amargo, por lo que se utiliza a menudo para tratar la anorexia y estimular el hambre. Si compra productos de venta libre, consulte a un médico o lea atentamente las instrucciones antes de usarlo.

Precaución

No lo use si está embarazada o amamantando, ya que tiene propiedades estimulantes del útero. Hay poca o ninguna investigación disponible sobre el efecto de la planta en la leche materna y la secreción de alcaloides. El sello de oro es excesivamente amargo, por lo que algunas personas pueden rechazarlo. Las dosis adecuadas no son tóxicas, pero las dosis grandes contienen sustancias químicas fisiológicamente activas como la hidrastina y la berberina, que pueden resultar fatales. El exceso de dosis terapéuticas puede provocar nerviosismo, problemas estomacales e incluso depresión, mientras que dosis elevadas pueden provocar una acción refleja involuntaria, hipertensión, convulsiones, insuficiencia respiratoria y, en casos extremos, parálisis y muerte. La hierba puede detener la actividad de la heparina.

Notas

Es difícil encontrar sello de oro en la naturaleza debido a la sobreexplotación. Hoy en día, se cultiva ampliamente y se puede encontrar fácilmente en las tiendas.

Casquete

Lamiaceae (Scutellaria baicalensis; S. lateriflora L.)

Identificación

Esta es una planta perenne con hojas dentadas ovaladas o en forma de lanza. Las flores son de color violeta azulado, con capucha y labios. Crecen de la axila de la hoja en racimos.

Habitat

Generalmente se encuentran en el este de Mississippi al oeste y en Oregon. Esta planta crece abundantemente en matorrales, bosques maduros, etc.

No comestible

Usos

Los Cherokees usaron S. lateriflora para promover la menstruación y para tratar la dismenorrea. Se utilizó una decocción hecha con la planta para reducir el dolor posparto. La infusión de raíz en polvo se utilizó como enjuague bucal y de garganta. Tradicionalmente, el té elaborado con S. lateriflora se utilizaba para tratar la rabia con gran éxito. El té contiene propiedades antiespasmódicas y sedantes.

En la medicina moderna, generalmente se usa para tratar la diarrea y la disentería. Tiene efectos positivos en el hígado ya que contiene bioflavonoides antiinflamatorios. S. barbata se utiliza como agente desintoxicante del hígado.

Precaución

No lo use sin la debida supervisión médica. Las dosis no especificadas pueden ser tóxicas.

Muérdago

Santalaceae (Phoradendron tomentosum; también llamado P. Macrophylla [Engelm.] Gallo)

Identificación

Es una epífita parásita semi-perenne, densamente ramificada que crece en las ramas de los robles del valle, robles azules y otros robles. Las hojas son de ovales a oblongas. También se conoce como injerto.

Habitat

Se encuentra entre las áreas de Texas a California y se puede encontrar comúnmente en jardines de plantaciones, bordes de caminos boscosos, patios, etc. Se ve en almeces, mezquite, robles, fresnos, sauces, álamos y sicomoros.

No comestible

Puede causar dermatitis

Usos

El muérdago es peligroso y muchas mujeres han muerto en el pasado para usarlo para inducir el aborto. Los paganos europeos utilizaron V. album por sus propiedades afrodisíacas (no probadas). Los nativos americanos consideraron esta planta tóxica (lo es). En los tiempos modernos, la planta está siendo investigada por sus posibles propiedades antidiabéticas. Los médicos utilizan el extracto para tratar el reumatismo. También se están estudiando sus efectos sobre el cáncer. La variedad V. album puede ser eficaz contra la diarrea, el asma, el nerviosismo, la taquicardia, la tos ferina, la amenorrea y la epilepsia.

La planta no debe usarse a menos que un médico lo prescriba explícitamente.

Precaución

Todas las partes de la planta son tóxicas. Varias personas han muerto en el pasado por consumir té de bayas. Úselo solo con fines decorativos durante la Navidad y contacte con un profesional de la salud de inmediato si lo consume accidentalmente.

Maní

Fabaceae (Apios americana medicus L.)

Identificación

Es una planta perenne trepadora que crece como una enredadera. Tiene múltiples tubérculos. Las hojas son compuestas y alternas.

Las flores crecen en racimos y generalmente son de color púrpura, rosa o marrón rojizo.

Habitat

Crece bien a la sombra en terrenos húmedos alrededor de los márgenes de pantanos, arroyos, matorrales, etc. Crece abundantemente en áreas profundas, sombreadas y pantanosas. Se puede encontrar en todos los Estados Unidos de América, excepto en la parte baja de Florida, el sur de California y los desiertos extremos.

Cosecha

Las semillas y los tubérculos se pueden cosechar al madurar.

Comestible

Las semillas y los tubérculos son comestibles. Las semillas se pueden cocinar como lentejas. Los tubérculos están llenos de proteínas y pueden servir como un gran sustituto de las patatas.

Usos

Los nativos americanos usaban las semillas como alimento de supervivencia. La mayoría de las tribus orientales consumían las raíces y semillas sin las cuales habrían muerto de hambre en los inviernos. Puede reducir el colesterol y mantener los niveles de azúcar en sangre. Es una planta perenne resistente que también puedes cultivar en tu jardín.

Pepino indio

Liliáceas (Medeola virginiana L.)

Identificación

La planta tiene hojas lancetas a ovadas que crecen en espiral alrededor del tallo. La planta crece alrededor de la base de los árboles de madera dura. Es necesario sacar la raíz para cosechar el 'pepino'.

Habitat

La planta prefiere el crecimiento antiguo y crece bien en bosques caducifolios y húmedos. A menudo se encuentra creciendo bajo las maderas duras como los robles.

Cosecha

Es necesario extraer la planta para cosechar el 'pepino'.

Comida

El tubérculo de la raíz de la planta es comestible y sabe a pepino. Debe limpiarse a fondo y comerse crudo.

Usos

Tradicionalmente, los nativos americanos trataron la planta como una panacea. La infusión hecha con toda la planta se utilizó para una variedad de problemas de la piel. Las bayas se utilizaron por sus propiedades anticonvulsivas y el té elaborado a partir de la raíz tiene propiedades diuréticas. Tradicionalmente, los iroqueses usaban las bayas secas para tratar las convulsiones en los bebés.

Los usos tradicionales todavía se emplean en todas partes; sin embargo, aún no se han probado.

Jengibre salvaje

Aristolochiaceae (Asarum canadense L.)

Identificación

Es una hierba colonial y perenne que tiene una raíz aromática que desprende olor a jengibre. Las hojas tienen forma de corazón y son de color verde oscuro. Los tallos y las hojas son peludos. La flor es roja y generalmente florece en mayo. La planta se propaga a través de un rizoma adventicio. Se esparce profusamente.

Habitat

Muchas variedades diferentes crecen en todos los Estados Unidos de América, excepto en la parte baja de Florida, el sur de California y los desiertos extremos. Se encuentra en bosques húmedos y necesita suelos ricos y áreas sombreadas.

Comestible

Técnicamente es comestible, pero no se come a menudo. Las raíces se pueden hervir hasta que estén tiernas y luego se rocían con jarabe de arce y las raíces trituradas se pueden agregar a las ensaladas como aderezo. Las raíces secas y ralladas se pueden utilizar como sustituto del jengibre asiático.

Usos

La raíz se utilizaba para tratar la tos, resfriados, etc. También se utilizaba como tónico gracias a sus propiedades antisépticas. Se combinó con ciertas hierbas para tratar el nerviosismo, la escarlatina, el dolor de garganta, los dolores de cabeza, los vómitos, los dolores de oído y otros problemas similares, como las convulsiones y el asma.

En la medicina moderna, la raíz se utiliza para estimular el apetito. Los herbolarios utilizan la tintura para dilatar los vasos sanguíneos periféricos, pero se requieren más estudios.

Capítulo 4

Hierbas que se Encuentran en los Humedales

Por lo general, son plantas de tejido blando que se encuentran en áreas bajas como pantanos, ríos, humedales, ciénagas, arroyos, lagos y pantanos. Algunos de estos se pueden encontrar en todo el país.

Loto americano

Nelumbonaceae (Nelumbo lutea Wild.)

Identificación

Esta planta se confunde a menudo con los nenúfares. Es una planta perenne que se propaga a través de rizomas carnosos y semillas, por lo que se propaga por todas partes. Las flores son generalmente de color amarillento a amarillo y miden 10 "de ancho. Por lo general, tienen más de veinte pétalos y tienen un cabezal de ducha invertido en el centro. Las hojas son redondas y de color verde azulado y pueden ser enormes. Algunas hojas pueden párese sobre la superficie del agua al madurar con la ayuda de tallos rígidos.

Habitat

Es una planta amante del sol y el agua que se encuentra en abundancia en el sur, en Florida y en cualquier otro lugar donde no haya corriente. También se pueden encontrar en Spring Lake en Illinois. Se pueden encontrar al este de la costa, al sur de las Montañas Rocosas y también en California. En América del Sur, se pueden encontrar tan abajo como Columbia.

Cosecha

Se pueden cosechar múltiples partes del loto americano para una variedad de propósitos. Los brotes, raíces, semillas jóvenes y flores se pueden cosechar una vez que la planta comienza a florecer. Las semillas deben cosecharse cuando estén secas. El tallo de la planta también se puede utilizar como alimento.

Comestible

El loto se considera una fuente vital de alimento para los nativos americanos que comen brotes, raíces, semillas jóvenes y flores. La raíz está llena de calorías y se debe cocinar antes de comer para eliminar / reducir el amargor. Las hojas sin abrir se pueden comer como espinacas, o también se pueden usar como envoltura comestible para varios rellenos. Los tallos se cocinan de múltiples formas. Puede encontrar raíces de loto asiáticas en varios mercados donde se venden con fines alimentarios y medicinales. La pasta de semillas se utiliza para hacer pasteles y productos similares. También puede hervir las semillas, pelarlas y comerlas como guisantes.

Usos

Muchas naciones nativas americanas consideran que el loto americano es una planta espiritual que tiene varios poderes místicos. Fue (y sigue siendo) utilizado por Ponca, Dakota, Omaha, Pawnee y Winnebago para muchas ceremonias diferentes. Las raíces se trituraron y se usaron como cataplasma para llagas y heridas. El pariente asiático de la planta se consume por muchos beneficios para la salud diferentes en su tierra natal. Lotus ha sido parte de varias culturas durante miles de años. Se encuentra en varias formas de arte, incluidas esculturas, danza, música y literatura de India, Persia, Asiria, Grecia y Egipto. Se considera una flor sagrada en la India y forma parte integral de muchas fórmulas medicinales ayurvédicas diferentes. En la antigua Grecia, se consideraba un símbolo de fertilidad, belleza y elocuencia.

En el antiguo Egipto, esta flor se colocaba en los genitales de las momias femeninas.

Incluso en los tiempos modernos, la flor se usa para muchos propósitos diferentes, incluido el medicinal. Los japoneses succionan el jugo de los tallos succionando alcohol usando los tallos como una pajita. En Asia, las semillas se consumen para la salud del corazón, el bazo y los riñones. También se utilizan para tratar la infertilidad en los hombres y la diarrea. Las semillas tienen efectos calmantes y se pueden utilizar para eliminar el insomnio y la inquietud. Las semillas contienen alcaloides, que pueden ayudar a reducir la presión arterial. Los estambres de la flor se secan y se utilizan para hacer té, que es bueno para la salud del hígado. Las semillas de loto no caducan fácilmente y las semillas secas también han germinado después de cientos de años. Los estadounidenses de origen asiático forrajean con frecuencia esta planta.

Punta de flecha, Wapato, Patata de pato
Alismataceae (Sagittaria latifolia Willd.)

Identificación

La planta tiene hojas hendidas en forma de flecha. Las flores generalmente tienen tres pétalos. La planta tiene un tubo hundido que crece a partir de un fondo blando. Esta planta también se conoce como wapato o patata de pato.

Habitat

Se puede encontrar a lo largo de las costas de los lagos, bordes de arroyos de "corriente baja", lagos, estanques, etc. Generalmente se encuentra en estados del norte como Washington, Maine, etc.

Cosecha

El tubérculo debe cosecharse a principios de primavera u otoño.

Comestible

El tubérculo se considera una fuente rica en proteínas y almidón. Se recomienda hervirlo hasta que esté tierno. Pelar la piel y aplastarla o saltearla. Los tubérculos también se pueden asar, pelar y comer sin las manos.

Usos

La raíz es buena para la indigestión y algunos otros problemas estomacales. Las raíces se pueden triturar y convertir en cataplasma, que se puede aplicar a abrasiones, cortes, llagas, etc.

Lirio de estanque americano

Nymphaeaceae (Nymphaea Odorata Aiton)

Identificación

Es una planta con grandes flores blancas que pueden crecer hasta 5 "de ancho. Las flores tienen múltiples pétalos y las partes reproductoras son amarillas. Los rizomas son largos y fuertes y están sumergidos en agua dulce. Las hojas son lisas y flotan sobre el superficie del agua.

Habitat

Por lo general, se encuentran en aguas poco profundas tranquilas o en movimiento suave. A menudo se encuentra en el este y ciertos estados del norte. Esta planta es rara en el suroeste, pero se puede encontrar en algunos lugares como El Salvador.

Cosecha

Las hojas, capullos y flores se pueden cosechar cuando están tiernos. La raíz se recolecta al madurar.

Comestible

Las hojas y los brotes se recolectan generalmente en primavera y se cocinan. También se pueden comer crudos. Antes de usar las flores, lave bien los pétalos ya que generalmente tienen plagas y larvas acuáticas.

Usos

Las raíces secas se pueden chupar para tratar las llagas en la boca. El jugo de raíces se usa para tratar resfriados y problemas similares. Las raíces se utilizan para diferentes propósitos y en muchas formas diferentes, que incluyen polvo, jugo y decocción. Generalmente se usa para tratar la tos y los resfriados.

En la medicina moderna, se considera que es una gran medicina homeopática para la diarrea. La raíz contiene altas cantidades de tanino y se utiliza para hacer gárgaras para tratar diversas enfermedades de la garganta y la boca y para eliminar irritaciones e infecciones.

La decocción se usa para tratar muchas afecciones vaginales diferentes.

Notas

Es ilegal cosechar esta planta en muchos estados, así que consulte con el departamento de recursos naturales antes de intentar cosecharla.

Totora

Typhaceae (Typha latifolia L .; T. Angustifolia L.).

Identificación

Es una hierba perenne impresionante que crece hasta 8 'de altura. Tiene hojas en forma de lanza y flores en forma de dos perritos calientes. El 'perro caliente' superior o cabeza de la flor es masculino, mientras que el inferior es femenino. Una vez finalizado el proceso de polinización, la parte superior de la cabeza desaparece tras la dispersión. Las espadañas son conocidas por sus grandes colonias y, por lo tanto, están muy extendidas. Dos especies que se encuentran comúnmente son Typha latifolia o la espadaña de hojas anchas y Typha angustifolia o la espadaña de hojas estrechas.

Habitat

Se encuentra en todo el país en estanques poco profundos, pantanos, arroyos lentos y bordes de lagos, terrenos húmedos y cualquier terreno húmedo y rico.

Cosecha

Los nuevos brotes se pueden recolectar en primavera y verano, mientras que la espiga superior (masculina) se puede recolectar en junio. Las raíces se pueden cosechar en cualquier momento.

Comestible

Los brotes tiernos y tiernos son comestibles, solo pele algunas capas de hojas antes de usar. Los brotes se pueden sofreír en aceite de oliva o en mantequilla. Puedes hacer comidas sencillas salteando las raíces y sofriéndolas en aceite de oliva. La cabeza masculina se puede usar para agregar más almidón al pan de maíz, pan, waffles, muffins y panqueques. Las cabezas masculinas contienen altas cantidades de aminoácidos esenciales, minerales y vitaminas.

Usos

Las raíces de Cattail están llenas de polisacáridos. Las raíces se pueden batir en el agua y el agua con almidón restante se puede aplicar sobre las quemaduras solares. Las cenizas producidas por la quema de hojas de totora son antimicrobianas y estípticas y se pueden usar para sellar y vendar heridas.

En la medicina moderna, la planta ya no se utiliza para usos farmacéuticos. El agua que se obtiene al golpear las raíces se puede usar para estimular el sistema inmunológico, lo que puede ayudarlo a prevenir muchas infecciones agudas diferentes, especialmente en la naturaleza. La espadaña se usa para tratar una variedad de problemas en la naturaleza, especialmente para los remeros y excursionistas.

Junco

Poaceae (Phragmites communis L.)

Identificación

Es una hierba muy conocida y reconocida que crece hasta 9 '. Las raíces son adventicias y crecen justo debajo de la superficie del suelo. Las raíces viajan y envían brotes dondequiera que vayan. Las hojas son de color verde grisáceo y tienen forma de lanza. Las flores florecen en verano en el tallo hueco y en racimos. Las flores tienen "pelo" que se mueve rápidamente con el viento. Las flores adquieren su forma emplumada a finales del verano cuando se desarrollan las semillas. La planta también se conoce como hierba de caña.

Habitat

Hay múltiples especies que se encuentran en todo el mundo. Crece principalmente alrededor de marismas, humedales y tierras bajas.

Cosecha

Los brotes deben cosecharse a principios de primavera. Las semillas deben cosecharse a fines del verano.

Comestible

Los brotes tiernos y tiernos son comestibles si se cosechan a principios de primavera. Simplemente retire la piel dura como una vaina de las hojas y mastique el tejido blando de color blanco que se encuentra debajo. El tallo se puede masticar para obtener jugos tiernos como la caña de azúcar. Las semillas también son comestibles y se pueden agregar a la avena y otras recetas, como pan y muffins.

Usos

Tradicionalmente, la decocción hecha con las raíces se puede utilizar para efectos analgésicos. La medicina tradicional china utiliza dos métodos para fabricar medicamentos con esta planta. En el primer método, la raíz fresca se empapa en vino de arroz hasta que las raíces absorben el vino. Luego, la planta se seca y se usa en varias decocciones para tratar problemas renales, hepáticos, insomnio, menstruación irregular, problemas de audición, tinnitus, micción frecuente, diabetes y alergias.

En el segundo método, las raíces se cuecen al vapor hasta que estén negras y luego se secan para hacer una decocción. Esta decocción se usa para tratar (aunque aún no se ha probado) el riñón, la leucemia, el estreñimiento, la hepatitis, la diabetes, la artritis, las hemorragias internas y el reumatismo.

En la medicina moderna, la planta se tritura y el jugo se aplica a las picaduras y mordeduras.

Lenteja de agua

Lemnaceae (Lemna minor L.; L. gibba y otras)

Identificación

Es una de las plantas con flores más pequeñas que crece como hierba hidropónica. Se propaga extendiendo una cubierta flotante verde sobre marismas, pantanos, aguas estancadas, lagos, etc. Sus hojas parecen las orejas de Mickey Mouse. Los pelos filiformes de las raíces absorben los minerales y las aguas del estanque. La cubierta verde en la superficie a menudo parece espuma.

Habitat

Se encuentra en todo el país flotando suavemente sobre la superficie de pantanos, estanques y aguas tranquilas.

Cosecha

Las hojas y raíces se pueden cosechar en cualquier momento.

Comestible

La planta se puede recolectar y secar para hacer té. Puede agregar lenteja de agua fresca o seca a sopas y recetas similares. Nunca coma esta planta cruda porque a menudo proviene de fuentes de agua contaminadas. La planta tiene poco o ningún sabor. La planta generalmente contiene pequeños invertebrados como caracoles, por lo que debes lavarla cuidadosamente antes de usarla. Usar raramente y solo cuando sea absolutamente necesario.

Usos

Tradicionalmente, toda la planta se utiliza como agente de calentamiento en China para tratar flatulencia, hipotermia, inflamación, infecciones renales agudas, inflamación del tracto respiratorio superior, ictericia, reumatismo, etc. El polvo elaborado con toda la planta seca se puede utilizar para hacer decocción e infusiones. También fue utilizado como cataplasma por los iroqueses. En la medicina tradicional china, se usa en combinación con varias hierbas para tratar la epilepsia, el acné, el dolor articular y el edema.

En la medicina moderna, los médicos homeopáticos utilizan L. minor para tratar la fiebre, los resfriados y las infecciones del tracto respiratorio superior. La lenteja de agua también se puede utilizar para tratar la piel amarilla, problemas hepáticos, hinchazón de las vías respiratorias superiores, ictericia, etc. Según algunos médicos, también se puede utilizar para tratar la artritis.

Genciana

Gentianaceae (Numerosas especies: Gentiana andrewsii Griseb .; G. crinite Froel. Ma)

Identificación

Es una planta perenne que tiene hojas ovaladas entrelazadas con racimos de flores azules. Es una planta impresionante que puede crecer hasta 30 "pero generalmente es más corta.

Habitat

Ambas variedades de esta planta se encuentran en campos húmedos alrededor de humedales, bosques húmedos y bordes húmedos de bosques viejos y otros lugares similares.

No comestible

Cosecha

La raíz se puede recolectar al madurar.

Usos

La tintura y el té hechos con esta hierba suelen ser amargos, lo que significa que estimulan el apetito y la digestión. Fue utilizado por los Potawatomi para tratar la mordedura de serpiente. Se usó para tratar el dolor de espalda aplicando la mezcla hervida de raíz y agua. Tradicionalmente, muchas personas comían las raíces y bebían té elaborado con las partes aéreas de la planta para estimular el apetito y ayudar a la digestión.

En la medicina moderna, la hierba se utiliza como un amargo eficaz y se utiliza para estimular el hígado y el sistema digestivo. Mejora los procesos de digestión, asimilación y eliminación y aumenta las secreciones digestivas y la peristalsis. El extracto está fácilmente disponible en tiendas naturistas.

Según ciertos estudios, el extracto de genciana lutea también se puede utilizar para tratar la diabetes; sin embargo, se necesitan más investigaciones y ensayos antes de que se pueda derivar una conclusión concluyente.

Lobelia

Campanulaceae (Lobelia siphilitica L .; Lobelia cardinalis L.)

Identificación

La variedad L. siphilitica es una planta perenne que crece hasta 4 "de alto. Las hojas son ovaladas, mientras que las flores son generalmente azules o rayas blancas lavanda azul. La flor se parece distintivamente a un pájaro.

La flor cardinal (L. cardinalis) parece un pájaro, pero no está ampliamente disponible y, en lugar de azul, es roja.

Habitat

Existe una multitud de especies, muchas de las cuales se encuentran desde la costa hasta el lance. También hay algunas especies subalpinas. L. siphilitica generalmente se ve en áreas húmedas, turberas, riberas de arroyos, pantanos y varias otras formas de humedales. Es una planta predominantemente del sureste y este, y se puede encontrar incluso en Colombia, América del Sur.

No comestible

Cosecha

Las raíces y las hojas se pueden recolectar al madurar.

Usos

En la medicina tradicional, la lobelia se usa para una variedad de propósitos. Se utiliza para aumentar la respiración, inducir el vómito, tratar el dolor de muelas y también como analgésico. La variedad L. siphilitica se utilizó con Mayapple para tratar enfermedades de transmisión sexual. Se han utilizado muchas especies diferentes de lobelia para tratar cirrosis, disentería, gastroenteritis, eccema, edema y esquistosomiasis.

Se puede usar una cataplasma hecha con las raíces de la planta para calmar los músculos doloridos de la espalda y el cuello. Tanto las hojas como las raíces se pueden utilizar como analgésico en picaduras, mordeduras, llagas y forúnculos, y también como desintoxicante. La planta se puede utilizar para hacer infusiones frías, que se consideran eméticos potentes. Lobelia ha sido utilizado por una multitud de personas para dejar de fumar, pero si el médico no es un experto o no tiene las habilidades necesarias, puede perder la vida. También tiene propiedades nerviosas y expectorantes. La raíz es antihelmíntica, analgésica, estomacal y antiespasmódica.

En el pasado, el té elaborado con las raíces se usaba para tratar sífilis, epilepsia, tifoidea, calambres, dolores de estómago, lombrices, etc. La cataplasma de las rutas se usaba para cubrir heridas y llagas difíciles de curar. Las hojas son febrífugas y analgésicas. El té elaborado con las hojas de la planta se puede utilizar para tratar hemorragias nasales, crup, resfriados, dolores de cabeza y fiebres, entre muchas otras cosas.

En la medicina moderna, se han patentado muchos alcaloides diferentes derivados de diversas especies de lobelia, incluyendo lobelanidina, lobelina, lobelanina, etc. Los alcaloides son extremadamente potentes y se utilizan para tratar el abuso de psicoestimulantes junto con varios trastornos alimentarios. Las drogas mencionadas anteriormente se han utilizado para tratar una variedad de abusos, que incluyen anfetaminas, cocaína, cafeína, barbitúricos, opiáceos, cannabinoides, benzodiazepinas, alcohol, alucinógenos y fenciclidina. Varios investigadores de todo el mundo están estudiando a muchos miembros de esta familia por su eficacia contra los trastornos nerviosos. Según un estudio realizado en 2012 y publicado en Asian Pacific Journal of Tropical Medicine, se encontró que los extractos de lobelia detuvieron las convulsiones en ratones epilépticos.

Precaución

No lo use sin la supervisión de un experto y profesional. La planta es extremadamente potente y potencialmente tóxica y puede provocar una variedad de problemas.

Pasto dulce

Poaceae (Hierochloe Odorata L.)

Identificación

Es una hierba con tallos simples y brillantes que crecen hasta de 18 "a 20" de altura. La base es violeta y está conectada al rizoma adventicio. Las flores son amarillas, en forma de tulipán y adventicias. Las hojas emiten una dulce fragancia cuando se trituran. También se conoce como hierba de vainilla o hierba sagrada.

Habitat

Se encuentra principalmente en el este a lo largo de riberas de arroyos, prados húmedos y bordes de pantanos. Le gustan los lugares soleados. Los nativos americanos lo cultivan para usos rituales.

Cosecha

Varias partes de la planta se pueden cosechar al madurar.

Comestible

En Europa, la hierba se utiliza para dar sabor a vodkas y diversos licores. La planta contiene cumarina, que puede agregar antiplaquetarios, lo que puede provocar un sangrado excesivo. El aceite elaborado con Sweetgrass (sin cumarina) se puede utilizar para dar sabor a refrescos, caramelos, tés, bebidas alcohólicas y perfumes. Los masticables de tabaco con frecuencia se aromatizan con esta hierba, y los nativos americanos a menudo mezclan tabaco con la hierba para fumar. El té elaborado con las hojas se puede utilizar para tratar el dolor de garganta y la tos.

Usos

Muchas naciones indias de todo el país utilizan esta hierba para la limpieza y curación espiritual. Se quema la hierba y se emite humo sobre las personas y los lugares de limpieza. Este proceso se conoce como manchado. La infusión se puede ingerir internamente para tratar la tos, el dolor de garganta, los problemas bucales, etc. La misma infusión se puede utilizar externamente como lavado para irritaciones, problemas vaginales y enfermedades venéreas. En Europa, la hierba se utiliza en perfumes y otras preparaciones similares.

En los tiempos modernos, Sweetgrass todavía es utilizado por muchas naciones indias en ceremonias de cabaña de sudoración para purificación y limpieza. Se considera que la planta es una planta femenina flexible y suave que se supone que trae buen humor y refresca el alma. La hierba también se puede tejer en cestas.

Precaución

No use Sweetgrass internamente ya que contiene un potente agente anticoagulante llamado cumarina.

Arándano

Ericaceae (Vaccinium oxycoccus L.)

Identificación

Este es un arbusto corto de hoja perenne que generalmente crece como una enredadera. Tiene una corteza de color marrón (a veces negra), que generalmente es peluda pero también puede ser lisa. Las flores son rosadas y generalmente crecen solitarias, pero también se pueden encontrar en pareados y, a veces, en tres. Los pétalos están doblados hacia atrás, lo que los hace parecer estrellas fugaces. La fruta puede ser de color rosa a rojo. Las bayas son pequeñas, extremadamente ácidas y jugosas.

Habitat

Se encuentra en casi todos los estados. Se encuentra a lo largo del suelo de pantanos de sphagnum, prados alpinos húmedos, en montículos y lugares similares.

Cosecha

Los frutos se pueden recolectar frescos y maduros.

Comestible

Los arándanos se pueden utilizar en muchas recetas y preparaciones diferentes. Puede agregarlos a pavo, patatas fritas de manzana, tartas, pudines, etc.

Usos

El jugo de bayas y las bayas se pueden usar para tratar infecciones del tracto urinario, ya que se supone que acidifican la orina. Según algunas fuentes, el arándano se puede utilizar para eliminar los cálculos renales. El jugo también se puede usar para prevenir cálculos urinarios y para tratar infecciones de la vejiga. Contiene altas cantidades de vitamina C y te ayuda a prevenir el escorbuto.

En la medicina moderna, se ha encontrado que el jugo puede ayudarlo a prevenir la adhesión de Escherichia coli al revestimiento del tracto urinario, la vejiga y el intestino; de esta manera, las bacterias no se multiplican y mantienen a raya las enfermedades. El jugo de arándano es bueno para los problemas del sistema urinario. El jugo y las bayas se utilizan para reducir la degradación y el olor de la orina en pacientes con incontinencia. Puede reducir el pH de la orina en una cantidad significativa, pero se necesitan más pruebas. Se recomienda hablar con un profesional antes de usar los productos para obtener beneficios para la salud.

Ajenjo de playa

Asteraceae (Artemisia campestris L. subsp. Caudata [Michx.] HM Hall & Clem.)

Identificación

Esta planta tiene múltiples especies que se encuentran en todo el mundo. Puede ser una planta perenne de corta duración o bien puede ser también una bienal. En el caso de las plantas bienales, las hojas del primer año son rosetas de color azul grisáceo. Las hojas de segundo año son de color verde blanquecino. El tamaño de las hojas disminuye con la maduración de la planta. Las hojas de la planta son peludas al principio, pero se vuelven suaves con la maduración. Los tallos son de color verde claro a rojo y están ramificados. Las puntas de los tallos jóvenes son mates y tienen un cabello fino. El cabello desaparece con el crecimiento del tallo. También se le conoce como salvia de campo o ajenjo de dunas.

Habitat

Se encuentra comúnmente en muchos estados diferentes de los Estados Unidos de América. Generalmente se encuentra en las dunas de los Grandes Lagos. Si está lejos de las dunas, busque áreas arenosas en las laderas de las colinas.

Comestible

No se utilizan como alimento. Las hojas de esta planta se utilizan a menudo para hacer tés amargos, que se pueden utilizar para tratar la indigestión. Ciertas especies de Artemisia también se usan para hacer absenta, que se usa para dar sabor a una variedad de aguardientes, incluido el vermú.

Cosecha

La planta se puede cosechar al madurar.

Usos

La nación Tewa usaba el jugo para tratar el malestar estomacal y aliviar los gases. La infusión de las hojas también se usa para tratar escalofríos y fiebre. Se ha utilizado durante miles de años en una variedad de escuelas de medicina tradicional y holística. Es particularmente popular en China y Europa.

Todavía se usa en la medicina moderna. La artemisinina y la tuyona son antihelmínticos, lo que significa que matan a los gusanos presentes en los intestinos. En Europa, es una práctica común consumir bebidas hechas de Artemisia como ayuda digestiva o como amargo para el estómago. Un derivado sintético de Artemisia annua, la artemisinina, se utiliza para eliminar varios parásitos, incluida la malaria. Según un estudio reciente, se descubrió que la artemisinina tiene una tasa de éxito del 97% en la mayoría de los casos no complicados de malaria.

Precaución

No consuma grandes dosis de Thujone ya que bloquea el ácido gamma-aminobutírico. Este ácido es esencial y, si se bloquea la producción, puede provocar convulsiones e incluso la muerte. La artemisia no debe consumirse en grandes cantidades, ya que puede resultar tóxica.

menta
Lamiaceae (Mentha spp .: M. Piperita L.)

Identificación

La menta es una de las hierbas más comunes en todo el mundo. Muchos miembros de la familia de la menta también se encuentran en América. Todas las mentas tienen ciertas características similares, que incluyen tallo erecto y cuadrado, hojas aromáticas, etc. Todas las mentas se esparcen agresivamente. La altura varía de una especie a otra. La raíz es generalmente un rizoma que se extiende. Las hojas son alargadas, redondeadas, dentadas y regordetas. Las flores nacen en espigas terminales que se encuentran en densos racimos y verticilos. Los colores de las flores varían según la especie y pueden ir desde el violeta, el blanco, el azul, etc. La menta o Mentha piperita es la especie más utilizada.

Habitat

M. Piperita se puede encontrar en todo el país y a menudo se encuentra cerca de riberas de arroyos, costas y dunas de los Grandes Lagos, alrededor de deslizamientos de avalanchas, derrumbes y prados húmedos.

Cosecha

Las hojas y el tallo se pueden cosechar en cualquier momento durante el período de crecimiento.

Comestible

La menta tiene múltiples usos en la alimentación. Se puede utilizar para dar sabor a ensaladas, tés y bebidas frías. Se puede agregar a preparaciones de carne y verduras, curry y otras recetas similares y es una parte integral de las cocinas de Oriente Medio y el sur de

Asia. Los antiguos romanos usaban menta para dar sabor a salsas y vinos. La menta es excelente con sopas frías de todo tipo y también agrega un sabor distintivo a las sopas de frijoles mexicanos.

Usos

Tradicionalmente, la menta se usa para muchos propósitos diferentes. Alejandro el Grande creía que beber té de menta o comer las hojas conducía a un comportamiento indiferente y no agresivo. Aristóteles creía que la menta era un potente afrodisíaco.

Las flores y hojas de la planta se utilizan para hacer té, que se considera edificante. El té (y el aceite extraído) tiene propiedades carminativas, antisépticas y de calentamiento. El té también puede aliviar los espasmos musculares. La infusión puede aumentar la secreción de bilis y mejorar la transpiración. La menta contiene dos aceites volátiles llamados mentona y mentol, que son antisépticos, antibacterianos, refrescantes, antifúngicos y anestésicos para la piel.

En la medicina moderna, la extracción de la flor y las hojas se puede utilizar para tratar problemas hepáticos, dispepsia y problemas de la vesícula biliar. El aceite se puede usar para tratar tos, resfriados, fiebres, bronquitis, infecciones bucales, inflamaciones de laringe, dispepsia y problemas de hígado y vesícula biliar. Según ciertos estudios modernos realizados en Europa, los extractos también se pueden utilizar para tratar el SII o el síndrome del intestino irritable. El aceite y el té tienen un efecto antiespasmódico sobre el sistema digestivo. La menta también se usa para tratar la diarrea, los cólicos, las flatulencias, el colon espástico, los calambres y el estreñimiento y los dolores de cabeza causados por problemas digestivos. Se están realizando investigaciones para descubrir los efectos de la menta en los dolores de cabeza relacionados con el estrés, la tensión y problemas similares. El aceite diluido también se puede utilizar para aromaterapia y para tratar infecciones respiratorias. Se descubrió que la menta puede detener el crecimiento de las células del carcinoma de laringe y, por lo tanto, tiene efectos anticancerígenos.

La hierbabuena, la menta piperita, las mentas de montaña y otros tipos de mentas tienen hojas y flores comestibles que se pueden agregar a postres, ensaladas, etc. Es una hierba carminativa que se puede usar para eliminar los gases.

Precaución

No use aceite de menta altamente concentrado, ya que puede irritar la piel e incluso causar quemaduras. La menta no debe usarse para tratar la gastritis, las úlceras y el reflujo ácido, ya que relaja el esfínter del esófago, lo que puede provocar reflujo ácido.

Notas

Si planea plantar diferentes tipos de mentas en su jardín, tenga cuidado, las mentas se esparcen agresivamente y, a menudo, se 'aparean' entre sí. Estos híbridos generalmente no tienen un sabor fuerte ni propiedades medicinales. Para evitar esto, se recomienda plantar las mentas unas de otras y en recipientes de acero de buena calidad.

Berro

Brassicaceae (Nasturtium officinale L.)

Identificación

Es una planta que ama el agua con esteras flotantes y puede elevarse hasta 14 ". Las raíces crecen debajo del agua. El tallo está ranurado y se vuelve fibroso y duro al madurar y las hojas son alternas, emparejadas y ovadas. Los folíolos son anchos hacia la base La flor es blanca y generalmente tiene cuatro pétalos, florece principalmente en mayo y puede florecer durante todo el año si el clima se mantiene cálido.

Habitat

Se encuentra en casi todas partes del país, generalmente en las zonas templadas. Crece bien cerca de arroyos y arroyos de movimiento lento. También crece alrededor de manantiales y filtraciones.

Cosecha

Las hojas se pueden recolectar frescas. No coseche de lugares aleatorios y desconocidos.

Comestible

El berro pertenece a la familia de la mostaza. Es picante y picante. Recójalo solo de una fuente de agua limpia y potable. Si planea usarlo crudo, debe cosecharlo de su patio trasero o de una fuente similar. Los berros se pueden arrancar y plantar en el patio trasero con facilidad. Solo manténgalo húmedo y le proporcionará una cosecha abundante. Es uno de los ingredientes cruciales del jugo de vegetales V8. Va bien con recetas italianas.

Usos

Se ha utilizado continuamente desde la antigüedad. De hecho, el padre de la medicina, Hipócrates, lo describió como un expectorante estimulante, un tónico cardíaco y digestivo. Es bueno para resfriados, tos y bronquitis. También puede ayudarlo a aliviar los gases. Es un diurético y ayuda a limpiar la vejiga y los riñones. Los mexicanos lo usan como tónico primaveral.

Contiene multitud de minerales, vitaminas e isotiocianato. Se agregan ocho onzas de la planta al cóctel V8. Se están realizando estudios sobre sus propiedades anticancerígenas.

Cola de caballo

Equisetaceae (Equisetum hyemale L .; E. arvense L.)

Identificación

Es perenne que puede crecer hasta 5 'de altura. Crece en primavera y parece un tallo desnudo segmentado con un esporangio seco. Si la planta se agita, las esporas se caen. Después de la maduración, la planta se vuelve estéril y sale un tallo con ramas en forma de aguja dispuestas en forma de verticilos. También se lo conoce como equisetum o fregar.

Habitat

Se encuentra alrededor de pantanos, pantanos, marismas, arroyos, ríos y lagos en todo el país.

Cosecha

Los brotes se pueden recolectar cuando son jóvenes y tiernos.

Comestible

Muchos nativos americanos comen los tiernos brotes como tónico. Los japoneses hierven las puntas y se las comen. También se pueden mezclar con vinagre, soja, arroz, jengibre y otros ingredientes. Las raíces también son comestibles.

Usos

Tradicionalmente, los mexicoamericanos lo usaban para hacer varios tipos de decocciones e infusiones. Hicieron decocción / infusión con partes aéreas para tratar el dolor al orinar. La planta contiene una gran cantidad de bioflavonoides y equisetonina, lo que es bueno por su efecto diurético. Los tallos de la planta se pueden triturar para formar una cataplasma, que se puede utilizar para tratar erupciones en la ingle y la axila. Los indios Blackfoot usaban la infusión del tallo como diurético. Los Cherokees utilizaron una infusión de las partes aéreas de la planta para tratar la tos en sus caballos. La infusión también se puede utilizar para tratar dolores de espalda, hidropesía, llagas y cortes. El baño en la infusión se prescribió como remedio para la gonorrea y la sífilis. Es una de las hierbas más utilizadas por los Primeros Pueblos.

En la medicina moderna, los extractos pueden usarse internamente para tratar cálculos renales y vesicales junto con infecciones del tracto urinario. El extracto se puede utilizar externamente para tratar quemaduras y heridas. Está disponible sin receta.

Precaución

Grandes cantidades de la hierba pueden resultar tóxicas, por lo que es necesario utilizar la hierba solo bajo la supervisión de un experto médico autorizado.

Notas

Esta es una planta de rápido crecimiento y expansión que crece bien al sol y a la sombra y puede aportar un aspecto fresco a su jardín de flores. Puede usar los tallos para limpiar sartenes y ollas debido a la alta cantidad de sílice.

Angélica

Apiáceas (Angelica atropurpurea L.)

Identificación

Es una bienal con tallos erectos, gruesos y de color púrpura. Tiene hojas grandes y compuestas que se dividen generalmente en tres a cinco folíolos que tienen pecíolos huecos. Las hojas superiores están cubiertas con vainas, que al madurar se acumulan en la base de los pecíolos. Las flores son de color blanco verdoso y parecen paraguas. Se parece un poco a la cicuta venenosa, por lo que es necesario tener cuidado al buscar comida.

Habitat

Generalmente se encuentra al este del río Mississippi. Se encuentra a lo largo de ríos, arroyos y tierras bajas húmedas.

Cosecha

Las raíces y hojas se pueden recolectar al madurar.

Comestible

Tradicionalmente no se consume. Las raíces se utilizan como aromatizantes para diversas mermeladas, ginebra, vodka y pescado cocido.

Usos

La raíz de la variedad A. atropurpurea se puede utilizar para hacer decocciones para curar escalofríos, reumatismo, flatulencia y fiebre. La decocción se puede hacer gárgaras para tratar el dolor de garganta. A menudo se usaba en ceremonias de cabañas de sudoración para tratar dolores de cabeza, artritis, hipotermia y congelación. La raíz triturada se puede utilizar como cataplasma para eliminar el dolor. Ambas variedades, es decir, A. Sinensis y A. atropurpurea, se usan de manera diferente en las tradiciones occidentales y asiáticas. Ambas plantas también tienen ciertas diferencias en su composición química.

La variedad A. Sinensis se puede utilizar como tónico para calentar y se considera una de las mejores hierbas femeninas en la escuela de medicina herbal china. Se utiliza para reducir los cólicos menstruales y aumentar el flujo. Tiene propiedades antiespasmódicas y puede reducir la angina. Angelica contiene bloqueadores de los canales de calcio, una propiedad que se observa en los medicamentos comerciales que se utilizan para tratar la angina de pecho. Según los practicantes de la medicina tradicional china, la raíz puede mejorar la circulación periférica.

En la medicina moderna, a menudo se usa para una variedad de propósitos; por ejemplo, los profesionales holísticos alemanes recetan raíces secas para tratar la indigestión y la acidez estomacal. Los profesionales europeos utilizan A. Sinensis para tratar los cólicos. Los naturópatas de América utilizan ambas especies, por lo que se recomienda contactar a un profesional.

Balmony

Scrophulariaceae (Chelone glabra L.)

Identificación

Generalmente crece en humedales y produce vistosas flores blancas con un ligero tinte rosado. Las flores generalmente florecen a finales del verano. La flor es larga, de dos labios y se parece a una boca de dragón o al caparazón de una tortuga. Las hojas tienen forma de lanza, son opuestas con dientes gruesos y crecen en un tallo liso de color verde oscuro. Las semillas son amargas y redondas. Gracias a la apariencia de la flor, esta planta también se conoce como cabeza de tortuga.

Habitat

Generalmente se encuentra en los estados de las llanuras, es decir, los estados del noreste. A menudo se encuentra alrededor de maleza de huesos y Joe-Pye y crece alrededor de lagos, pantanos y otras áreas húmedas similares.

No comestible

Cosecha

Coseche las raíces después de la floración.

Usos

Tradicionalmente, los Cherokee usaban la hierba para tratar gusanos. Las raíces aplastadas se usaron para hacer pociones anti-brujería. También se utilizó como estimulante del apetito gracias a su sabor amargo. Muchas naciones nativas americanas usan la hierba como laxante y para reducir la fiebre. Las partes aéreas se trituran para hacer una pomada, que se puede usar para tratar los senos dolorosos, las úlceras y los tumores inflamados.

Los homeópatas utilizan las partes aéreas para tratar diversos problemas digestivos y hepáticos, especialmente la infestación de gusanos. Ciertos practicantes holísticos todavía practican métodos tradicionales de uso.

Bandera azul

Iridáceas (Iris versicolor L.)

Identificación

Es una planta perenne que crece hasta 3 'de altura. Tiene hojas teñidas de azul grisáceo en forma de espada. Las flores son irregulares, parecen orquídeas y son de azul a violeta. Esta planta también se conoce como iris salvaje.

Habitat

Se distribuye ampliamente por el este de Mississippi y también en el sur de Canadá. Se encuentra principalmente en pantanos, marismas húmedas, bordes de lagos y arroyos. Se puede trasplantar al jardín y crece abundantemente.

Cosecha

El rizoma se puede recolectar al madurar.

Usos

El rizoma es venenoso, pero los nativos americanos lo utilizaron por sus propiedades purgantes. Es catártico, emético y diurético. La raíz se usa para hacer una decocción, que se puede usar para tratar heridas y llagas externamente. Se ingiere internamente para tratar el cólera, los resfriados y los dolores de oído. Las raíces trituradas se utilizan como cataplasma para las heridas. Las raíces aplastadas se utilizan para tratar las quemaduras de los algonquinos. Una cataplasma hecha con raíces se usaba para tratar llagas, hinchazones y llagas escrofulosas causadas por la tuberculosis de los Chippewas.

La decocción de la raíz se usa a menudo para tratar problemas renales y artritis. La gente de Malecite usa las infusiones para tratar el dolor de garganta y problemas orales similares. Otras tribus a menudo mezclan las raíces aplastadas con harina y la aplican en las áreas dolorosas. La gente de la tribu Omaha mastica las raíces y luego las sumerge en su agua y luego deja que el jugo gotee en el oído para curar el dolor de oído. Por lo tanto, la planta fue considerada una panacea por muchas comunidades y tribus.

Se utiliza para una variedad de propósitos en la medicina homeopática. El rizoma y el pelo de la raíz pueden aumentar la producción de bilis y orina y, a menudo, se utilizan como un laxante suave. La bandera azul se usa para tratar problemas de la piel, indigestión, vesícula biliar y problemas hepáticos. La hierba estimula los órganos internos y tiene un efecto desintoxicante en el cuerpo y es beneficiosa en el estreñimiento, problemas de piel, acné, eccemas, etc. También se puede utilizar para tratar problemas respiratorios y dolores de cabeza. Algunas personas también lo usan como ayuda para perder peso.

Precaución

La sobredosis puede provocar vómitos. No lo use durante el embarazo. El jugo de la planta puede irritar el sistema digestivo y la piel.

Jewelweed
Basalminacae (Impatiens capensis Meerb.)

Identificación

Es una suculenta carnosa anual que crece en densas colonias. El tallo es de color verde claro, simple y parece casi translúcido. Tiene ganglios inflamados. Las hojas son ovadas, delgadas, verdes y generalmente tienen hasta catorce dientes. Las flores son pequeñas y generalmente de color amarillo anaranjado con manchas marrones. Son irregulares y con forma de espolón. La fruta es una cápsula larga que se abre cuando madura para esparcir las semillas. Es por eso que también se conoce como no me toque manchado.

Habitat

Se encuentra comúnmente en el este de las Montañas Rocosas y también se puede encontrar con moderación en el oeste. Cubre el suelo densamente en humedales, tierras bajas, alrededor de lagos, pantanos, pantanos y arroyos.

Cosecha

Cosecha las flores en verano y dispara en primavera.

Comestible

Las flores se pueden consumir en forma de ensaladas y salteados, mientras que los brotes se pueden agregar a sopas, huevos y otras verduras y salsas. Las flores también se pueden utilizar como guarnición.

Usos

Las partes aéreas trituradas de la hierba se utilizan para tratar la hiedra venenosa. Puede reducir la inflamación y la picazón si se aplica sobre el área afectada. Los nativos americanos lo usaban para tratar el sarampión, la dispepsia y la urticaria. La infusión de la planta se utilizó para tratar la insuficiencia cardíaca congestiva por los indios Creek. Las flores rotas se pueden utilizar para tratar cortes, magulladuras y quemaduras.

Toda la hierba se infunde para hacer una mezcla que es diurética y estimulante. Los naturópatas generalmente usan esto para tratar la dispepsia. Tiene propiedades antiinflamatorias y se usa contra el roble venenoso, la hiedra venenosa, el zumaque venenoso y muchas otras afecciones similares. Puede que no los cure, pero proporciona un tratamiento relajante y refrescante.

Eupatoria

Asteraceae (Eupatorium perfoliatum L.)

Identificación

Es una planta perenne que puede crecer hasta 5 pies de altura. Crece a partir de una raíz peluda horizontal. Las hojas y el tallo también son peludos. Las hojas son ásperas al tacto, tienen forma de lanza y se estrechan hasta un punto cerca del tallo. Las flores blancas florecen en floretes en la parte superior de la planta. Al madurar, la planta produce frutos copetudos.

Habitat

Generalmente se encuentra en humedales, matorrales, pantanos y praderas húmedas en el este de los Estados Unidos.

Cosecha

Las hojas y las raíces se pueden cosechar cuando la planta madura.

Usos

El té elaborado con hojas se utilizó en el siglo XIX para aliviar la fiebre, especialmente en el caso de infecciones agudas. El té de hojas estimuló el sistema inmunológico y se usó para tratar la malaria, resfriados, influenza, dolor en las articulaciones, artritis, gota, neumonía y para inducir la sudoración. Las partes aéreas de la planta se pueden triturar para hacer una cataplasma, que se puede usar para tratar hinchazones, edemas, tumores, etc. Los nativos americanos usaban la cataplasma hecha triturando plantas para fraguar huesos rotos. La planta trituradora se puede usar para hacer una infusión que se puede tomar internamente. Es emético y catártico. La infusión también se puede utilizar para tratar dolor de garganta, dolor de estómago, hemorroides, dolores de cabeza, etc. También puede reducir los problemas urinarios y los escalofríos.

Los médicos homeopáticos usan microdosis de la planta para tratar la gripe, los resfriados y otras afecciones similares. Las partes aéreas secas de la planta se utilizan para hacer infusiones, que pueden aumentar la inmunidad. Esta infusión se puede usar para tratar infecciones, resfriados, gripe y varias otras infecciones.

Precaución

Las microdosis de la hierba son diuréticas y laxantes. Las dosis mayores pueden usarse para inducir el vómito y la catarsis. La planta contiene alcaloides de pirrolizidina. Estos compuestos peligrosos pueden resultar tóxicos e incluso pueden destruir el hígado. No use esta planta sin la consulta adecuada de un médico con licencia o un profesional de la salud holística.

Joe-Pye Weed

Asteraceae (Etrochium purpureum L. La Mont; E. maculatum L.)

Identificación

Es una planta perenne que se encuentra en los estados del norte y del sur. En los estados del norte, crece hasta 5 'mientras que en el sur; puede crecer hasta 10 '. Tiene un tallo robusto que crece a partir de un rizoma. Las flores son de color rosa a violeta y pueden tener forma de discos. Las hojas tienen forma de lanza y crecen en verticilos. Cada hoja es dentada, peluda y rugosa.

Habitat

Generalmente se encuentra en los estados del este de los Estados Unidos de América y Canadá. Crece en humedales, marismas, márgenes, orillas de lagos, filtraciones y en marismas, humedales, franjas de humedales, filtraciones, orillas de lagos y suelos húmedos.

Generalmente no comestible. Algunas tribus americanas utilizan la ceniza hecha de la raíz como especia o sustituto de la sal. La ceniza también se puede utilizar para hacer té. Las raíces y las partes aéreas de la planta también se utilizan para hacer tés.

Cosecha

Las partes de la planta se pueden recolectar al madurar.

Usos

Los nativos americanos lo usan generalmente para tratar el tifus y como tónico revitalizante. Tiene propiedades diuréticas y se puede utilizar para tratar una variedad de problemas del tracto urinario. También se puede utilizar como un alivio contra el estreñimiento. El té elaborado con la planta se utilizó como lavado para inhibir infecciones y promover la curación. Se supone que la raíz de E. purpureum es un afrodisíaco, especialmente Meskwakis, que chupaba la raíz mientras intentaba cortejar a una pareja. La decocción de la raíz de E. purpureum se puede utilizar para tratar la enurcsis y la hidropesía. También se usó para tratar el asma. Los nativos americanos utilizaron el té elaborado con ambas especies para tratar la dismenorrea y los trastornos menstruales. También se usó como té de recuperación después del embarazo. Los Cherokees usaron el té hecho con E. purpureum para tratar la artritis, el reumatismo y como diurético. La infusión de la raíz se puede utilizar como laxante. Los navajos creían que la raíz podía usarse como antídoto para muchos venenos diferentes. El Potawatomi usaba hojas recién trituradas como cataplasma.

En los tiempos modernos, las partes aéreas de las plantas se utilizan para hacer infusiones calientes por los naturópatas para tratar la fiebre, los resfriados y la artritis. La planta puede inducir la sudoración y es un antimicrobiano. También puede aflojar la flema e inducir la tos para eliminar la mucosidad. También se puede utilizar como laxante para eliminar las lombrices del cuerpo.

Precaución
Las personas embarazadas y lactantes no deben usar esta hierba.

Sombra nocturna agridulce
Solanáceas (Solanum dulcamara L.)

Identificación
Es una enredadera de hojas lobuladas, de color verde oscuro y pecioladas. Las flores parecen cohetes y son de color púrpura. La fruta aparece en el otoño y es de color naranja sanguina. También se conoce como solanáceas trepadoras. Pertenece a la familia del tomate y la patata.

Habitat

Se puede encontrar fácilmente a lo largo de zanjas, arroyos, matorrales, pantanos y orillas de lagos. Se adhiere a arbustos y árboles.

No comestible

Las bayas son tóxicas y no deben consumirse.

Cosecha

Coseche las raíces al madurar.

Usos

Los nativos americanos usaban las raíces para hacer una infusión, que se usaba para tratar las náuseas y los gases. También se utilizó por sus propiedades antieméticas. Usaron los extractos para hacer ungüentos a base de aceite que se usaba externamente. Se cree que tiene propiedades anticancerígenas, pero aún no se han probado sus efectos.

En la medicina moderna, se usa para tratar el eccema, el acné, las verrugas y los furúnculos. En la medicina holística, se usa para tratar la gota, la artritis y diversos problemas respiratorios, como tos y bronquitis. Comuníquese con un profesional antes de usar la hierba.

Precaución

La hierba es tóxica pero rara vez mortal. No tomar si esta embarazada o amamantando.

Bandera dulce

Acoraceae (Acorus calamus L.)

Identificación

Es una planta perenne que puede crecer hasta 2 pies de altura. Crece de un rizoma. La planta tiene un tallo largo con hojas que parecen espadas. Las flores son verdes y crecen en un espádice que parece garrote. La planta es extremadamente aromática y crece en grandes colonias. La planta también se conoce como cálamo.

Habitat

Generalmente crece al este de Mississippi. Se encuentra alrededor de arroyos, humedales, lagos, marismas, manantiales, arroyos y filtraciones.

No comestible

Usos tradicionales

Es una de las hierbas más utilizadas por sus potentes propiedades medicinales y también como planta ritual. La raíz es un sialagogo, lo que significa que hace la boca agua, lo que, como resultado, facilita el proceso de digestión. La ceremonia de la Danza del Sol es un ritual importante en el que las Primeras Personas pueden cantar durante diez horas o más. Para mantener el canto perfecto, tienden a sostener un trozo de raíz de cálamo entre las encías y la mejilla, lo que mantiene la garganta húmeda. Muchos nativos americanos usaban guirnaldas hechas con hojas dulces de bandera para enmascarar el olor corporal.

El té elaborado a partir de las raíces estimula el apetito gracias a su sabor amargo y carácter aromático. La infusión de la raíz también se utilizó como tónico estomacal y para tratar la gastritis y la dispepsia. La raíz se masticaba para tratar el dolor de muelas y se cree que tiene propiedades sedantes, nerviosas y relajantes. La decocción se utilizó para tratar fiebres, resfriados, tos, congestión y cólicos de los niños. El rizoma en polvo y seco se inhaló como remedio contra la congestión. También tiene propiedades anticonvulsivas, antiespasmódicas y depresoras del SNC (sistema nervioso central).

En la medicina moderna, el rizoma pelado y seco se considera un tónico, carminativo, estimulante y antiespasmódico. Aumenta la sudoración. Los estudios in vitro dicen que también puede producir efectos anticoagulantes y puede usarse para tratar comportamientos impulsivos y agresivos. Se considera que el extracto tiene propiedades sedantes y antiespasmódicas. El extracto de raíz se utiliza como remedio contra problemas gastrointestinales y para tratar problemas fúngicos. La variedad asiática se considera afrodisíaca. Las cepas que se encuentran en los Estados Unidos de América y Europa se utilizan para tratar las úlceras. El A. Calamus var. americanus se usa a menudo para reducir los espasmos de estómago y aliviar el estómago distendido y el dolor de cabeza asociado con las dolencias del estómago.

Precaución

A. calamus contiene Beta asarona. Con el tiempo, este compuesto ha demostrado ser cancerígeno en animales; se recomienda controlar adecuadamente la dosis. No use la hierba durante mucho tiempo.

Evite el uso a menos que sea recetado, supervisado y guiado por un profesional de la salud holístico calificado y con licencia. Siga siempre las instrucciones y la dosis que se indican en el paquete.

Capítulo 5

Plantas de Zonas Áridas y Desiertos

Estas plantas se encuentran generalmente en las zonas áridas y los desiertos de los Estados Unidos de América. La mayoría de estos se encuentran en los estados occidentales de la nación y México. Estas plantas no requieren mucha agua y crecen bien a pleno sol.

Calabaza de búfalo

Cucurbitáceas (Cucurbita foetidissima Kunth)

Identificación

Es una hierba anual (y en algunos casos perenne) que tiene un tallo duro gracias a los depósitos de calcio. Los tallos tienen zarcillos y están trepando. Los tallos a menudo están ramificados con múltiples zarcillos. Las hojas son rugosas, simples, peludas, palmeadas, alternas y veteadas. Las flores florecen a través de los nudos y generalmente son de color blanco a crema. La corola tiene forma de copa y tiene cinco lóbulos. La fruta es de tamaño mediano y parece un melón o una calabaza. Tiene muchas semillas.

Habitat

Generalmente se encuentra en áreas semiáridas y llanuras secas, especialmente en el suroeste de estados como Arizona, Texas, Nuevo México, Nevada, California, etc. Se extiende sobre el suelo o también se puede encontrar creciendo a lo largo de las cercas. Las plantas enormes pueden cubrir hasta 100 pies cuadrados de terreno o más.

Cosecha

Las semillas se pueden cosechar tras la maduración de la fruta. Los frutos y las hojas pueden madurar cuando estén maduros.

Comestible

La planta es amarga, especialmente las semillas, pero contienen una gran cantidad de proteínas. Se vuelven comestibles después de cocinarse. Las semillas se consumen solo después de secarlas y tostarlas. Estos procedimientos reducen el amargor al eliminar las cucurbitacinas o los glucósidos triterpenoides. Las dosis altas de estos pueden ser tóxicas. Las semillas contienen un 35 por ciento de proteína y un 43 por ciento de aceite, lo que las convierte en un cultivo excelente y económicamente viable. Las semillas no contienen tantos glucósidos como la pulpa de la calabaza. Es por eso que se recomienda limpiar las semillas a fondo antes de usarlas. Las semillas secas se pueden cocinar en una sartén rociada con aceite o con aceite a fuego abierto o en el horno. Los inhibidores de proteasa en las semillas se desactivan después de quince a veinte minutos de cocción. Esto, a su vez, hace que las semillas sean más digeribles de lo normal. La cubierta / recubrimiento de las semillas también es comestible y, al igual que las semillas de calabaza, contiene mucha fibra insoluble. Las semillas son como vainas de mezquite, lo que significa que se pueden secar y luego moler para convertirlas en harina. Las raíces están llenas de almidón y se pueden triturar, y luego el almidón se puede lixiviar en agua. La celulosa presente en la raíz es amarga. Retire la celulosa del agua si desea reducir el amargor. El agua de la raíz se puede fermentar para hacer bebidas alcohólicas. La planta también puede resultar comercialmente viable en tierras áridas y semiáridas, especialmente donde hay una gran necesidad de almidón, proteínas y aceite. Si encuentra el sabor de esta planta demasiado amargo, se recomienda evitarlo por completo.

Usos

La calabaza hueca y seca se usó para hacer un instrumento musical que se usó para varios rituales, que pueden preceder a los 10,000 años. La raíz seca se puede utilizar como emético. La raíz se puede usar para hacer una decocción que se puede usar para tratar enfermedades de transmisión sexual. La raíz de la planta a menudo parece un poco "humanoide". Por eso, de acuerdo con la Doctrina de las Firmas, los nativos americanos desenterrarían la raíz y cortarían la sección, que parece una parte del cuerpo humano. Esta sección se preparó luego de una manera especial para tratar la parte real del cuerpo de manera similar a la raíz. Las hojas y los tallos triturados se utilizaron como cataplasma para las infecciones y diversas llagas.

En la medicina moderna, la calabaza búfalo se usa a menudo como laxante. Ciertos practicantes holísticos todavía siguen métodos tradicionales de uso. Se necesita mucha investigación para probar los beneficios médicos y para la salud de esta planta.

Las saponinas presentes en las raíces de la planta se pueden triturar y mezclar con agua. Esto a menudo conduce a la formación de espuma que se puede utilizar para limpiar varias cosas en caso de emergencia. Este líquido también tiene propiedades antimicrobianas.

Precaución

Aunque la planta está estrechamente relacionada con las calabazas, puede resultar tóxica. Solo consuma semillas preparadas y evite otras partes.

Sabio

Asteraceae (Artemisia tridentate Nutt.)

Identificación

Es un arbusto fragante y grisáceo que crece hasta 7 '. Las hojas tienen forma de cuña y tienen lóbulos. Se estrechan en la base pero son anchos en la punta. La planta produce flores de color marrón amarillento que crecen en racimos estrechos. La planta generalmente florece entre el período de julio a octubre. La semilla es peluda. La planta también se conoce como artemisa.

Habitat

Es una de las áreas secas más populares, un arbusto en Washington, Wyoming, Montana, Nuevo México, Texas, Idaho, California, Colorado, Oregón y varios otros lugares del oeste.

Comestible

Las semillas, secas o crudas, se pueden moler en el suelo o se pueden comer de la mano. Las semillas también se pueden agregar a los licores para agregarles sabor y fragancia.

Cosecha

Coseche las semillas cuando la planta haya madurado. Las hojas se pueden recolectar durante todo el ciclo de vida de la planta.

Usos

Es una planta guerrera potente que se usó ampliamente para barrer y difuminar para deshacerse de los espíritus malignos y los malos aires. Se puede usar un té hecho con las hojas para aliviar el parto, tratar infecciones y lavar los ojos doloridos. Las hojas empapadas también se pueden utilizar como cataplasma sobre heridas. El té se utilizó para tratar los problemas y el dolor de estómago. Las extremidades a menudo se agregan a los baños. La infusión hecha con las hojas también se puede utilizar para tratar toses, resfriados, infecciones de garganta y bronquitis. La infusión o decocción se puede usar externamente como lavado de granos, llagas, cortes, etc. La decocción es aromática y se puede inhalar para tratar dolores de cabeza y problemas respiratorios. La decocción es antirreumática y antidiarreica. La infusión también se utilizó como remedio contra el estreñimiento y otras dolencias digestivas.

En los tiempos modernos, los nativos americanos todavía usan la hierba para una variedad de propósitos rituales, que incluyen barrer, manchar, desinfectar y como cabaña para el sudor. El aceite de la variedad A. tridentate es potente contra las bacterias grampositivas.

Notas

Esta hierba se puede agregar al jacuzzi o al baño para un baño relajante y limpiador. A menudo es la única fuente de leña en los desiertos.

Higo chumbo

Cactáceas (Opuntia spp.)

Identificación

Generalmente crece en tierras áridas y desérticas. La planta tiene grandes almohadillas ovaladas con hojas espinosas de varios tamaños. Las flores son amarillas. Los frutos son variados y generalmente son blancos, rojos, morados o intermedios.

Habitat

Se encuentran fácilmente de costa a costa en tierras baldías, áreas arenosas, desiertos, etc. A menudo se encuentran en Wyoming, el este de Colorado, Utah y otras áreas secas de otros estados.

Cosecha

Varias partes de la planta se pueden cosechar al madurar.

Comestible

Las almohadillas a menudo se confunden con hojas, pero las espinas son las hojas reales que se han modificado a lo largo de los años para conservar agua. Las almohadillas son comestibles. La mayoría de las especies comestibles tienen juntas planas que conectan las almohadillas. Los capullos y las flores son comestibles y se tuestan y comen. Las especies que tienen almohadillas grasas se pueden asar y comer. Se recomienda utilizar almohadillas nuevas. El fuego quema las espinas y cuece bien las almohadillas. Una vez cocidas, deje que las almohadillas se enfríen y luego pele la piel para comer la carne del corazón. También puedes cortar el corazón en rodajas y sofreírlo. Las flores de la mayoría de las especies son comestibles y los nativos americanos las consumen a menudo, pero no lo intente a menos que esté al tanto de la toxicidad de la planta. La fruta se vuelve roja al madurar. Es sabroso y también se puede convertir en gelatina. Tiene el pelo espinoso, así que tenga cuidado al comer. Las pastillas se pueden mezclar con levadura, agua y azúcar y fermentar para hacer una bebida alcohólica. La fruta verde cruda también se puede cocinar y comer.

Usos

Las flores son astringentes y se pueden triturar para formar una cataplasma sobre las heridas. El té elaborado con las flores se utiliza para tratar diversas dolencias estomacales como el SII o el síndrome del intestino irritable y la diarrea. Ase las hojas a fuego abierto. Esto quemará las espinas. Corte las almohadillas por la mitad y use el lado húmedo como cataplasma en infecciones, heridas, picaduras y mordeduras. Esto proporciona efectos de limpieza y sellado de las heridas. Las almohadillas sin espinas se pueden cocinar, cortar en rodajas y aplicar como cataplasma en los senos para aumentar la leche. La variedad O. polyacantha se usa para hacer una infusión que se usa tradicionalmente para tratar la diarrea.

En los tiempos modernos, la gente del suroeste de Estados Unidos y México todavía usa la planta para sus usos tradicionales. Las flores todavía se utilizan como remedio para las próstatas agrandadas. El núcleo de la almohadilla es un tensioactivo, un atrayente quimiotáctico, etc. y extrae suero de la herida, que limpia y sella la herida. La fruta se puede cortar, pelar y comer con un poco de pimienta de cayena. El jugo de la fruta es hipoglucémico y tiene propiedades antiinflamatorias.

Rabbitbrush, barra de cepillo

Asteraceae (Ericameria nauseosa [Pall ex Pursh] GL Nesom & GI Baird)

Identificación

La planta es un arbusto erecto, densamente ramificado, que crece hasta 10 'de altura. Las hojas son estrechas y alargadas. Las flores son amarillas y crecen en espigas. Los frutos son aquenios copetudos que tienen el pelo blanco. Hay muchas especies diferentes disponibles en todo el país. También se conoce como pincel de conejo.

Habitat

Se encuentran en zonas montañosas y secas. Se encuentran fácilmente en el estado de Washington, Montana y Columbia Británica. Secas, zonas montañosas bajas y desierto, de Montana. La planta también se encuentra en el oeste de Texas, el área de Osoyoos del sur del valle de Okanagan y en el sureste de California. Prefiere suelos con grava, arenosos, alcalinos o secos. Generalmente se encuentra en elevaciones bajas, pero también se puede ver en elevaciones más altas.

Cosecha

Varias partes de la planta se pueden cosechar al madurar.

Comestible

El látex de la raíz y la corteza interior se utilizan como goma de mascar. Si bien no hay registro de toxicidad de la planta, es mejor evitar su sabor amargo.

Usos

Las flores se usaron para hacer tintes amarillos, mientras que los tallos se usaron para hacer cestas por los nativos americanos del suroeste. Una decocción hecha con las raíces se usa para tratar fiebres, resfriados, tos, etc. La decocción de la raíz se puede usar para aliviar los calambres menstruales. Las hojas se trituran y se infunden para hacer remedios para los dolores de cabeza y las hojas trituradas también se pueden usar para aliviar el dolor dental. El té elaborado con las hojas de la planta se puede utilizar para tratar problemas de estómago. El té tiene propiedades laxantes.

Yuca

Agavaceae (Yucca spp .: Y. filamentosa L .; Y. glauca Nutt .; Y. baccata Torr.)

Identificación

Es una planta perenne robusta de tamaño mediano a grande. Tiene un patrón en constante crecimiento que crece en colonias y matas.

Las hojas son como una espada y salen de las rosetas basales. Son fibrosos, duros, verdes, largos y cerosos. Las flores pueden ser de color crema o blancas y tienen forma de cuenco o campana. Florecen en espigas altas y leñosas que van más allá de las hojas. La planta florece de mayo a julio. También se le conoce como aguja de Adán, árbol de Josué o bayoneta española.

Habitat

Se encuentra principalmente en llanuras altas, praderas de tierras altas, reventones arenosos, desiertos y laderas costeras de California.

Cosecha

Las flores se pueden recolectar a partir de mayo. Las hojas y las raíces se pueden recolectar al madurar.

Comestible

Las flores mientras se pueden consumir agregándolas a tortillas y frittatas. También puedes usar las flores como guarnición o agregarlas a ensaladas. Los frutos de casi todas las especies son comestibles, pero algunos son más comestibles que otros. Por ejemplo, la variedad Y. baccata tiene frutos grandes y suculentos que tienen un sabor suave pero están llenos de flavonoides.

Usos

Según varios folclore y afirmaciones similares, se supone que la decocción de la raíz es muy beneficiosa para el cabello e incluso puede volver a crecer. La infusión hecha con raíces trituradas se puede utilizar como remedio para los dolores de cabeza. La raíz de

Yucca es un surfactante, es decir, es un agente humectante, lo que significa que puede reventar las membranas celulares de los microbios, lo que lo convierte en un gran jabón. La decocción de raíces de yuca todavía se usa para matar piojos y lavar el cabello. La decocción se puede ingerir internamente para tratar la artritis, pero se requieren más estudios. Las raíces de la variedad Y. filamentosa contienen saponinas esteroides, que pueden usarse para hacer una decocción para tratar problemas de hígado y vesícula biliar. Las hojas trituradas se pueden utilizar para detener los vómitos, mientras que la infusión de las raíces se puede utilizar como laxante. La raíz se considera una planta guerrera masculina que se utiliza en varios rituales de difuminado. Estos rituales se realizan para deshacerse de los malos espíritus y los malos aires del cuerpo. Las raíces de la variedad Y. baccata se utilizaron para aliviar el proceso y el dolor del parto.

En la medicina moderna, la planta todavía encuentra múltiples usos. Por ejemplo, en Europa, las hojas se secan y muelen y se utilizan para diversos fines. Los extractos de hojas y raíces todavía se utilizan para tratar problemas hepáticos y de la vesícula biliar. Tomar demasiada saponina esteroidea puede provocar náuseas y otros problemas estomacales.

La saponina presente en la planta puede matar la lisis y generar espuma que todavía se utiliza como champú ritual.

Notas

Los brotes de flores, es decir, los tallos, se secan y los nativos americanos los utilizan como flechas. También se utilizan como fósforos indios.

Yaupon

Aquifoliaceae (Ilex vomitoria Ait.)

Identificación

Es una planta arbustiva con hojas verdes alternas, ovaladas y brillantes. Los márgenes tienen dientes redondos y las hojas son generalmente de 1 "de ancho. La planta también se conoce como acebo yaupon.

Habitat

Se encuentra comúnmente en Texas y lugares similares y también se puede encontrar en Carolina del Norte. Es casi una planta del desierto.

Comestible

Las bayas son tóxicas, pero las hojas se pueden tostar para hacer té. Ase las hojas tiernas a 200 F hasta que se doren. Machaca los aleros y pon una cucharadita de ellos en agua caliente. Enfríe la bebida y beba.

Usos

Muchas naciones de las Primeras Personas usaron los frutos y las hojas para curaciones rituales. Las hojas tostadas se utilizaron para hacer una decocción utilizada como emético y para purgar los sistemas internos. Se suponía que la decocción disiparía las pesadillas y también puede curar la inquietud y el hablar dormido. Se supone que tiene propiedades alucinógenas.

Las hojas tostadas se pueden remojar en agua para hacer té, que es estimulante y diurético. Los nativos americanos usan infusiones y tés más fuertes para los rituales de purificación, donde purifican el cuerpo con la ayuda de los vómitos. El té es estimulante porque contiene mucha cafeína. Yaupon es quizás la única planta nativa de los Estados Unidos de América, que contiene cafeína en sus hojas de forma natural.

Precaución

Las bayas son tóxicas.

Nota: Las bayas y las hojas se utilizan para hacer tintes. Las bayas maduras son rojas y se utilizan para hacer tinte rojo. El tinte se puede utilizar para teñir lana y otros materiales similares. Para hacer gris, las hojas se trituran y se mezclan con cobre o hierro.

Agave

Agavaceae (Agave spp .: A. americana L.)

Identificación

Es una planta del desierto que crece hasta 10 '. Tiene hojas largas, suculentas, de color verde grisáceo que parecen espadas y las flores florecen en la espiga frutal central. La planta también se llama planta del siglo americano.

Habitat

Generalmente se encuentra en las áreas áridas de Arizona, California, México y Nevada. También se puede encontrar en América del Sur y Central.

Cosecha

Las raíces se pueden recolectar al madurar.

Comestible

Las raíces de la planta del siglo americano se pueden cocinar en un hoyo. Estas raíces cocidas se trituran y fermentan. Las hojas tiernas se pueden tostar y luego guardar para uso futuro. Los brotes tiernos, las cabezas de los frutos y los tallos de las flores son comestibles y se tuestan antes de consumirlos. El agave se usa para hacer vino mezcal, pulque y tequila. Para hacer mezcal, las 'hojas' se cortan del centro de la planta y se deja que el líquido gotee en la bodega. Luego, un granjero succiona la savia acuosa de la calabaza. Esta savia se mantiene alejada para la fermentación durante aproximadamente una semana y se sirve fresca. Esta agua es agua potable. Es una planta cultivada y utilizada de forma salvaje en la comunidad hispana. La popularidad del tequila también ha hecho que esta planta sea popular.

El tierno núcleo interno de las hojas medias a menudo se cocina y se consume.

Usos

El agua de agave, es decir, la savia / jugo, se considera un diurético y antiinflamatorio. El jugo fresco puede aumentar la transpiración y el metabolismo. En la medicina moderna, los desechos de las hojas se recolectan, concentran y utilizan como materia prima para la hecogenina, un medicamento esteroide.

Las raíces del agave contienen saponinas que producen espuma y, por lo tanto, se utilizan para fabricar jabón. La fibra de las hojas es gruesa y se usa a menudo para hacer fibras y cuerdas. La savia todavía se usa como laxante y demulcente. La savia se puede utilizar tanto para sellar como para tratar heridas.

Gumweed

Asteraceae (Grindelia camporum Green; G. integrifolia DC .; G. nana Nutt.)

Identificación

Todas las especies de esta planta son casi similares, y todas son perennes erectas o bienales. Las hojas son alternas, de color verde claro, dentadas (también pueden ser lisas). El tallo se abrocha y está salpicado de resina. Las flores son generalmente amarillas o amarillo anaranjado y parecen dientes de león. Las brácteas de las flores son pegajosas y viscosas, por lo que la planta se conoce como Gumweed.

Habitat

La variedad G. camporum se encuentra en California, Columbia Británica, el desierto de Sonora y otros lugares similares, mientras que la variedad G. integrifolia se encuentra en marismas, costas abiertas, etc. La variedad G. nana se encuentra generalmente en Idaho.

No comestible

Usos

La planta se usó a menudo para tratar infecciones respiratorias en el pasado. Los nativos americanos usaban las partes de la planta para hacer decocciones para múltiples usos. Se usó tópicamente para tratar heridas, roble venenoso, hiedra venenosa, dermatitis y forúnculos. La savia de las flores y las hojas se usaba a menudo en las llagas.

En la medicina moderna, se usa para tratar la tos y la bronquitis. Se supone que el medicamento tiene propiedades antifúngicas, antimicrobianas y antiinflamatorias. Las partes aéreas secas se utilizan para hacer tinturas y tés.

Precaución

Grandes dosis pueden ser tóxicas y provocar problemas gástricos.

Té mormón

Ephedraceae (Ephedra viridis Coville; E. Sinica)

Identificación

Hay muchas especies diferentes de abetos comunes. La variedad de E. virdis parece que no tiene hojas, es de color verde amarillento, ramitas y tiene múltiples articulaciones. La planta es corta y tiene pequeñas escamas de hojas. Al madurar, en otoño, produce conos de doble semilla. Se ve de piernas largas ya que generalmente no tiene muchas hojas. También se le conoce como ma huang, abeto común o efedra.

Habitat

Se encuentran múltiples especies en suelos arenosos, rocosos o secos. Estos se encuentran principalmente en áreas desérticas en los estados de Arizona, Utah, Nuevo México, Nevada, Colorado, California, Oregón, Nevada, etc.

Cosecha

Las semillas se pueden recolectar al madurar. Las partes aéreas se pueden cosechar cuando la planta es joven.

Comestible

Las semillas tostadas fueron utilizadas para hacer infusiones por los nativos americanos. Las semillas tostadas y molidas se mezclaron con trigo o harina de maíz para hacer una papilla.

Usos

El té mormón o E. Viridis se usaba como laxante o tónico para tratar resfriados, anemia, úlceras, diarrea y dolor de espalda. También se utilizó para mejorar la salud de la vejiga y los riñones. La infusión o decocción se utilizó como purificador de sangre o tónico limpiador. Los tallos secos y en polvo se usaron tópicamente en llagas y heridas. El polvo se mezcló con agua para hacer una pasta que los nativos americanos aplicaron a las quemaduras. Las Primeras Personas lo usaron para estimular la menstruación. Las semillas tostadas se usaron para hacer una bebida similar al té.

En los tiempos modernos, la variedad E. Sinica se usa ampliamente por sus beneficios medicinales. Por ejemplo, en China, los tallos secos se muelen para hacer un polvo que se usa para tratar la bronquitis, la tos, la congestión, el asma bronquial, la obesidad y la fiebre del heno. También se utiliza para suprimir el apetito y mejorar el metabolismo. La efedra americana está disponible sin receta en forma de cápsulas o té y casi no tiene efectos vasoactivos.

Precaución

E. Sinica es un estimulante cardiovascular y del SNC (sistema nervioso central). Por lo general, es peligroso para las personas que padecen enfermedades cardíacas, presión arterial alta o taquicardia. Está regulado a nivel federal y no debe ser utilizado por madres embarazadas o nuevas. También interactúa con muchos medicamentos, por lo que su importación y uso están restringidos en varios países. El abuso de la droga puede provocar la muerte.

Jojoba

Simmodsiaceae (Simmondsia Chinensis [Enlace], Schneid.)

Identificación

Es un arbusto dioico de hoja perenne, lo que significa que es una planta sexuada por separado. Tiene muchas ramas y hojas de color verde azulado que están emparejadas y son alargadas. Tanto las flores masculinas como femeninas son pequeñas. La flor masculina es amarilla mientras que la femenina es de color verde pálido. La cápsula de fruta tiene de una a tres semillas.

Habitat

Se encuentra en el desierto del suroeste y el desierto de Sonora. También se encuentra en México. Se cultiva como cultivo en el suroeste para extraer cera líquida.

Cosecha

Las semillas se recolectan al madurar.

Comestible

Las semillas se muelen para hacer percolaciones o decocciones para hacer bebidas. El grano de la semilla es ceroso y se puede hornear o hervir y consumir. También se puede mezclar y agregar a la mezcla para pastel. Las nueces se pueden pelar y consumir y los granos de nueces se utilizan para hacer mantequilla de nueces.

Usos

Los nativos americanos del suroeste aplastaron las nueces secas para hacer una cataplasma para llagas y heridas. El polvo elaborado a partir de la fruta se ingirió internamente por razones catárticas. Este polvo también se usó tópicamente para tratar la psoriasis y el acné. Las semillas verdes y crudas de jojoba se masticaban para tratar el dolor de garganta.

En la medicina moderna, el aceite elaborado con jojoba se usa para una variedad de productos para el cuidado de la piel. Se utiliza como aceite portador. El aceite contiene extractos que previenen la oxidación. Según ciertos estudios, el aceite también tiene el potencial de reducir el colesterol; sin embargo, se necesitan estudios adicionales.

Notas

Es una planta muy extendida en el suroeste y se cultiva allí como cultivo. El aceite extraído de las semillas se puede utilizar para diversos fines cosméticos.

Chaparral

Zygophyllaceae (Larrea tridentata [Sessé & Moc. Ex DC.], Coville)

Identificación

Es un arbusto aromático y resinoso que generalmente mide 6 'de altura. Tiene una corteza de color marrón rojizo alrededor de la base, que se vuelve casi blanca hacia la parte superior. Las ramas y las ramas también son de color claro. Las hojas son de color verde amarillento, diminutas y se ven y se sienten como cuero. Las flores también son amarillas y pequeñas y se convierten en vainas peludas con semillas al madurar. La planta también se conoce como arbusto de creosota.

Habitat

Generalmente se encuentra en los desiertos, especialmente en el suroeste de México de los Estados Unidos.

No comestible

Tóxico

Usos

Los nativos americanos usaban la decocción hecha con las hojas perennes de la planta para tratar varios problemas estomacales como la diarrea. La planta masticada se usa para hacer una cataplasma que se puede aplicar sobre picaduras de arañas, picaduras de insectos y picaduras de serpientes. La infusión de hojas se puede utilizar como lavado para aumentar el flujo de leche. Las ramitas calentadas liberan una savia, que se empaqueta en cavidades para curar el dolor de muelas. La cataplasma hecha de hojas se aplicó a varios problemas de la piel, heridas y pecho para prevenir molestias en el pecho.

Los nativos americanos también usaban la planta como tratamiento para enfermedades de transmisión sexual, enfermedades reumáticas, cáncer (especialmente leucemia) e infecciones del tracto urinario. Las hojas se usaban para hacer té, que se usaba como antiséptico pulmonar y como expectorante.

El chaparral se usó ampliamente para tratar muchas afecciones diferentes, incluidos resfriados, influenza, fiebre, gases, sinusitis, anemia, artritis, síndrome premenstrual, infecciones fúngicas, enfermedades autoinmunes, etc. hasta hace poco. Todavía se considera un diurético, analgésico, antidiarreico y emético. Las partes aéreas se lavan, se secan y se muelen para hacer un polvo que se puede utilizar para múltiples propósitos.

Precaución

Ahora se cuestiona el valor médico y comercial de esta planta debido a su potencial toxicidad que afecta al hígado y puede provocar hepatitis aguda o subaguda. El chaparral contiene NDGA o ácido nordihidroguaiarético, que es un potente antioxidante que puede promover el cáncer e inhibirlo. Debido a estos dos factores, a saber. problemas hepáticos y el potencial de causar cáncer, la planta ahora está cayendo en desuso y la gente está buscando opciones nuevas, mejores y más seguras. Se aconseja evitar consumir la planta en forma de tés, cápsulas, hojas sueltas y en forma de productos a base de hierbas a granel, ya que puede resultar perjudicial para los riñones y el corazón.

Algunos profesionales de la salud integral todavía usan y recetan la hierba, pero es mejor consultar primero con un profesional autorizado. No lo use si no está seguro de los resultados.

Notas

Una de las principales razones por las que el chaparral crece tan bien y en abundancia es gracias a su método de supervivencia. La planta contiene grandes cantidades de una sustancia muy tóxica liberada y producida por sus raíces. Esto evita que otras plantas crezcan cerca de él. Cuando llueve, las toxinas se eliminan, permitiendo que otras plantas crezcan a su alrededor, pero tan pronto como el agua se drena, la toxina se libera nuevamente, matando efectivamente a todas las otras plantas. Esta es una habilidad importante en el desierto porque permite que el chaparral sobreviva sin tener que competir con otras plantas por los ya escasos recursos y nutrientes.

Capítulo 6

Hierbas y Plantas de la Costa Oeste

Aquí hay una lista de algunas de las plantas, hierbas y árboles medicinales más comunes de la costa oeste.

Club del diablo

Aralioideae (Oplopanax horridus Sm. Torr. & Gray ex Miq)

Identificación

Es un arbusto perenne que crece hasta 10 'de altura. Es torcido, se extiende densamente y tiene espinas afiladas. La madera tiene un aroma dulce y las hojas son enormes y parecen hojas de arce. La cabeza de la flor parece un garrote y las flores son generalmente blancas, mientras que las bayas son aplanadas y de color rojo brillante.

Habitat

Generalmente se encuentra a lo largo de las costas y montañas costeras. Se encuentra en las orillas de los arroyos, cerca de los sitios de filtración, áreas boscosas húmedas y huellas de avalanchas. Por lo general, crece a baja altura, pero también puede crecer a mayor altitud.

No comestible

Usos

La planta está relacionada con el ginseng y sus bayas, raíces y corteza verdosa se utilizan para diversos fines médicos. Se considera una de las plantas medicinales más importantes de la zona. La Primera Gente todavía usa la hierba como medicina y en varios rituales.

Las bayas se trituran y frotan en el cabello para darle brillo y matar los piojos. La corteza interna de la planta se puede masticar cruda o se puede consumir con agua caliente con fines eméticos y purgantes. La corteza interior se puede utilizar para hacer decocciones o infusiones para tratar la artritis, los calambres intestinales y estomacales, las úlceras y otros problemas no especificados del sistema digestivo. Las hojas, raíces y tallos a menudo se agregan a las cabañas de sudoración y baños como remedio contra la artritis. La corteza de la raíz desmenuzada y cocida se puede utilizar como cataplasma para una variedad de problemas de la piel. La decocción del tallo se puede utilizar para bajar la fiebre.

El té de la corteza interior se puede utilizar para tratar la diabetes. Para curar los dolores de cabeza, la raíz seca se mezcló con tabaco y se fumó. Una infusión hecha con el tallo de la planta se utiliza como tónico y depurativo de sangre. El aceite y las cenizas de tallo se usaron tópicamente para muchos problemas cutáneos diferentes.

También se utilizó tradicionalmente como abortivo; sin embargo, el uso ha sido refutado ahora.

Los nativos americanos todavía practican los usos tradicionales de esta planta. Según ciertos estudios alemanes, se encontró que esta planta tiene propiedades analgésicas y antiinflamatorias. Ciertos estudios en animales demuestran que los extractos de las raíces pueden usarse para reducir la frecuencia cardíaca y la presión arterial.

Cedro rojo occidental
Cupressaceae (Thuja plicata D. Don.)

Identificación
Es un árbol de hoja perenne aromático que puede crecer hasta 70 metros de altura. Tiene muchas ramas con agujas aplanadas. Produce cultivos de semillas cada tres años. El árbol madura alrededor de los veinte años.

Habitat
Se encuentra en áreas húmedas con suelo rico y profundo. Crece alrededor de la isla de Vancouver, el lado de barlovento de las cascadas, etc.

Cosecha
La corteza se puede recolectar una vez dura.

Comestible

T. plicata se usa principalmente para hacer tablas y cajas de cocción que se utilizan para cocinar y dar sabor al salmón. La corteza interior se puede consumir como alimento de supervivencia; sin embargo, solo debe usarse como último recurso, ya que es más probable que encuentre opciones mejores y más seguras.

Usos

El cedro rojo es una planta guerrera masculina que los nativos americanos utilizan para difuminar, barrer y rituales de baños de vapor para purificar la mente y el cuerpo y para leer sobre las condiciones no saludables y los espíritus malignos.

Las tribus del noroeste usan la madera para hacer cajas de cedro que se utilizan para almacenar y cocinar. Los europeos usan la madera para revestir los cofres, ya que puede repeler insectos y huele bien. Las hojas secas y en polvo se usan para hacer una decocción, que se usa tópicamente para tratar lesiones, llagas, articulaciones dolorosas y heridas. La infusión hecha con hojas también se puede utilizar para tratar resfriados y toses. La decocción hecha con la corteza se utilizó para inducir la menstruación y, por lo tanto, se dice que tiene propiedades abortivas. Se supone que los nuevos y tiernos brotes de las hojas son buenos para los problemas pulmonares. Las ramas y las hojas se pueden usar para hacer una decocción para tratar la artritis.

En la medicina homeopática moderna, los médicos prefieren T. occidentalis a T. plicata. Se utiliza para tratar la mala digestión, el reumatismo, los problemas de la piel y la depresión.

Precaución

Como la planta contiene tuyona, se recomienda no usar este medicamento sin la debida supervisión y consulta profesional. El uso inadecuado puede conducir al desarrollo de una variedad de problemas.

Enebro

Cupressaceae (Juniperus communis L .; Juniperus osteosperma [Torr. Little)

Identificación

Puede ser un arbusto bajo o un árbol de hoja perenne. A menudo crece en colonias. Las hojas son rígidas, perennes, puntiagudas, ligeramente planas y de color verde claro. Los cogollos están cubiertos de agujas y las bayas son azules y picantes. Las flores masculinas tienen numerosos estambres dispuestos en tres verticilos y parecen amentos. Las flores femeninas son verdes y ovaladas. Los frutos, al madurar, se vuelven azules, aromáticos, comestibles. Generalmente tienen una o más semillas.

Habitat

La variedad J. communis se encuentra en todo el país, mientras que la variedad J. osteosperma se encuentra generalmente en Wyoming y el suroeste.

Cosecha

Las bayas se pueden recolectar una vez maduras. Se pueden recolectar otras partes a lo largo del ciclo de vida.

Comestible

Los frutos secos se utilizan para dar sabor a aves de corral y caza. También puede poner las bayas en un molinillo de pimienta para molerlas en guisos, sopa de frijoles, cabra, cordero, pato, venado y pavo. Las bayas también se pueden utilizar para hacer té. Las bayas de enebro se utilizan para dar sabor a vodka, ginebra, aquavit y aguardiente. También puede agregar las bayas a los adobos. No use demasiadas bayas, ya que pueden resultar tóxicas (como la sal y la pimienta). Usa las bayas como especia.

Usos

El aceite esencial (diluido) se puede utilizar para limpiar los tejidos más profundos de la piel. Los extractos se han utilizado para tratar la dismenorrea, el síndrome premenstrual y para promover la menstruación. Algunos practicantes también agregan agujas y corteza al té hecho con bayas. La baya tiene propiedades diuréticas, antisépticas y digestivas. Puede utilizarse como tónico. Es ideal para los problemas del tracto urinario y la vesícula biliar. No debe usarse si la persona tiene problemas renales.

Según la medicina moderna, los extractos se pueden utilizar para tratar la dispepsia. El extracto de las bayas tiene propiedades diuréticas. Los extractos se pueden usar para tratar la hidropesía, las enfermedades cardíacas y la presión arterial alta y se usan para tratar la gota y la artritis en Europa. Se están realizando investigaciones para estudiar las propiedades anticancerígenas, antidiabéticas y antiinflamatorias de los extractos.

Precaución

Use enebro con cuidado y con moderación, ya que puede provocar alergias. Una mujer embarazada debe evitar el uso de la planta por completo, ya que puede provocar contracciones uterinas. También puede aumentar el sangrado menstrual.

No use enebro si tiene enfermedades renales, infección renal o síntomas de un problema renal. No use aceite esencial cáustico y concentrado sin consultar a un profesional médico holístico autorizado.

Dulce cicely
Apiáceas (Myrrhis Odorata L. Scop.)

Identificación

Esta planta se parece a la cicuta pero es más pequeña y llega a medir 3 pies de altura. Las raíces trituradas huelen a semillas de anís y las hojas son de color verde brillante y brillantes, mientras que las flores son pequeñas, blancas y en umbelas. También se le conoce como anís salvaje y tiene un aroma y sabor dulce a anís. Las flores florecen a principios del verano o finales de la primavera, tienen forma de pirámide y generalmente son de color negro pardusco. Las hojas saben a anís y huelen a apio.

Habitat

Generalmente se encuentra en todos los Estados Unidos de América, excepto en montañas altas y desiertos extremos. Es un habitante del bosque. Prefiere buen suelo y sombra.

Cosecha

Las raíces y las hojas son comestibles y se pueden cosechar en primavera. ¡Ten cuidado! La planta parece una cicuta venenosa, y es fácil confundirlas.

Comestible

Tanto la raíz como las hojas son comestibles, pero deben cosecharse con sumo cuidado ya que la planta parece una cicuta venenosa. No coseches si estás confundido. La raíz se utiliza como especia en productos horneados, verduras cocidas, etc. Se puede utilizar como sustituto del anís. Las hojas se utilizan a menudo en ensaladas. La raíz cocida se puede encurtir, agregar a sopas, ensaladas y también se puede consumir fría.

Usos

Tradicionalmente se utiliza como expectorante y purificador de sangre durante cientos de años. También se usó para tratar problemas respiratorios y asma.

En los tiempos modernos, el té elaborado con las raíces se utiliza como descongestionante, expectorante y como ayuda digestiva. Todavía se cree que la raíz es eficaz contra la anemia gracias al alto contenido de hierro presente en las raíces. La raíz cocida actúa como carminativo.

Trébol dulce

Fabaceae (Melilotus officinalis L. Pall.)

Identificación

Es una planta pequeña, muy ramificada con flores amarillas. Las hojas son dentadas finas y alternas. Son trifoliadas, es decir; tienen tres pecíolos. Las pequeñas flores amarillas florecen profusamente en racimos con tallo. La fruta tiene una punta espinosa; es liso, obtuso y negro pardusco. Generalmente tiene una semilla por vaina. La planta también se conoce como trébol dulce amarillo.

Habitat

Generalmente se encuentra en el este de Mississippi y los estados de las praderas. También se puede encontrar en prados de montaña. Está disponible en todos los Estados Unidos de América.

Cosecha

La raíz y las flores se pueden recolectar al madurar.

No comestible

El trébol dulce contiene cumarinas, que son anticoagulantes y actúan como diluyentes de la sangre. Esto ha matado ganado en el pasado. No comas.

Usos

Los nativos americanos usaban las raíces y las flores para hacer una infusión, que se usaba como lavado para tratar las quemaduras solares y las espinillas. Las partes aéreas se han utilizado en el pasado para hacer infusiones frías por Ramah Navajo para tratar los resfriados.

Las flores secas se mancharon en la casa para traer de buen humor.

En la medicina moderna, los tallos, flores y hojas se han utilizado para obtener extractos, que se pueden utilizar para tratar edemas, heridas contusas, varices, heridas y hemorroides. Se supone que tiene propiedades antiinflamatorias. Puede mejorar el rendimiento linfático y venoso.

Precaución

La planta contiene varios flavonoides, aceites volátiles, cumarinas y saponinas, por lo que debe usarse estrictamente bajo la supervisión médica de un profesional autorizado.

Cicuta occidental

Pinaceae (Tsuga heterophylla [Raf.] Sarg.)

Identificación

Es una planta alta de hoja perenne que puede crecer hasta 150 pies de altura. Tiene una copa cónica y estrecha con ramas caídas. Las agujas son flexibles, planas y redondeadas en la punta. Tiene ramitas delgadas de color amarillo pardusco con pelo fino que es áspero al tacto. Los conos son largos, elípticos, marrones y no tienen tallo.

Generalmente cuelgan al final de la ramita. Las semillas son de alas largas y están emparejadas.

Habitat

Generalmente se encuentra en el sur de Alaska y California y también se encuentra en Montana e Idaho. Prefiere suelos húmedos y ácidos y le gustan las pendientes más bajas y las llanuras bajas.

Cosecha

La corteza se puede recolectar al madurar.

Comestible

La corteza interior fue utilizada para hacer pan por los nativos americanos que vivían en la costa.

Usos

La corteza exterior se usó para hacer una decocción, que se usó como lavado para tratar quemaduras y heridas. La corteza interior se infundió y se desechó para tratar infecciones agudas, incluidos resfriados, gripe, etc. La resina y el aceite de cicuta se utilizan externamente para aliviar las articulaciones reumáticas y la artritis. Las agujas se utilizan para hacer té, que es rico en vitamina C. Este té puede ayudarlo a prevenir el escorbuto.

En los tiempos modernos, los primeros pueblos todavía usan los tés y decocciones para una variedad de propósitos. Las ramas de cicuta se utilizan para recolectar huevos de arenque por First People. La medicina moderna rara vez usa cicuta por sus propiedades medicinales.

Precaución

El té hecho con las agujas se usa para tratar la gripe y los resfriados, pero puede ser tóxico si se toma en grandes cantidades.

Notas

La cicuta es excelente. La madera para pasta se utiliza para fabricar papel celofán, plásticos y rayón. Los nativos americanos lo usan para hacer remos, señuelos de pesca y botes.

Espino cerval

Rhamnaceae (Rhamnus cathartica L .; R. purshiana [DC.] Cooper)

Identificación

Es un arbusto de tamaño mediano o un árbol pequeño que puede crecer hasta 20 pies de altura. Tiene muchas ramas y densamente foliada. Si bien el nombre sugiere lo contrario, la planta está completamente sin espinas. Tras la maduración, la corteza se vuelve marrón grisácea con lenticelas de color blanco grisáceo. Las hojas son peludas, delgadas, elípticas y con márgenes completos. Las flores de color blanco verdoso crecen en abundancia en los cimas axilares. Son diminutos y tienen cinco pétalos. La fruta madura es generalmente de color púrpura rojizo a negro púrpura y tiene dos o más semillas. La variedad R. purshiana es más alta y tiene hojas más grandes.

Habitat

R. cathartica se encuentra generalmente en tierras de dunas alrededor del lago Michigan. R. purshiana se encuentra en las estribaciones de Idaho, Columbia Británica, Montana, Washington y Oregon.

No comestible

Usos

Antes de la Segunda Guerra Mundial, las pastillas de Cascara estaban disponibles sin receta como laxante. Los nativos americanos usaban las infusiones hechas con la corteza por sus propiedades laxantes, purgantes y antiparasitarios. Como emético se utilizó una infusión hecha con la fruta y las ramitas. Para reducir la aspereza de la corteza, se puede curar durante aproximadamente un año.

Incluso en la actualidad, el extracto de la corteza de R. purshiana se considera un laxante potente. Se usa para tratar el estreñimiento. El resultado / respuesta de este medicamento puede durar hasta ocho horas.

Precaución

Nunca use este medicamento para despejar obstrucciones intestinales. La infusión de la corteza se considera un tónico limpiador, pero su uso durante mucho tiempo puede resultar cancerígeno. Se recomienda usar este medicamento solo bajo la guía de un profesional médico holístico autorizado o de cualquier otra forma.

Tejo americano

Rhamnaceae (Taxus brevifolia Nutt.)

Identificación

Es un arbusto de hoja perenne que crece hasta 50 pies de altura. La corteza es de color púrpura rojizo, caída y parecida al papel. Las hojas son planas y como agujas y crecen en filas opuestas. Las flores tienen forma de pequeños conos. El fruto es pequeño, parecido a una baya, escarlata y tiene una copa carnosa alrededor de la semilla.

Habitat

Generalmente se encuentra en Oregon, el norte de California, Washington, Montana, Idaho, Alberta y Columbia Británica. Prefiere lugares sombreados y húmedos.

Comestible

Las tribus Mendocino y Karok consumían la fruta roja y madura. Todas las demás partes de la planta se consideran tóxicas y no deben consumirse. También se recomienda evitar la comida.

Usos

Los nativos americanos usaban las agujas húmedas de T. brevifolia, es decir, el tejo americano, como cataplasma en las heridas. Se consideró que las agujas eran un tónico fuerte y poderoso, una panacea, y se usaban para una variedad de propósitos, incluido el tratamiento de lesiones y la reducción del dolor. Las decocciones hechas con la corteza se utilizaron para curar el dolor de estómago. Los nativos americanos lo utilizaron por primera vez para tratar el cáncer.

En los tiempos modernos, el tejo americano se usa para hacer taxina o paclitaxel. Es un fármaco tóxico que detiene el proceso de multiplicación celular y es útil en el tratamiento del cáncer. A menudo se usa para tratar el cáncer de cuello uterino, leucemia, mama y ovario. Son necesarios más y más ensayos clínicos.

Precaución

Ambas especies pueden ser bastante dañinas y pueden inducir el aborto. Todas las partes de la planta son tóxicas y no deben consumirse a menos que lo recomiende un profesional holístico autorizado.

Notas

Ambas especies tienen propiedades para combatir el cáncer. Se necesitan alrededor de 9000 kg de corteza seca o 3000 árboles (T. brevifolia) para producir solo un kg de Taxol. Esta tasa de extracción destruirá todos los tejos silvestres de los Estados Unidos de América. Para contrarrestar esto hoy en día, Taxol se produce clonando células en tanques de biorreactores gigantes. Actualmente, los investigadores están trabajando para producir pineno a partir de pinos.

Conclusión

El aumento de diversas enfermedades y trastornos ha asustado a personas de todo el mundo. La medicina moderna es útil, pero tiene sus problemas, siendo el más importante su multitud de efectos secundarios y tasas elevadas. No es de extrañar que muchas personas hayan comenzado una vez más a avanzar hacia prácticas antiguas y la medicina herbal.

Las plantas medicinales y herbarias crecen en todo el mundo. En los Estados Unidos de América crecen muchas especies diferentes y de gran utilidad. Algunos de ellos son bien conocidos, mientras que otros no lo son. Estas hierbas y plantas guardan el secreto para una vida larga, saludable y en forma. Solo necesitas aprender a desbloquearlos. Estas hierbas seguramente pueden hacer que nuestras vidas estén llenas de bienestar y salud.

No debería sorprendernos entonces que la búsqueda de comida esté ganando popularidad rápidamente en todo el mundo, especialmente en los Estados Unidos de América. Ya no es solo un hobby; se ha convertido en una elección de vida saludable, útil y sostenible si se realiza correctamente. Es necesario aprender a identificar y recolectar plantas silvestres, ya que puede ayudarlo de diversas maneras. Debe ser un viaje continuo. Deberías buscar apasionadamente cada vez más plantas e información relacionada con ellas.

Si bien este libro contiene una gran cantidad de datos relacionados con algunas de las plantas más comunes (y algunas poco comunes), todavía está incompleto. De hecho, ningún libro puede contener una lista detallada de todas las plantas medicinales porque la Madre Naturaleza ha bendecido estas plantas con un corazón abierto. Este libro lo ayudará a identificar muchas plantas diferentes y también le informará sobre sus beneficios para la salud, pero en lugar de detenerse aquí, busque aún más plantas.

Los datos detallados sobre los conceptos básicos de la búsqueda de alimentos, las hierbas comunes, el almacenamiento y la conservación no solo lo ayudarán a identificar las plantas, sino que también lo ayudarán a recolectarlas y almacenarlas. Si bien el libro se centra en América del Norte, muchas de las plantas también se pueden encontrar en otros lugares. Por tanto, este libro le ayudará a aprovechar los dones de la madre naturaleza sin dañarla.

Identificar, recolectar y usar plantas medicinales silvestres es una hermosa experiencia. Le permite formar una conexión mejor y mayor con la madre naturaleza. Te vuelves uno con ella cuando experimentas la suave acción curativa de las hojas, raíces, flores, frutos y varias otras partes de las plantas. No es solo una experiencia médica; también es un despertar espiritual. Es una oportunidad para volver a las raíces.

Recuerde siempre que la herboristería y la búsqueda de alimentos deben realizarse con el mayor respeto. Hay suficientes hierbas en la naturaleza para las necesidades de todos, pero no para la codicia de todos. No destruyas una planta o una especie por tu codicia. Se debe evitar el forrajeo desenfrenado. Este libro contiene consejos sobre la búsqueda de comida sin sentido y cómo evitarla, lo que le ayudará a buscar comida de forma sostenible.

Si bien las medicinas y los fármacos modernos a menudo se evitan por sus efectos secundarios, las plantas y hierbas silvestres también pueden tener efectos secundarios. Ciertas hierbas son extremadamente potentes y su uso indebido o abuso puede provocar varios problemas graves. Se recomienda ponerse en contacto con un médico o un profesional de la salud autorizado y apropiado antes de usar cualquier hierba, planta o extracto.

La búsqueda de comida puede ser una experiencia extraordinaria si intentas conectarte con la naturaleza. ¡Buena suerte!

Referencias

Adamant, A. (2018, 9 de noviembre). 16 árboles medicinales para su botiquín de hierbas medicinales. Sitio web de Practical Self Reliance: https://practicalselfreliance.com/medicinal-trees/

Burns, J. (2018, 1 de agosto). Búsqueda de alimentos y hierbas - Boticario de hierbas y bienestar nutricional ROISH | Boticario de hierbas y bienestar nutricional. Sitio web de ROISH Herbal Apothecary & Nutritional Wellness: https://www.roishherbalapothecary.com/the-articles/2018/4/26/template-d36kc

Codekas, C. (2019, 3 de abril). Qué forrajear en primavera: 20 plantas comestibles y medicinales y hongos que cultivan forrajes Sitio web de Cook Ferment: https://www.growforagecookferment.com/what-to-forage-in-spring/

Erich. (2019, 29 de julio). Una guía para buscar plantas medicinales. Sitio web de Hobby Farms: https://www.hobbyfarms.com/a-guide-to-foraging-for-medicinal-plants/

Búsqueda de archivos medicinales y comestibles silvestres. (Dakota del Norte). Sitio web de Chestnut School of Herbal Medicine: https://chestnutherbs.com/category/foraging-for-wild-edibles-and-medicinals/

Buscando comestibles silvestres y medicinas con Planty Kim | Abundancia de artes curativas. (Dakota del Norte). https://abundancehealingarts.com/herbalism-wild-foods/

Alimentos y medicinas gratis (Parte 1): Haga que la búsqueda de setas y plantas comestibles y medicinales sea parte de su experiencia diaria en la naturaleza. (Dakota del Norte). Sitio web wms.org: https://wms.org/magazine/1241/Free_Food_and_Medicine

Meuninck, J. (2016). Plantas medicinales de América del Norte : una guía de campo. Guilford, Connecticut: Falconguides.

Middleton, J. (1984). Actas del Simposio sobre el papel de la biología en el desarrollo, Dar es Salaam, septiembre de 1983. Dar Es Salaam: Publicado por la Facultad de Ciencias de la Universidad de Dar Es Salaam en colaboración con el Consejo Nacional de Investigación Científica de Tanzania.

Opsomer, L. (2019, 6 de marzo). Buscando alimento en América del Norte. Sitio web de Adventure Publications: http://blog.adventurepublications.net/2019/03/foraging-in-north-america/

BÚSQUEDA
DE COMIDA
PARA PRINCIPIANTES

*Identificación de frutas, nueces
y semillas en América del Norte*

MONA GREENY

Introducción

Los humanos solían ser mucho más autosuficientes en el pasado. Desde el descubrimiento del fuego hasta la agricultura y el comercio, nos hemos convertido en seres superiores, ¿o no? Con la invención de la rueda dejamos de caminar. Con la agricultura y la ganadería, dejamos de cazar y cultivar alimentos y con la aparición de alimentos procesados y entrega, dejamos de cocinar en casa. Podemos ver un patrón aquí que nos dice que a medida que avanzamos con la ciencia y la tecnología, nos estamos alejando de donde venimos como seres humanos. Hoy en día, una persona promedio no puede cocinar, limpiar o realizar tareas básicas sin la participación de un profesional, ya sea un chef en su restaurante favorito, una empleada doméstica para limpiar su casa o un electricista para cambiar una bombilla. A medida que ampliamos nuestras habilidades en términos de tecnología y desarrollo empresarial, nos alejamos poco a poco de las habilidades básicas a las que estaban acostumbradas las generaciones anteriores. Una de las habilidades más importantes que hicieron los humanos que somos hoy fue la búsqueda de alimento. Por definición, la búsqueda de alimento es simplemente la adquisición de alimentos y suministros de la naturaleza. Nuestros antepasados lo han hecho durante miles de años, y mucho antes de que la agricultura y la agricultura fueran una realidad.

Desde la comercialización de la producción de alimentos, los seres humanos tienen poco o ningún conocimiento de cómo se cultivan los alimentos, y mucho menos opciones alternativas fácilmente disponibles en la naturaleza. Esto se debe a que hemos cambiado nuestras costumbres y dependemos completamente de las economías sistematizadas para sobrevivir. La última década ha sido testigo de una serie de eventos que están cambiando la forma de vida de las personas. Mucha gente está reduciendo su personal para cubrir los gastos, mientras que otros están siguiendo la iniciativa ambiental. Sea lo que sea, la gente finalmente vuelve a salir al aire libre, como en los viejos tiempos. América del Norte está llena de tesoros gastronómicos que esperan que los encontremos y llevamos alegría a nuestro paladar. Desde hongos silvestres hasta bayas y hierbas, puede encontrar tantos ingredientes posibles que definitivamente limitarán la necesidad de comprar en las tiendas. De hecho, algunos de estos alimentos contienen incluso más nutrientes que sus homólogos comerciales, ya que están completamente libres de productos químicos y pesticidas que pueden hacer más daño que bien. No, el recolector le diría que vive completamente de la tierra, pero definitivamente dirá que ha ahorrado una gran cantidad de dinero al hacerlo.

Mientras seas un ser humano, tienes lo necesario para convertirte en un recolector. Con un poco de capacitación y conocimiento, puede volverse increíblemente autosuficiente y aprender habilidades que puede aplicar también a sus actividades de la vida diaria, como cocinar y limpiar. Por lo tanto, si está listo para convertirse en recolector de alimentos o simplemente está buscando un pasatiempo, este libro le será de gran utilidad. Comenzamos hablando en detalle sobre qué es la búsqueda de alimento y cómo comenzó y evolucionó hace miles de años. A partir de ahí, pasamos a la búsqueda de alimentos moderna y cómo puede comenzar de inmediato. Dado que vivimos en el siglo XXI, tenemos que seguir las reglas y regulaciones de nuestro tiempo, ya que no podemos simplemente buscar comida donde y cuando lo consideremos oportuno. Aunque la mayoría de la gente está familiarizada con la búsqueda de alimentos, no es algo que se ajuste a las normas de la sociedad moderna, especialmente en las ciudades urbanas. Recoger manzanas o bayas de un parque puede parecer inofensivo, pero puede terminar infringiendo la ley y pasar algún tiempo detrás de la barra por diferentes cargos dependiendo de dónde se encuentre, por lo que debe aprender las nuevas reglas rápidamente.

Una vez que esté familiarizado con las reglas de su pueblo o ciudad, puede comenzar a buscar qué frutas, nueces y semillas se encuentran fácilmente allí. Algunas personas generalmente buscan artículos específicos como hierbas, que también pueden cultivar fácilmente en casa. Mientras que a otros les encanta probar nuevos ingredientes y crear platos emocionantes utilizando exclusivamente ingredientes forrajeros. Tanto es así que ahora puedes encontrar restaurantes en todo el mundo que ofrecen menús únicos que definitivamente pondrán a prueba tu curiosidad. Con las redes sociales y YouTube, tenemos acceso a muchas cosas que suceden en el mundo. Dado que la búsqueda de comida no es exactamente normal en el mundo moderno, definitivamente está haciendo algo de ruido en la atmósfera social con blogueros, celebridades, científicos e incluso instructores de supervivencia como Bear Grylls que introducen la búsqueda de comida en el mundo directa o indirectamente. Todos sabemos cómo se pueden difundir las noticias y qué sabes, tenemos un movimiento en alza. Hay mucho más por venir, pero en este libro, nos centraremos en la búsqueda de alimento tal como es ahora y cómo puede convertirse en uno.

Capítulo 1

Búsqueda de comida

La búsqueda de alimento es el acto de buscar, recolectar y cosechar alimentos que crecen en la naturaleza para su sustento. Para nuestros ancestros lejanos que evolucionaron como recolectores y cazadores, era una forma de vida y una actividad necesaria para la supervivencia. Sin embargo, a medida que evolucionamos lentamente y dimos lugar a la agricultura y la producción comercial de alimentos, una de nuestras habilidades más básicas desapareció lentamente y ahora permanece como nada más que una actividad recreativa para un pequeño grupo de personas. En países desarrollados como Estados Unidos, la búsqueda de comida es casi inexistente a menos que llame a buscar un refrigerio de medianoche en el refrigerador para buscar y recolectar.

Aunque la práctica de la búsqueda de comida ha existido durante el 95 por ciento de la existencia humana, las últimas décadas de agricultura industrial han dominado el mercado de alimentos. La búsqueda de alimentos ahora se limita solo a las personas que viven una vida autosuficiente debido a la conciencia social, ambiental y económica. Por lo tanto, a menos que haya crecido en una granja o cerca de un bosque, es probable que nunca haya visto o escuchado de alguien que busque alimento, aparte de quizás algunas personas sin hogar que bucean en los contenedores de basura. Si bien la producción en masa de alimentos resuelve un gran problema, especialmente con el avance de la tecnología y las megacadenas de suministro para que estén fácilmente disponibles en cualquier lugar al que vayas, es posible que perdamos otro rasgo humano o habilidad básica. Si lo piensa, la mayoría de los estadounidenses no conocen las habilidades básicas como cocinar, limpiar, construir o usar herramientas, algo que probablemente haría llorar a nuestros antepasados.

La gente generalmente ve la conveniencia como algo bueno, que resuelve problemas y ahorra tiempo. No es que todas las comodidades sean malas, pero confiar demasiado en muchas comodidades modernas está reprimiendo nuestras costumbres humanas. Esto causa más daño que bien y afecta la capacidad de una persona para hacer las cosas por sí misma. Incluso la conveniencia tiene un precio que se paga, ya sea dinero, tiempo o salud en el caso de la comida preparada. Sin embargo, lo que alguna vez fue una forma de vida no se ha perdido por completo, ahora es más un pasatiempo. A algunas personas les gustan los deportes. A otros les gusta viajar, cocinar, pintar, preparar y realizar actividades recreativas normales. Luego vienen las personas que hacen las cosas de manera un poco diferente, como vivir fuera de la red, cultivar su propia comida y vivir una vida autosuficiente.

Si bien esto puede parecer extraño vivir en el mundo como es hoy, es justo lo que los humanos han hecho durante miles de años. La búsqueda de comida puede considerarse extraña en el mundo moderno, pero si lo piensas bien, depender de los alimentos proporcionados por la naturaleza. Sin embargo, la recolección de plantas, frutas, animales y aves, en lugar de gastar dinero para comprar todo, suena como una idea intrigante. Esto no significa que dejes de ir al supermercado, sino que reducirás la cantidad de dinero que gastas, obteniendo así algunas cosas de la naturaleza gratis. ¿Por qué comprar una naranja cuando puedes caminar o conducir por un huerto o un naranjo, como lo llaman, y elegir algunas, pero no demasiado hombre? No querrás recolectar más de lo que necesitas porque entonces no está buscando comida.

Además, las megaciudades y las estructuras están causando muchos problemas en todo el país con incendios forestales, cambio climático, mala calidad del aire y especies invasoras. Aparte de esto, demasiada conveniencia en las opciones de alimentos está causando problemas de salud pública como la obesidad, la diabetes y las enfermedades cardíacas a nivel comunitario. Esto se debe a que se ha eliminado el esfuerzo por obtener alimentos y, a diferencia de antes, los seres humanos no tienen que hacer mucho para comer. Si bien no existe una solución única para este problema, la antigua práctica de buscar comida puede marcar la diferencia para que las personas se concentren en tener lo suficiente en lugar de acumular y almacenar su refrigerador. Es hora de que volvamos a los días en que la comida se trataba simplemente de vivir todos los días. Las costumbres de nuestros antepasados pueden ser antiguas y consideradas poco ortodoxas en nuestro tiempo, pero al ver que las generaciones han ido y venido desde entonces, definitivamente fue una práctica efectiva de abastecimiento de alimentos.

Lo que ha cambiado desde entonces es que no estamos tan conectados con el entorno natural como solíamos estar. Hoy, estamos más enfocados en obtener buenas ofertas de comestibles en la tienda de conveniencia y en las rebajas del Black Friday, durante las cuales pasaremos la noche afuera solo para tener en nuestras manos bienes de consumo. Cuando se trata de comida, la gente casi no habla de comida real como carne, verduras y frutas. En cambio, hablan de comida rápida como pizza, sushi y donas, junto con cualquier otra comida de fácil acceso. Sin embargo, los tiempos están cambiando con diferentes grupos de personas que dedican sus vidas a recuperar nuestras viejas formas de vida. El movimiento de las casas pequeñas ya ha encontrado su camino de regreso a la sociedad, con miles de personas reduciendo su personal para administrar mejor sus gastos. ¿Por qué no dar un paso más y eliminar algunos, si no todos, los gastos de alimentación mediante la búsqueda de alimentos? Parece que conectarse con nuestro pasado es la única forma de dar forma a un futuro más brillante, razón por la cual los humanos estamos dando un paso atrás.

Nuestro sistema alimentario ha avanzado mucho solo en el último siglo, gracias a la industrialización. Hoy en día, los alimentos crecen en las grandes granjas y nunca vemos realmente cómo llega a ser. Esta es una de las razones por las que nunca desarrollamos el interés por aprender también. Pregúntele a un estadounidense promedio en un área urbana si alguna vez ha visto crecer alimentos del suelo, y lo más probable es que le diga que no. En el pasado, la comida era más que los requisitos básicos de energía para sobrevivir. Las personas tenían una conexión con su cocina e interactuaban entre sí. Cocinar era muy aventurero en ese entonces y se consideraba el último paso en el viaje de una comida. Hoy en día, consiste en sacar los ingredientes de la nevera, cortarlos y cortarlos en cubitos y ponerlos en la sartén. Mientras que hace poco más de un siglo, los niños recogían ingredientes frescos de la naturaleza y los hombres iban a cazar ciervos o gansos salvajes. A pesar de que esto consumía tiempo y energía, acercó a los humanos a la naturaleza, en todo caso. Sin mencionar, las calorías quemadas adicionales para mantenerse en forma y no preocuparse por algunas más en la cena. Las formas modernas pueden ser eficientes, pero nos están alejando del conocimiento básico. Por ejemplo, puede elegir plantas silvestres que sean comestibles y nutritivas, así como aquellas que podrían provocarle malestar estomacal o algo peor. Ese es el problema ahí mismo. Los humanos solían tener un conocimiento detallado sobre los alimentos y las plantas, tanto que lo transmitieron a sus hijos y a las generaciones más jóvenes. Sin embargo, no tiene por qué ser así, al menos no del todo. Pero antes de entrar en más detalles, veamos brevemente la historia del buscar comida y cómo han cambiado nuestras costumbres desde entonces.

La evolución de buscar comida

Como muchos animales, los humanos también buscan alimento y lo han estado haciendo durante miles de años. Sin embargo, en ese entonces, no había muchas opciones al respecto. Los primeros seres humanos de la Tierra se alimentaban de dos formas; buscar plantas y frutas, y cazar animales. Este alimento incluía bayas de arbustos, verduras silvestres, hongos y carne de animales pequeños o grandes. Con los años, se volvieron realmente buenos en eso y pudieron reconocer qué frutas y plantas eran comestibles y cuáles venenosas. Además, con la práctica continua, pudieron saber qué se podía encontrar en diferentes temporadas y cómo administrar mejor sus recursos hasta entonces. Diferentes personas de todo el mundo desarrollaron sus propias ideas o formas, pero lo que sí sabemos es que los humanos se comunican verbalmente, acumulan conocimientos y los transmiten a las generaciones más jóvenes.

Antes de que se inventara la agricultura, los recolectores de alimentos tenían diferentes requisitos de subsistencia. Los refugios temporales eran comunes y las personas siempre se movían en pequeños grupos con contacto limitado con los demás. Las dietas alimentarias dependían del medio ambiente y las condiciones en las que se encontraban las personas, pero estaban bien equilibradas según la temporada. Con la agricultura convirtiéndose lentamente en la nueva normalidad, los humanos comenzaron a establecerse en un lugar donde podrían poblar y vivir sus vidas con redes comerciales y sociedades complejas. Sin embargo, esto no necesariamente equivale a una mejora de la salud ya que, al principio, la agricultura se limitaba a un solo cultivo o en el mejor de los casos a dos. Entonces, la población que había crecido no tenía la dieta balanceada que las generaciones anteriores tenían antes que ellos. Del mismo modo, la agricultura también condujo a la cría de ganado. Si bien contribuyeron a ser una fuente de alimento para grupos más grandes de personas, también causaron muchas enfermedades y parásitos como resultado de los desechos.

Muchos historiadores creen que la búsqueda de comida fue una de las principales actividades que nos hicieron lo que somos hoy. Con el cambio de estaciones, la supervivencia se volvió difícil debido a que los humanos tuvieron que moverse para encontrar otras fuentes de alimento. El estilo de vida nómada llevó al desarrollo de otros rasgos como la pérdida de cabello, intestinos más pequeños, cerebros más grandes y caminar en dos pies. Sin embargo, el desarrollo más importante fue la capacidad de comunicarse entre sí. Entonces, podemos decir que fue nuestra búsqueda de alimentos para sobrevivir lo que esencialmente inició nuestra evolución. Finalmente, esto llevó a la capacidad del hombre para controlar el fuego para cocinar carne y plantas hace más de un millón de años. Esta habilidad es una de las características distintivas clave que nos separan de los animales.

Debido a la nutrición proporcionada por los alimentos cocinados, nuestros intestinos comenzaron a acortarse y ahora ni siquiera tenemos que masticar tanto. Comer juntos dio lugar al concepto de sociedad e interdependencia, que eventualmente condujo a asentamientos en el futuro. Con el tiempo, los humanos comenzaron a mejorar sus habilidades de caza y también desarrollaron diferentes armas y herramientas. Al trabajar juntos, comenzaron a idear formas creativas no solo de cazar sino también de recolectar alimentos repartidos en grandes áreas. Entonces, en lugar de que las personas recolectaran varios alimentos, los grupos de personas comenzaron a recolectar alimentos individuales e intercambiarlos. Por lo tanto, no es necesario ser un historiador para saber que la búsqueda de alimento existe desde la prehistoria. Muchos de nosotros hemos visto películas y dibujos animados basados en la vida de la gente de la Edad de Piedra y el Hombre de las Cavernas, por lo que realmente no podemos negar la idea de buscar comida para comer.

A medida que los humanos se trasladaron de cuevas y pueblos a suburbios y ciudades urbanas, la búsqueda de comida se convirtió lentamente en una habilidad perdida y olvidada entre las masas. Incluso con los esfuerzos de celebridades y figuras importantes a finales de los 70, funcionaron temporalmente antes de que la gente se diera cuenta de que simplemente podían pasar por la tienda para comprar hongos y hierbas con poco esfuerzo. Puede imaginarse que estamos hablando de los años 70, donde todavía estábamos encontrando nuestro camino en la tecnología. En 2020, ¿por qué molestarse en ir a la tienda cuando puedes llevarte la tienda a casa? A pesar de que todavía es así en casi todas partes, estamos viendo algunas chispas aquí y allá que pueden traer de vuelta la búsqueda de alimento a nuestras vidas. Hemos escuchado el dicho, "los problemas modernos requieren soluciones modernas", pero ¿funcionan realmente las soluciones modernas? Con los gastos de subsistencia subiendo por las nubes, personas de todos los ámbitos de la vida están encontrando lentamente formas de ahorrar dinero. Miles de personas están reduciendo el tamaño y los gastos de la forma que pueden, lo que incluye cocinar en casa y también cultivar sus propios alimentos.

Una tendencia al alza

La búsqueda de alimento es una actividad ecológica que se puede realizar en cualquier lugar, desde parques, bosques, jardines e incluso en su patio trasero. Mucha gente no sabe por dónde empezar, por lo que nunca se lo toman en serio, pero nuestro mundo está cambiando tanto que casi parece que estamos retrocediendo en el tiempo. La gente se está mudando rápidamente de las grandes ciudades a las zonas rurales. La urbanización no es tan atractiva como lo ha sido en las cinco décadas, por lo que la gente está volviendo a las viejas costumbres. De la misma manera, aventureros como Bear Grylls y Ray Mears están haciendo que la búsqueda de comida sea increíblemente popular en la televisión no solo enseñando habilidades de supervivencia sino también introduciendo diferentes plantas para la comida y otros propósitos. ¿Cuándo fue la última vez que usó marsh samphire, hogweed, sea remolacha y ramsons en su comida? La respuesta no solo es nunca, sino que se agrega: "Nunca había oído hablar de estos ingredientes antes". Muchos chefs de renombre afirman que la comida de la naturaleza sabe mucho mejor que nuestra comida procesada diaria.

De hecho, un restaurante de dos estrellas Michelin llamado Noma en Copenhague, Dinamarca, está liderando el camino hacia la búsqueda comercial de alimentos. El restaurante escandinavo sirve delicias servidas con ingredientes que solo se encuentran en la naturaleza en diferentes estaciones. Muchas panaderías y bares también han adoptado la tendencia de servir piñas, pasteles de hongos silvestres y postres. Los chefs en los EE. UU. También están utilizando ingredientes forrajeros para agregar sabores frescos y emocionantes a los menús. Con modelos y prácticas sostenibles impresas en sus menús, utilizan productos autóctonos con un sentido de aventura y creatividad. La idea es acercar a los comensales a la naturaleza mediante la introducción de una mezcla de diferentes sabores e ingredientes. Echemos un vistazo a algunos chefs y restaurantes de todo el país que utilizan ingredientes forrajeros para servir a los clientes.

Dan Barber, Blue Hill Stone Barns, Nueva York, EE. UU.

Dan Barber es un chef y empresario aclamado que dirige su restaurante en Nueva York llamado Blue Hill Stone Barns. El restaurante es popular por el uso de productos exóticos junto con 80 acres de tierras de cultivo para ganado, plantas, nueces y hierbas. Los chefs del restaurante buscan los ingredientes que utilizan para cocinar para sus clientes. Lo que es más increíble es que no utilizan cereales forzados para alimentar y engordar al ganado, especialmente a los gansos, sino que les permiten comer de la tierra buscando bellotas, higos y semillas de altramuces.

Karlos Baca, Taste of Native Cuisine, Colorado, Estados Unidos

Karlos Baca es un chef y activista estadounidense que no considera la búsqueda de comida una tendencia o un pasatiempo, sino una forma de vida para los nativos americanos. Su comida proviene de la tierra en la que se encuentra, lo que significa que usa ingredientes locales que se encuentran en el lugar donde cocina en ese momento. También excluye ingredientes que se encuentran comúnmente como harina, azúcar y lácteos. En cambio, usa ingredientes mucho más cercanos a su herencia, como batata, hongos silvestres, chokecherries y alces, entre otros.

Patrick Hamilton, Campamento de hongos silvestres de la Asociación de hongos del condado de Sonoma, California, EE. UU.

Patrick Hamilton, más conocido como Mycochef, es un entusiasta de la búsqueda de setas. El veterano ha estado cocinando champiñones durante más de 40 años y le encanta compartir sus ideas, recetas y experiencias. Una de las experiencias de aprendizaje únicas es identificar diferentes tipos de hongos como porcini, hongos de tintorero y rebozuelos dorados, entre otros. Hamilton es uno de los educadores clave de ForageSF en San Francisco. Su sentido del humor y su actitud positiva atraen a personas de todo el mundo mientras demuestra cómo identificar los hongos de forma segura.

Eddy Leroux, Restaurant Daniel, Nueva York, EE. UU.

Eddy Leroux es chef en Restaurant Daniel en Nueva York. Él, junto con Tama Matsuoka, otro recolector, trabajan juntos para encontrar y servir comidas con ingredientes desconocidos y exóticos. Estos incluyen hojas, tallos y pétalos junto con hisopo de anís y ramitas. Además, presentó bolsas de bienvenida llenas de ortigas y espinas de rosas. Lo interesante es que el menú del restaurante presentaba elementos que cambiaban durante todo el año. De hecho, algunos de sus artículos más desafiantes solo están disponibles durante algunos días de los años debido a que los entusiastas de la comida hacen reservas mucho antes de lo normal. También puede encontrar algunas de sus mejores recetas en su libro, Forraged Flavor.

Alex Almazan

Alex Almazan es un YouTuber serbio que reside en Estados Unidos. Su canal gira en torno a cocinar en la naturaleza con el uso de ingredientes orgánicos, forrajeros y de cosecha propia. Además de los ingredientes, también utiliza herramientas mínimas y chimeneas en su cocina, así como hornos tradicionales revestidos de ladrillos para hornear. Hoy en día, el canal tiene millones de suscriptores y presenta algunas de las recetas estadounidenses más populares elaboradas con ingredientes de origen natural.

Una necesidad emergente

Estas son solo algunas de las muchas personas que están desempeñando su papel para recuperar la práctica. En la era moderna, nada se nos escapa gracias al acceso digital a la información. Solo hace falta una foto o un video para volverse viral, lo que puede provocar un mega cambio en nuestras vidas. Quién sabe, la búsqueda de comida podría convertirse en una actividad común como solía ser. No sorprenderá a nadie que nuestros sistemas alimentarios globales actuales se inclinen hacia la industrialización y la duplicación de dietas en diferentes países. Por ejemplo, puede encontrar mangos paquistaníes en las tiendas de comestibles de Nueva York durante la Navidad, entonces, ¿por qué los consumidores se molestarían en preocuparse por dónde se cultivan los alimentos o esperarían la temporada adecuada para disfrutarlos? Para empezar, una buena razón sería tener que pagar una cantidad irrazonable de dinero por la fruta solo porque está fuera de temporada. Hay una lección que podemos aprender de los países en desarrollo de Asia y África, de donde se importan muchos de nuestros alimentos cotidianos. Los lugareños esperan los alimentos de temporada, a diferencia de los países desarrollados donde las demandas de los consumidores impulsan la producción durante todo el año debido a que más del 40 por ciento de los productos se desperdician, según un estudio de NasDaily.

Un puñado de organizaciones dominan el mundo de la alimentación. Como resultado, no tenemos control sobre recursos vitales como alimentos y vivienda, especialmente con el creciente número de desechos y millones con necesidades insatisfechas. Con las regulaciones establecidas para favorecer a estas industrias, los consumidores tienen que pagar el precio establecido para los diferentes productos alimenticios, incluso si pueden exceder el precio de la producción por un gran margen. Pensaría que estos artículos no vendidos podrían ser donados a los pobres o necesitados, pero más bien se descartan como desechos que solo crean más problemas. Probablemente lo único bueno que salió de ella fueron los freegans; personas que rechazan el consumismo y buscan ayuda de su entorno para sobrevivir y reducir el desperdicio en el proceso viviendo de los bienes desechados. Todos tenemos un poco de freeganism en nuestras venas, y los especialistas en marketing lo han estado utilizando durante años para generar ventas y generar ingresos. Puede que esto no sea un buscar comida convencional, pero puede encontrar miles de personas que se zambullen en contenedores de basura cerca de restaurantes, supermercados y fábricas de alimentos en busca de alimentos comestibles. Por lo tanto, no hay una sola forma de encontrar una comida sin costo, y si sigue la definición de búsqueda de comida del diccionario, el buceo en el contenedor definitivamente cuenta. Si bien esto puede parecer algo que harían las personas pobres o sin hogar, le sorprendería saber que en realidad se trata de un movimiento para contrarrestar el cambio climático y el desperdicio. Como resultado, muchas ciudades, incluidas Nueva York y Los Ángeles, están recuperando la vieja práctica para resolver muchos problemas, ya sea la salud humana, la naturaleza o la crisis económica. A medida que leemos, descubriremos qué ha cambiado hasta ahora y cómo podría convertirse también en un recolector.

La búsqueda de alimentos como profesión

La mayoría de la gente piensa que los recolectores son hippies o extremistas que simplemente viven de la tierra. Por lo tanto, puede imaginar la expresión de sus rostros cuando se enteran de que las personas en realidad están ganando dinero con la búsqueda de alimentos. Tan sorprendente por este sonido, algunos recolectores profesionales trabajan para restaurantes, son dueños de un negocio sostenible o incluso brindan educación al aire libre, que incluye artesanías exploradoras y forestales. Cuando se trata de la industria alimentaria, los ingredientes silvestres alcanzan el máximo precio en los restaurantes de alta cocina. Las tendencias recientes sugieren que la comida de la granja a la mesa está pasando lentamente a la comida del campo a la mesa, ya que los entusiastas de la comida buscan experimentar comidas elaboradas con productos como hongos silvestres y ensaladas verdes del bosque. Los recolectores profesionales pasan sus días en diferentes condiciones, posiblemente incluso extremas, buscando y recolectando alimentos en la naturaleza para ganar miles de dólares. ¿Quién hubiera pensado que los ingredientes forrajeros podrían estar en la misma categoría que el caviar, la trufa, el ruibarbo y las vieiras? Algunos recolectores profesionales ofrecen cursos de capacitación que cubren una variedad de temas como la identificación de plantas, la cosecha estacional, las leyes de alimentación y las consideraciones éticas, la medicina herbal e ideas de bricolaje.

Capítulo 2

¿Por qué buscar comida?

Mucha gente cuestiona la necesidad de buscar comida en el mundo moderno. Estas personas son las que se han convertido en víctimas de la comercialización y el consumismo. La verdad es que ellos realmente no tienen la culpa a medida que avanzamos hacia una era en la que la tecnología tiene como objetivo automatizar, facilitar, duplicar o acelerar los productos o servicios existentes. Piénsalo; todavía hacemos las cosas de la misma manera que las hacemos. Por ejemplo, en la década de los 70, hacíamos llamadas con nuestros teléfonos con cable. Hoy todavía hacemos llamadas pero con el uso de teléfonos inteligentes.

De la misma manera, seguimos pagando por todo lo que necesitamos. En ese entonces, solo teníamos la opción de pagar en efectivo, pero ahora, casi todas las transacciones son sin efectivo. Ahora, cuando se habla de comida, todavía comemos carne, verduras y frutas. La única diferencia es que hace más de un siglo, no habrías visitado un supermercado para comprar todo esto. La pregunta es, ¿por qué forrajear cuando todo está fácilmente disponible a nuestro alrededor? La respuesta a esta pregunta es mucho más compleja de lo que uno podría imaginar. La gente hace cosas por diferentes razones; tienen diferentes necesidades, vidas y pasatiempos que impulsan sus acciones. Es fácil decir que las personas buscan comida para poder disfrutar de una comida gratis, pero nadie pregunta por qué necesitaban buscar una comida gratis en primer lugar.

Además, no todo el mundo tiene esa vida de 9 a 5 que nuestras economías nos empujan desesperadamente a convertirnos. Algunos de nosotros encontramos el tiempo para interactuar con nuestro entorno para experimentar nuevos sabores, colores, patrones, olores y una sensación libre de estrés. Entendemos que la gente moderna busca razones más convincentes, por lo que también entraremos en eso. Las plantas, nueces y semillas que se encuentran naturalmente tienen un alto contenido de nutrientes, vitaminas, minerales y, lo que es más importante, no contienen pesticidas. Ésta es una de las diferencias más importantes entre comprar en su tienda local y buscar comida; sin productos químicos añadidos. Lo que es más sorprendente es que cuando aprendes a buscar comida, seguramente explorarás tantos tipos nuevos y emocionantes de plantas, nueces y semillas que nunca podrías encontrar o saber buscar en la tienda. A veces, pasamos por delante de los alimentos comestibles sin siquiera saberlo. Esto se debe a que muchos alimentos no están disponibles comercialmente debido a decisiones de toma de decisiones sobre la oferta y la demanda. Entonces, ¿cuál es el punto de tener piñones, morillas y pollo del bosque en una tienda si nadie los conoce? Como resultado, los consumidores se pierden sabores únicos y se apegan a la misma comida de rutina que comen durante todo el año. Muchas de estas plantas, como las hojas de gordolobo, tienen grandes fines medicinales, pero nadie habla de ello; de lo contrario, la industria farmacéutica definitivamente se vería afectada.

Beneficios de buscar comida

Los beneficios de buscar comida son más de lo que piensas. Sin embargo, necesitará mucha información y aprender tanto como sea posible sobre lo que puede encontrar allí. Entonces, profundicemos en por qué debería agregar la búsqueda de alimento como una actividad de ocio o recreativa en su vida.

La búsqueda de comida te lleva afuera

La mayoría de nosotros tenemos un horario de trabajo ocupado debido al cual apenas tenemos tiempo para nosotros. Pasamos nuestro tiempo en edificios enormes en un escritorio todo el día solo para volver a casa y dormir más de lo mismo al día siguiente. La búsqueda de comida puede ser justo lo que necesita para salir a tomar aire fresco lejos del ruido, el tráfico y las personas también. Si vive en Nueva York, por ejemplo, puede encontrar fácilmente una parte local para pasar un rato durante el almuerzo. Todo lo que necesita son 20-30 minutos de su apretada agenda para tomar una bolsa y obtener información de Internet sobre las plantas comestibles que son comunes en su área. Fireweed y diente de león se encuentran en todo el hemisferio norte.

Más nutrientes que sus alimentos promedio

Muchas plantas silvestres son más nutritivas que las plantas cultivadas. Por ejemplo, Chenopodium Album, comúnmente conocido como espinaca silvestre, Fat Hen o White Goosefoot, contiene más proteínas y hierro que la espinaca, y más calcio y vitaminas que el repollo. De la misma manera, la hoja de muelle es un gran sustituto de la col rizada, ya que solo 100 gramos cubrirán el 80 por ciento de su cantidad diaria de vitamina C y vitamina A. Si hace su tarea, puede identificar fácilmente diferentes plantas, sepa si son seguros para consumir o la cantidad que debe comer sin causar ningún problema.

La búsqueda de comida se puede realizar en cualquier lugar, incluidas las ciudades

No es necesario estar cerca de tierras de cultivo, bosques o parques para buscar comida. Los espacios verdes se encuentran en todas las ciudades importantes, por lo que tomar una ruta diferente a la habitual para explorar un área diferente puede serle útil para encontrar alimentos comestibles. También puede buscar espacios verdes en Google Maps para verificar, y si están cerca de donde se encuentra, puede caminar o andar en bicicleta fácilmente para una aventura más emocionante. Si estás en Chicago, puedes encontrar una variedad de plantas comestibles en tu camino, incluyendo Butterfly Weed, Wild Quinine y Pale Purple Coneflower.

La búsqueda de comida pone a trabajar sus papilas gustativas

Una vez que empiece a buscar comida, seguramente probará nuevos y emocionantes sabores que nunca antes había probado. Comer la misma comida puede volverse aburrido con el tiempo. Las comidas preparadas y para llevar están bien de vez en cuando debido a la intensa carga de trabajo y la falta de tiempo libre para cocinar. Como resultado, terminamos comiendo la misma comida, lo cual es realmente triste considerando las opciones disponibles. Con solo caminar por la calle, es posible que se encuentre con nuevas plantas y frutas que nunca antes había probado, excitando sus papilas gustativas y haciéndolo feliz. La comida es un gran cambiador de humor, y qué mejor manera de levantar tu estado de ánimo si es la comida por la que no tienes que pagar.

La búsqueda de alimento es educativa

Aprender sobre la comida es algo en lo que todo el mundo debería estar interesado. Después de todo, es nuestro medio de supervivencia. Sin embargo, esto no significa que debas ir a la universidad para hacer esto; se puede aprender sobre las plantas silvestres en cualquier lugar y en cualquier momento. Todo lo que necesita es un libro de referencia como este y un sentido de aventura para llevarlo afuera. Además, no hay ningún examen al final del día, aparte de poner a prueba tus habilidades para cocinar y hornear. Si realmente está a la altura, comience simplemente con la identificación básica de las plantas que son comunes cerca de su ubicación y vaya desarrollándola lentamente.

Los alimentos forrajeros pueden ahorrarle dinero

No tener que pagar toda la comida es una excelente manera de ahorrar dinero. Muchos recolectores de alimentos han ahorrado una gran parte de sus gastos mensuales recogiendo verduras silvestres en lugar de comprar las cultivadas en el supermercado. Si bien esta opción no es muy consistente ya que no encontrará verduras y frutas cada dos semanas, nadie diría que no a reducir los gastos cuando pueda.

Los alimentos forrajeros son ecológicos

Cuando las personas dejan de comprar alimentos procesados y verduras producidas en masa, cambian la curva de oferta y demanda hacia una menor producción. Una menor producción conduce a una reducción masiva de la huella de carbono. Esto puede hacer retroceder a los productores en masa hasta cierto punto y con razón, considerando cómo el consumismo ha afectado a la gente común desde que comenzó la era industrial. Casi el 40 por ciento de los alimentos producidos se desperdician en los EE. UU. Todos los días, que no se donan a los necesitados ni se venden a precios más bajos si exceden su vida útil. Por ejemplo, las hojas de ensalada en bolsas son bastante caras y se echan a perder muy rápidamente. Como resultado, terminan desperdiciando y dañando el medio ambiente inevitablemente. El uso de hojas forrajeadas no solo puede ahorrarle mucho dinero en un año, sino que también reduce el desperdicio y la sobreproducción para ayudar a salvar el medio ambiente. Muchas frutas compradas en las tiendas a menudo se echan a perder rápidamente y, como resultado, se desechan. La búsqueda de alimentos requiere tiempo y esfuerzo para recoger las frutas, por lo que es menos probable que las personas tomen más de las que necesitan y es menos probable que las dejen estropearse y desperdiciarse.

La comida forrajeada hace excelentes bebidas

Si conoce la fermentación y tiene el pasatiempo de hacer su propia bebida, buscar comida es una excelente opción para agregar un sabor único a los vinos alcohólicos y la cerveza. Las flores silvestres, las hojas, las bayas y las raíces son abundantes en la naturaleza para agregar emoción a sus papilas gustativas y, además, limitan la necesidad de comprar alcohol procesado en las tiendas. Las excelentes opciones incluyen cerveza de raíz de diente de león y champán de flor de saúco, ya que requieren habilidades técnicas mínimas para hacer.

Los alimentos forrajeros son excelentes para la medicina

La búsqueda de comida no es solo una forma de obtener alimento. Durante miles de años, los seres humanos han utilizado plantas como remedios naturales y hierbas medicinales. Las hierbas del jardín, las malas hierbas y las plantas de la tierra nos han servido como un verdadero tesoro durante milenios. Estas plantas se han utilizado para diferentes propósitos, que incluyen desinfectar heridas, combatir los dolores de estómago y de cabeza, hacer crecer el cabello largo y otros fines cosméticos. Por ejemplo, las rosas silvestres están llenas de vitamina C, así que la próxima vez que regreses de tu carrera matutina, toma algunas para hacer té. Esto ayudará con la reparación muscular y la recuperación general de la fatiga. Los remedios naturales y los estimulantes de la inmunidad pueden reemplazar la necesidad de suplementos que cuestan mucho y también requieren receta médica.

La búsqueda de comida te conecta con la naturaleza

No mucha gente nota que su nivel de curiosidad alcanza su punto máximo cuando están afuera. Este es definitivamente nuestro instinto humano básico de explorar sin que nos demos cuenta. La búsqueda de comida es una gran actividad general si lo piensas. Es físico, requiere estrategia y planificación, y al final del día, es literalmente fructífero.

La búsqueda de comida expande su menú

Muchos de nosotros nos encontramos cocinando las mismas comidas al día dentro y fuera, lo que puede volverse aburrido con el tiempo, por lo tanto, desarrollamos la necesidad de comer fuera de casa con más frecuencia. Muchos artículos recolectados no se encuentran comúnmente en los supermercados, por lo que usarlos agrega un nuevo sabor a su comida y, por lo tanto, trae más emoción a su cocina y despensa. Además, no es que otros no lo estén haciendo. Puede encontrar cientos de recetas de todo el mundo con ingredientes forrajeros como setas, dientes de león y espinacas silvestres.

La búsqueda de comida ayuda a mantener una vida autosuficiente

Para aquellos que buscan vivir una vida autosuficiente, la búsqueda de comida es una de las actividades clave para llegar allí. No todo el mundo puede cultivar alimentos en casa, pero con la naturaleza a nuestro alrededor, realmente no es necesario. Miles de personas están utilizando la última tecnología para participar en algunas de nuestras prácticas más antiguas. Puede encontrar personas que viven fuera de la red, que generan su propia energía, que crían su propio ganado y se mueven por el país para vivir un estilo de vida diferente. No tener que comprar comida todo el tiempo es una excelente manera de ser autosuficiente, aunque no todos pueden decir eso. Todo es cuestión de perspectiva y de lo que significa para ellos la autosuficiencia.

Consumismo contadores de buscar comida

Ha sido una idea de larga data que el bienestar y la felicidad de una persona dependen de la obtención de bienes de consumo y posesiones materiales. Ahora, la clave aquí es la palabra obtención, que suele ser con dinero. Si bien el dinero es la forma en que funciona nuestro mundo hoy en día, hemos pasado de querer tener lo suficiente a querer tanto como sea posible. Si lo piensas bien, la comida se trataba tanto de la experiencia como de la comida en sí. La búsqueda de comida es uno de los jugadores del juego, que hace que la gente vuelva a una forma de vida más sencilla.

Peligros del buscar comida

La búsqueda de comida tiene su lado negativo: vive todo lo demás, la mayoría de los cuales se pueden evitar fácilmente. Sin embargo, los peligros están en todas partes, pero cuando se trata de la búsqueda de alimentos, generalmente se enfrentan a buscadores novatos que realmente no tienen la experiencia o la información completa. Los siguientes son algunos de los principales riesgos de la búsqueda de alimento;

Ser arrestado

La ley es lo que nos separa de los animales, como dicen, y como todo lo demás, existen leyes y regulaciones activas de buscar comida que no la mayoría de la gente desconoce. Uno pensaría que simplemente está recogiendo frutas o plantas solo para terminar en la cárcel por no saber que se trata de una especie protegida. Además, es ilegal buscar comida en la propiedad de una persona con permiso, y muchos parques en todo el país también prohíben recolectar plantas. Sin embargo, de vez en cuando se han hecho algunas excepciones para personas que no tienen otra forma de sobrevivir. Además, no hay límites en cuanto a la cantidad que puede recolectar, por lo que no hay forma de saber cuándo está recolectando en exceso.

Enfermo o envenenado

No todas las plantas que encuentras en la naturaleza son comestibles. Algunos son extremadamente venenosos, mientras que otros pueden enfermarlo levemente o causarle alergias. Cualquiera que sea el caso, muchos recolectores confunden plantas venenosas con plantas seguras y, a menudo, terminan en la sala de emergencias o algo peor. De hecho, incluso los expertos con años de experiencia no son inmunes a los peligros. Además, por lo general, las plantas que se encuentran cerca de la población viva son comestibles, pero aún pueden enfermarlo si se han contaminado con productos químicos, desechos animales o pesticidas.

Falta de conocimiento

Es posible que encuentre excelentes plantas, verduras, nueces o semillas en la naturaleza, pero no sepa qué hacer con ellas. Los recolectores experimentados saben que no se trata solo de encontrar alimentos comestibles en la naturaleza, sino de cómo comerlos. Muchos de estos alimentos pueden tener un sabor horrible si no se preparan correctamente, por lo que es una buena idea investigar un poco. De lo contrario, se desperdicia tiempo, esfuerzo y productos sólo por no saber cómo usarlos.

Dañando el medio ambiente

No todo el mundo sabe cuánta cosecha está bien sin matar la planta por completo. Los recolectores novatos a menudo terminan destruyendo toda la planta solo para tener más de lo normal. Muchas recolectoras han dañado ambientes delicados simplemente caminando sobre ellos, lo que desplaza la capa superficial del suelo, aplasta la planta e incluso promueve la inundación del hábitat.

Búsqueda de comida versus agricultura

Si bien no se puede negar que la agricultura y la agricultura han abierto las puertas a la raza humana y nos han permitido prosperar, también nos ha costado mucho en términos de conocimientos y habilidades. Hoy en día, casi no sabemos nada sobre la naturaleza a menos que nuestro campo de estudio nos lo permita específicamente. Entonces, aparte de los agricultores, botánicos, biólogos y ambientalistas, no muchas personas podían reconocer, y mucho menos saber cómo encontrar o cultivar plantas. No quitando nada de la agricultura, que ha sido una de las mejores ideas que la humanidad ha tenido y la razón del crecimiento de la civilización, la búsqueda de comida no debería haber terminado. Con la tecnología en aumento, los humanos se están volviendo más débiles, pero no como una película de Terminator, sino en nuestra capacidad de hacer las cosas nosotros mismos. Si bien la jerarquía trajo orden a la sociedad, lo que impulsó la eficiencia, la dependencia total de los bienes producidos en masa no solo ha causado división en la sociedad sino que también ha controlado el mercado. El beneficio es el objetivo de todas las empresas, pero las regulaciones sobre los precios de los productos han sido extremadamente deficientes en todos los bienes y servicios. Solo en los Estados Unidos la vida sana es más cara en comparación con la comida procesada y rápida. Los productos frescos dependen de la mano de obra y los recursos, por lo que el costo promedio de los alimentos al día es de alrededor de $ 42, lo que le dice todo lo que necesita saber. Por lo tanto, todos los meses, cada hogar gasta entre $ 1200 y $ 1500 solo en alimentos, lo cual es una cantidad enorme. Hay muchas formas de ahorrar, incluso cultivar alimentos usted mismo y buscar comida. Por lo tanto, con un poco de esfuerzo y paciencia, podría ahorrar cientos de dólares mensualmente. Aparte de esto, los recolectores y no recolectores suelen tener un estilo de vida diferente, y tiene mucho más que hacer que lo que comen.

Los recolectores generalmente están en forma y comen una variedad diferente de alimentos. Aunque la razón de esto es obvia, explicaremos por qué. Mientras pasea por el parque o monta en bicicleta, constantemente quema calorías y ejercita sus músculos. Además, las fuentes de alimentos naturales son ricas en proteínas y vitaminas que aumentan su inmunidad. Además, con los gastos acumulados, no todos pueden permitirse comer de manera saludable. Dado que los recolectores de alimentos viven de la tierra, no tienen que preocuparse por el dinero para comprar alimentos saludables u obtener una membresía en un gimnasio. Muchos estudios dicen que las personas que pasan tiempo al aire libre están en mejor forma mental, y no solo tiene que ver con el aire fresco adicional. Los seres humanos nunca debieron permanecer en un lugar, por lo que conectarse con la naturaleza es simplemente nuestro instinto humano básico. En segundo lugar, muchos recolectores son personas autosuficientes que no dependen mucho de los alimentos comprados; tampoco plantan ni cosechan sus propias cosechas. A diferencia de la agricultura, la búsqueda de alimentos es una actividad estacional u ocasional, por lo que los recolectores no dedican tantas horas como los agricultores. Si bien la agricultura ofrece un suministro constante de alimentos, la búsqueda de alimentos se trata más de vivir de acuerdo con el orden natural de la tierra. Los recolectores viven una vida que no diferencia entre ricos y pobres. Uno de los mayores problemas de los alimentos producidos en masa es la segregación entre diferentes clases de personas. La comida en la naturaleza está igualmente disponible para todos. De hecho, es más probable que los recolectores disfruten de ingredientes de lujo que la mayoría de las personas tendrían que pagar sumas ridículas de dinero para comer.

No hay duda de que la agricultura crea oportunidades de empleo para millones, si no miles de millones de personas en todo el mundo. Sin embargo, al final del día, la gente usa la mayor parte de su dinero en alimentos y servicios públicos de todos modos. Si bien esto no es exactamente algo malo, tampoco es como si los agricultores gobernaran el mundo de hoy.

Otra preocupación que suele provocar la búsqueda de alimento es la comida recolectada en sí, y ni siquiera se trata de ser venenosa. La mayoría de las veces, los alimentos silvestres perfectamente comestibles pueden terminar contaminados con bacterias, productos químicos y enfermedades, algo que muchos recolectores de alimentos suelen ignorar en sus primeros días. Además, la naturaleza no solo alberga comida deliciosa, sino también animales y plantas salvajes. América del Norte no es ajena a las serpientes y los animales venenosos que viven en las mismas montañas y bosques de los que los recolectores buscan obtener su alimento. Basándose en el peligro inmediato, los recolectores de alimentos no suelen vivir una vida muy larga. Sin embargo, con la obesidad, la diabetes y las enfermedades cardíacas en los titulares en los EE. UU., Los recolectores de alimentos podrían tener una mejor esperanza de vida que el estadounidense promedio que vive de alimentos procesados. A los recolectores les gusta vivir de pie, por lo que mientras que otros pueden pensar que siempre se preocupan de cuándo vendrá su próxima comida o bebida, este nunca es el caso. Los recolectores organizan planes con anticipación para comprar, razón por la cual mantienen la aptitud física y mental. Tener comida en todo momento es la razón por la que las personas comen en exceso y están estresadas la mayor parte del tiempo.

Salud versus tecnología

Se sabe que los recolectores de alimentos son más saludables que los no recolectores, y no tiene nada que ver con los alimentos procesados o el azúcar. En el pasado, los agricultores tenían dietas altas en carbohidratos pero bajas en fibra y proteínas. Esto provocó un aumento de la grasa corporal y un crecimiento infantil más lento . Diferentes estudios también afirmaron que a medida que la agricultura avanzaba y los humanos limitaban las actividades de alimentación, se volvían más cortos y más débiles. Si bien la tecnología iba en aumento con diferentes herramientas y técnicas de cultivo, había una cosa que los agricultores no podían controlar; sequía. La sequía fue la principal causa de las malas cosechas y las hambrunas. Si bien los alimentos eventualmente se volvieron abundantes a medida que pasaba el tiempo con cadenas de suministro consistentes, las enfermedades se propagan mucho más rápidamente que durante el tiempo en que existían los recolectores y cazadores. Esto no solo se debió a que los humanos comenzaron a vivir juntos en lugar de estar constantemente en movimiento, sino a la domesticación de animales que propagan parásitos y bacterias debido a que el saneamiento era inadecuado. Mientras que los agricultores crecían en habilidades, los humanos que no dejaban de buscar comida vivían más tiempo y eran más inmunes a las enfermedades. Incluso hoy, no ha cambiado mucho. Según los CDC, el 40 por ciento de los adultos de 20 años son obesos y el 70 por ciento están por encima de su peso normal y su índice de altura. Entonces, en un milenio, hemos avanzado mucho en términos de tecnología alimentaria y, de alguna manera, las personas están incluso menos saludables que antes. Entonces, la pregunta es, ¿qué no ha cambiado? ¿Es el hecho de que los avances tecnológicos se han centrado más en acelerar la producción y disponibilidad de alimentos y no en los alimentos en sí? Si la caza y la búsqueda de comida nos hicieron más fuertes y más inmunes a las enfermedades, ¿por qué no nos aseguramos de permitirlo hasta cierto punto? Alguien dijo una vez que las innovaciones darían lugar a más preguntas que respuestas, y parece que encaja perfectamente en este caso.

Escape de la tecnología moderna

En los últimos milenios aproximadamente, la tecnología ha progresado a un ritmo asombroso. Miles de inventos y avances en comunicación, viajes, negocios y agricultura están cambiando constantemente cada pequeña faceta de nuestras vidas. Si bien estamos creando nuevos terrenos en todas partes y cambiando nuestras vidas, también nos estamos cambiando a nosotros mismos y no necesariamente en el buen sentido. Hubo un tiempo en que los humanos hacían la mayoría de las cosas por sí mismos. Cada persona promedio era un erudito en diferentes dominios y no confiaba mucho en que los demás hicieran cosas por ellos. Los particulares solían construir sus propias casas, no buscaban la empresa constructora más cercana. De la misma manera, conseguir una comida caliente requería mucho más trabajo que simplemente pedir comida para llevar o cocinar en el microondas Mac N Cheese. Como resultado, los humanos no son tan hábiles como lo eran en el pasado y las siguientes son algunas de las áreas en las que se han visto afectados;

Atención

No se puede negar que Internet y la tecnología móvil han mejorado todo lo que hacemos, ya sea en términos de tiempo, recursos o energía. Sin embargo, está acortando nuestra capacidad de atención. Tanto es así, que en menos de cuatro segundos, puedes pasar de querer dar un paseo por el parque a jugar o ver atracones. Como estamos tan acostumbrados a conseguir todo rápidamente, hemos perdido la mayor parte de nuestra paciencia. La búsqueda de comida es una de las muchas actividades que pueden mejorar la capacidad de atención si se lo toma en serio. En todo caso, buscar comida en 2020 y más allá no tiene por qué ser de la vieja escuela. Claro, tendrá que usar un teléfono inteligente para investigar mientras está en movimiento, pero esta vez valdrá la pena.

Toma de decisiones

Necesitas cocinar la cena. ¿Qué es lo primero que haces? Según los estudios, millones de personas se conectan a Internet para investigar. Al hacerlo, se encuentran con miles de opciones y, a menudo, optan por la opción más barata o la más conveniente para satisfacer su deseo. Internet se ha convertido en una gran fuente de consejos, pero cuando los humanos tienden a depender en gran medida de cualquier cosa, ya no dependen de sus instintos básicos para tomar decisiones informadas. Además, el tiempo que dedicaron a buscar comida podría haberse dedicado literalmente a mirar comida.

Memoria

La tecnología nos ha dado acceso a una gran cantidad de información, que no solo es accesible en tiempo real, sino que también se puede almacenar en nuestros dispositivos. Entonces,

¿cuántos de nosotros realmente recordamos sus tareas diarias sin tener que buscarlas en notas adhesivas o calendarios? Nuestra dependencia de la tecnología ha disminuido nuestra capacidad para retener información de la misma manera que el aumento de los vehículos autónomos en un futuro cercano puede no requerir habilidades de conducción.

El quid de la cuestión es que la tecnología debe promoverse, pero no a expensas de nuestras propias capacidades. Claro, está destinado a mejorar la eficiencia y facilitar a los humanos, pero esto no significa que seamos totalmente dependientes de él. El hecho de que pueda llamar a la asistencia en carretera triple las 24 horas, los 7 días de la semana, no significa que no deba poder cambiar una llanta pinchada. De la misma manera, el hecho de que tenga comida fácilmente disponible a un costo en todas partes no significa que no pueda o no deba a veces forrajear, si no siempre. Miles de personas en todo el país lo hacen todos los días no solo para ahorrar unos cuantos dólares aquí y allá, sino también para mantenerse en buena forma física y mental reconectándose con la naturaleza. La vida moderna implica colocarse en diferentes cajas, desde aquellas con paredes o ruedas, ya sea nuestra casa, oficina, restaurante o automóvil. Quedarse todo el día en casa trabajando o incluso enfriándose genera ansiedad e insomnio, entre otras cosas. Además, es seguro decir que nuestros televisores son cada vez más delgados al mismo ritmo que ganamos pulgadas.

Capítulo 3

Búsqueda de comida en los Estados Unidos

La búsqueda de comida es una actividad creciente en los Estados Unidos. Sin embargo, surgen muchas preguntas sobre cómo gobernarlo a gran escala. Como resultado, las leyes son complicadas por todos lados. Dado que existen leyes y regulaciones federales, estatales y locales en los Estados Unidos, a menudo estas regulaciones se contradicen entre sí. Puede pensar que simplemente está recogiendo una fruta de un árbol mientras pasea por el parque, pero a los ojos de la ley, acaba de convertirse en un infractor de la ley. Las reglas varían en todos los lugares a los que vaya de una jurisdicción a otra. Además, buscar comida en la era moderna no se considera realmente lo que podría llamar "Normal", por lo que la recolección de alimentos puede hacer que lo vean como una persona subversiva. Si no es subversivo, la gente definitivamente lo percibirá como una persona pobre o alguien que lo hace para sobrevivir. Una actividad de ocio ni siquiera será lo último que consideren esto. Muchos organismos gubernamentales y académicos consideran a los recolectores como rebeldes de la sociedad que buscan interrumpir la estabilidad del sistema.

Leyes de buscar comida urbano

Las ciudades urbanas tienen leyes estrictas y justas que rigen las actividades de alimentación, especialmente en megaciudades como Nueva York. La ordenanza del departamento de parques prohíbe la destrucción y la tala de árboles, así como la eliminación de la vegetación vegetal. Entonces, básicamente, cualquiera asumiría naturalmente que la búsqueda de comida es ilegal en Nueva York; sin embargo, ese no es exactamente el caso. No existen restricciones que prohíban recoger frutos de los árboles de acuerdo con la ordenanza, que es más vaga que amplia, sin suficientes detalles o lagunas que pueden favorecer a cualquiera de los lados. Entonces, básicamente, tenemos la situación del gato de Schrodinger, lo que significa que la búsqueda de comida es tanto legal como ilegal, dependiendo de la situación. Sin embargo, en la mayoría de los casos, los recolectores nunca reciben el beneficio de la duda debido a la ordenanza y las interpretaciones oficiales de la misma. De hecho, podría tener que pagar hasta $ 250 en multas si lo atrapan. En 1986, un neoyorquino llamado Steve Brill, más conocido como "Wildman", fue arrestado por organizar recorridos pagados de recolección de alimentos en Central Park. Oficialmente, su crimen se registró como arrancar y comer hojas de diente de león, lo que el comisionado del parque no se tomó bien. Al final, su caso se hizo público y fue despedido después de que accedió a trabajar oficialmente con el departamento de parques como organizador de excursiones de búsqueda de alimentos.

No muy lejos, en Maryland, la policía multó con 50 dólares a otro hombre, Greg Visscher, por recoger frambuesas en un parque local. Su caso también fue desestimado porque la naturaleza de la recolección de las frambuesas no estaba clara, según los informes. El problema con la ordenanza es que todavía es muy cruda y necesita ser refinada para poder gestionar mejor las cosas. Hay muchos otros ejemplos que han sido noticia, como un anciano de Chicago que fue multado con 75 dólares por recoger hojas de diente de león para una ensalada. Entonces, puede ver que muchas de estas leyes son indiferentes, absurdas e injustificadas. Algunas de las principales ciudades urbanas de Estados Unidos, como Seattle, Filadelfia, Nueva York y Cleveland, tienen restricciones de alimentación que se inclinan más hacia la prohibición. Sin embargo, Seattle es una excepción, ya que es uno de los pocos que se toma muy en serio la búsqueda de comida. Comenzaron convirtiendo lotes cubiertos de maleza en grandes parques para los lugareños. Uno de los lugares increíbles para visitar es Beacon Food Forest, que incluye una variedad de frutas como peras, ciruelas, manzanas, frambuesas, uvas y arándanos, junto con muchas otras opciones. El motivo es retribuir a los constituyentes de la ciudad principal de una manera única, y la tendencia ya está aumentando en otras ciudades importantes del país. En otras ciudades como Baltimore, los parques no necesariamente prohíben la búsqueda de comida, pero no permiten dañar el césped, la flora, los árboles y los arbustos. Sin embargo, obtener permiso por una cantidad limitada también es aceptable y recomendable.

Muchos recolectores se están despertando lentamente y están hablando en contra de estas leyes locas. Cualquier buen recolector sabe que no debe destruir la naturaleza, por lo que estas prohibiciones y multas son innecesarias. Claro, la sobreexplotación puede ser un problema, pero para evitarlo, necesitamos regulaciones, no una prohibición completa de la actividad. Si Seattle puede abrazar la búsqueda de comida, ¿por qué no otras ciudades importantes como Chicago, Nueva York, Texas y Nueva Jersey? La ciudad de Nueva York finalmente eligió el movimiento con la idea de un bosque de alimentos urbano lejos de la ciudad en el río Bronx. De esta manera, nunca faltaría el suministro de agua y no estaría demasiado lleno de presencia humana para garantizar el sustento. Sin mencionar que presentará una gran oportunidad para buscar verduras, frutas y hierbas sin temor a que se le imponga una multa. Hoy en día, miles de residentes tienen acceso a alimentos y medicinas gratis como resultado, ya que la prohibición de buscar comida estaba en la tierra, no en el agua. Esta laguna legal llevó a Nueva York a convertirse en una de las primeras ciudades importantes del país en establecer un bosque urbano artificial.

Leyes estatales de buscar comida

Las leyes estatales sobre la búsqueda de alimento son mucho más variadas y, sorprendentemente, es donde los alimentos silvestres son abundantes y ricos donde varias agencias y organismos han impuesto restricciones estrictas para que sea casi imposible. Tanto es así que se están aplicando fuertes sanciones a los recolectores de alimentos en California. Sin embargo, Alaska, la última frontera como se esperaba, está mucho más abierta al uso natural y tradicional de los recursos silvestres en las áreas rurales. Los residentes están protegidos en otros estados estadounidenses geográficamente diversos, incluidos Arkansas, Colorado, Florida, Hawaii, Maine y Florida. Sin embargo, la mayoría de estas leyes no son uniformes, por lo que los recolectores deben aprenderlas si alguna vez deciden emprender sus aventuras fuera del estado. Alaska es conocida por su recolección recreativa de plantas silvestres, bayas y hongos, entre otros recursos naturales, pero solo para uso personal y no comercial. La única ley que permanece constante dondequiera que vaya es la prohibición de la destrucción, alteración o remoción de plantas de los parques estatales. Al mismo tiempo, Colorado prohíbe todas las actividades de buscar comida en los parques estatales, mientras que Florida solo permite el buscar comida, no, recolectando en sus parques aparte de las plantas acuáticas. Hawái permite todas las actividades de alimentación, pero hasta cierto límite para evitar la sobreexplotación. En Maine, la búsqueda de comida se ha practicado durante décadas y es parte de una larga tradición en la que se llama invasión permisiva de la propiedad. Entonces, básicamente, si el dueño de la propiedad no tiene ningún problema con la gente que busca alimento en su tierra, entonces no se hace daño.

Leyes federales de buscar comida

La conservación de la tierra es el camino a seguir cuando se trata de leyes federales de alimentación. Dicho esto, puede raspar todos los parques nacionales y tierras federales si planea buscar comida allí, a menos que no tenga ningún problema en ser arrestado por entrar sin autorización. Sin embargo, hay otra política que en realidad fomenta el uso y disfrute de los parques nacionales por parte del público con regulaciones, por supuesto, establecidas. Esta política se ha agregado a la Ley Orgánica, que sirve para conservar paisajes, naturaleza, monumentos y objetos históricos y, por supuesto, la vida silvestre. Es la misma ley que no permite pescar en los lagos o ríos de la ciudad. Nuestros parques nacionales y bosques son administrados por NPS y el Servicio Forestal de EE. UU., Que es parte del Departamento de Agricultura. Con el NPS, no necesita un permiso para buscar comida en las montañas. Sin embargo, según el Servicio Forestal, no solo debe obtener un permiso, sino también pagar una tarifa para cosechar productos forestales. Entonces, al final, la idea de comida gratis a través de la búsqueda se va directamente por la ventana, pero aún así puede pasar un buen rato.

En 2020, la búsqueda de alimentos es una actividad emergente para impulsar la comunidad, la educación nutricional e incluso algunos movimientos políticos no convencionales. Sin embargo, el único objetivo de la búsqueda de alimentos es conectarse con la naturaleza para comprender el proceso y de dónde proviene todo. Mucha gente está considerando la búsqueda de comida como una forma de reconectarse con los orígenes botánicos de los alimentos y, por lo tanto, desarrollar diferentes movimientos sociales, incluidos los siguientes;

Freeganismo

Por definición, el freeganismo es una ideología de renuencia a participar en formas convencionales de vivir y consumir recursos. El movimiento se inició en los años 60 en San Francisco, por un grupo que organizaba viviendas gratuitas, clínicas y regalaba alimentos rescatados a los necesitados. El movimiento se trata más de solidaridad contra el consumismo y el militarismo que un acto de caridad. La palabra freegan es un acrónimo de libre y vegano, y esto básicamente explica qué tipo de personas son. Mientras que los veganos evitan la carne y los productos animales, los freegans van un paso más allá al no comprar nada para comer además de no comer carne. A estas personas les gusta andar lo más a la ligera posible viviendo completamente, renunciando a todas las compras. En cambio, obtienen lo que necesitan al compartir, buscar en la basura y pedir prestado. Mientras que los descendientes de los Diggers tienen una visión de una sociedad libre de dinero con bienes y trabajo gratuitos, los freegans modernos se enfocan en un estilo de vida en el que viven de la comida gratis, desafiando los males de la sociedad moderna que se basa en la codicia, el desperdicio, el trabajo sin sentido y la desigualdad. . Como nunca compran nada, incluida la comida, gastan mucho menos que los demás. Su objetivo no es realmente ahorrar dinero, pero al hacerlo, se benefician del resultado de su elección de hacerlo. Los diferentes freegans tienen diferentes razones para elegir este tipo de vida y aquí hay algunas razones interesantes.

Derechos humanos

Muchos freegans son activistas de derechos humanos que están preocupados por el bienestar de los agricultores. Argumentan que casi todo lo que se vende en las tiendas se produce en condiciones que dañan a los seres humanos, ya sea envenenamiento por pesticidas, condiciones de salud del tercer mundo e inestabilidad financiera. El problema es que a las empresas multinacionales no les importa ni les devuelve nada a los trabajadores que les han hecho miles de millones de dólares, pero que apenas viven para obtener el ingreso promedio de un estadounidense común. Creen que evitar gastar dinero en estos sistemas podría conducir a un cambio sistemático en el que los accionistas dejarán de acaparar la mayor parte de las ganancias y mejorarán la vida de las personas que contribuyen a sus flujos de ingresos.

Preocupaciones ambientales

Los freegans están preocupados por el medio ambiente. Creen que los bienes producidos en masa y la sobreindustrialización son la razón por la que el calentamiento global afecta a los automóviles gracias a la contaminación industrial, los vertederos, el desperdicio de materiales y el uso intensivo del proceso a base de petróleo, desde la fabricación hasta el envío y la distribución. Entonces, la idea es simple; cuanto menos compre y consuma productos y servicios comerciales, menor será la huella de carbono que deje. Además, creen que si las personas comienzan a hacer esto a gran escala, podrían lograr el cambio necesario que este mundo necesita desesperadamente.

Bienestar de los animales

Al igual que los veganos y los vegetarianos, los freegans se oponen a las granjas industriales en las que se practica comúnmente la crueldad hacia los animales. Las granjas gigantes crían millones de animales en espacios reducidos y condiciones horribles. Además de las granjas gigantes y la producción comercial de ganado, los freegans también están en contra del uso de pesticidas utilizados en la agricultura, lo que resulta no solo en la destrucción del hábitat sino también en la inundación. En todo caso, creen en las viejas formas en que las granjas en pequeña escala eran comunes.

Un estilo de vida minimalista

Los Freegan creen que no fuimos traídos a este mundo simplemente para trabajar y morir. Es por eso que prefieren vivir una vida simple y minimalista en la que eligen comprar lo menos posible para poder permitirse trabajar menos. Muchos freegans no gastan en artículos nuevos y viven de los bienes que han robado. De esta manera, pueden encontrar más tiempo para ser socialmente activos en lugar de trabajar ridículamente largas horas para pagar gastos que realmente no necesitan. A los freegans les gusta creer que tienen más en común con nuestros antepasados cazadores-recolectores que con otras personas.

Cuando se trata de obtener alimentos, los freegans intentan aprovechar al máximo los alimentos desechados en establecimientos comerciales como restaurantes, hoteles y tiendas minoristas. Si bien la gente puede considerar esto como bucear en un contenedor de basura, existe un término mucho más respetable para esta práctica, y se llama Búsqueda Urbana. Las dietas Freegan giran en torno al desperdicio de alimentos que aún es comestible y ha superado su vida útil, temporada o caducidad como resultado del exceso de existencias o la disminución de la demanda. Entonces, los freegans son recolectores que no necesariamente cosechan alimentos de árboles y plantas, sino que minimizan el desperdicio simplemente dejando que no suceda. Además, el buscar comida urbano no se limita solo a la comida. La misma práctica se aplica también a libros, muebles, electrodomésticos, bicicletas y ropa. Los freegans o recolectores urbanos realmente no comparten mucho en términos de sitios y estrategias debido a la creciente competencia y la supervivencia total del régimen más apto. Sin embargo, en lo que respecta al desperdicio de alimentos, se está difundiendo una gran cantidad de conciencia a través de eventos y actividades públicos organizados. De hecho, algunos de los medios de comunicación, ambientalistas y celebridades más populares como Oprah, The New York Times y CNN han hablado en múltiples ocasiones sobre el creciente problema. Además de eso, los canales de influencia como NasDaily, Trash for the Tossers y Zero Waste Chef han hablado sobre la enorme cantidad de comida que se desperdicia a diario.

Además del buscar comida urbano, muchos freegans también participan en el buscar comida silvestre. Los recolectores silvestres encuentran y recolectan alimentos junto con plantas medicinales que crecen en sus alrededores. Muchos de ellos también creen en la creación de sus propios jardines comunitarios donde puedan cultivar su propio alimento. En lugar de utilizar fertilizantes, utilizan residuos de alimentos no comestibles con técnicas de compostaje que les permiten establecer la infraestructura adecuada para la producción de alimentos. Esto es lo que puede llamar un acto total de autosuficiencia. Normalmente, las personas con conciencia ecológica intentan salirse de la red para hacer un cambio en su estilo de vida, pero producir su propia comida de forma independiente es simplemente llevarla a nuevos niveles. A los freegans les gusta compartir cosas. De hecho, la ideología se basa en una economía del regalo en la que se da comida y cobijo a los necesitados en la forma de hacer las cosas. Incluso cuando las cosas no son gratis, se introduce un sistema de trueque general en lo que llaman una tienda gratuita. En esta tienda, las personas intercambian artículos, incluida la comida, a cambio de otros artículos sin usar dinero. Cuando se trata de moverse, los freegans caminan o andan en bicicleta tanto como sea posible para eliminar el uso de automóviles y autobuses. Con un sentido de comunidad en mente, a los freegans les gusta mantenerse unidos para aprender y enseñar habilidades de supervivencia en su forma de vida poco ortodoxa. No es que los freegans nunca gasten dinero en absoluto, sino que no gastan a menos que realmente tengan que hacerlo cuando no hay una alternativa. Por ejemplo, los freegans no comprarán autos para moverse, pero no les importará usar aplicaciones de viajes compartidos como Uber. No fue hasta la crisis de la vivienda en 2007-08 que los medios realmente prestaron atención al freeganism. Con millones sin trabajo y en la calle, el freeganismo, que se consideraba una forma de vida de vagabundos, de repente se percibió como un estilo de vida alternativo atractivo. Más importante aún, también se ha dado mucha importancia al desperdicio de alimentos, especialmente cuando podría usarse para ayudar a millones de personas. Las empresas de alimentos del país prefieren tirar el 40 por ciento de todos los alimentos producidos a diario en lugar de dárselos a los necesitados, que es una de las razones por las que este grupo social comenzó en primer lugar.

La dieta Paleo

El freeganismo no es el único movimiento social que está golpeando al mundo de la búsqueda de alimentos por asalto. Las dietas alternativas están haciendo la misma cantidad de ruido en diferentes vecindarios, si no más fuerte. A lo largo de los años, hemos sido testigos del aumento de la conciencia sobre la salud de las alergias a las calorías. Esta conciencia ha cambiado la forma en que vemos los alimentos, ya que las personas son mucho más conscientes de lo que comen, especialmente con la abundancia de opciones disponibles ahora. Ya nadie quiere tomar un vaso de leche. En su lugar, prefieren leche de soja no láctea baja en grasa. De la misma manera, la gente comienza a cuestionar el pan que compran en la panadería local si es de trigo integral y sin azúcar. Sin mencionar a los fanáticos de la dieta vegetariana, vegana y cetogénica que están golpeando los medios digitales como una tormenta. Solo en la última década, hemos visto un aumento en las dietas alternativas y las personas que optan por llevar un estilo de vida más saludable al eliminar los lácteos, el gluten y la carne de sus menús. Convertirse en vegetariano se consideraba una opción de estilo de vida audaz, pero el veganismo, que elimina todos los subproductos animales como el queso, la leche, la mantequilla y los huevos, lleva las opciones alternativas a nuevas alturas.

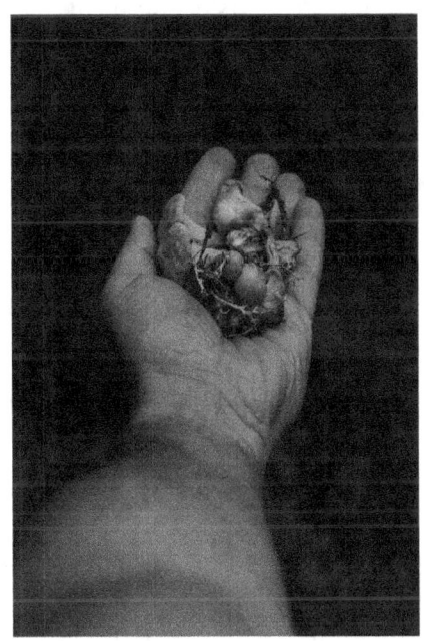

Sin embargo, las dietas alternativas siempre han sido una parte importante y destacada de nuestra historia. De hecho, las primeras plantas y vegetales cultivados fueron una opción alternativa de alimento ya que nuestro mundo estaba acostumbrado a buscar comida. Con una nueva fuente de alimento a su disposición, los humanos crearon una dieta mixta, más conocida como dieta Paleolítica, que data de hace 2.5 millones a 10,000 años. Esta dieta generalmente incluye pescado, carnes magras, verduras, frutas, semillas y nueces que se obtuvieron principalmente de la caza y la recolección. Los productos lácteos llegaron en el futuro, por lo que no se consideran parte de este plan de dieta. Después del veganismo y Keto, la dieta Paleo está regresando, y muchas personas eligen comer como los primeros humanos. La idea detrás de la dieta es que las dietas modernas no coinciden genéticamente con los humanos debido a que tenemos tantas enfermedades. La agricultura cambió en gran medida lo que la gente consumía y estableció granos, lácteos y legumbres como alimentos adicionales a la dieta humana, que es algo que no estaba disponible hace mucho tiempo. Según los entusiastas de la dieta Paleo, estas adiciones se incorporaron mucho más rápido que nuestra capacidad para adaptarnos al cambio. Como resultado, ahora tenemos que lidiar con la diabetes, la obesidad y las enfermedades cardíacas.

Las personas que siguen la dieta Paleo lo hacen por dos razones principales; adelgazar y evitar los lácteos. Entonces, si bien agregaría frutas, carne de diferentes animales, verduras, semillas y aceites, evitaría el trigo, la avena, la cebada, los frijoles, las lentejas, el maní, los productos lácteos, el azúcar, la sal y los alimentos procesados. Si bien eliminar el azúcar, la sal y los alimentos procesados es una excelente manera de perder peso, el resto se encuentran entre las opciones de alimentos más saludables disponibles. El hecho de que los hombres de las cavernas nunca los hayan tenido no los hace realmente malos, según los críticos de la dieta. Sin embargo, los críticos de esta dieta han obtenido resultados sorprendentes. Varios ensayos clínicos aleatorizados compararon diferentes planes de dieta con la dieta Paleo y los resultados fueron asombrosos. El ensayo sugiere que la dieta Paleo proporciona más beneficios en comparación con la vegana, vegetariana, láctea y cetogénica. La dieta Paleo condujo a una mayor pérdida de peso, mejor tolerancia a la glucosa, mejor control de la presión arterial, menor colesterol y triglicéridos y, sorprendentemente, mejor control del apetito. Las personas que se deshacen de los ingredientes cotidianos, especialmente la sal, el trigo y el azúcar, compartieron su dificultad al principio, pero más temprano que tarde, comenzaron a disfrutar del sabor natural de la comida. La dieta Paleo ha establecido un estilo de vida y un movimiento social con adiciones a la ropa, las aplicaciones para teléfonos inteligentes y la vajilla. También puede encontrar cientos de recetas del Paleolítico, especialmente de fuentes nativas americanas que se han convertido en libros más vendidos. En 2019, el mercado Paleo se convirtió en un valor de $ 500 millones, lo que en realidad es decir algo. Además, dado que buscar comida era la forma en que comían la mayoría de los alimentos que comían nuestros antepasados, los cocineros modernos intentan mantener muchos de los ingredientes lo más originales posible.

Capítulo 4

Búsqueda de comida 101

Si está buscando comenzar como un recolector novato, lo primero que debe aprender es la paciencia. Puede llevar años aprender a identificar plantas, nueces y semillas que son comestibles y, lo que es más importante, mantenerse alejado de las que no debe comer. Sin embargo, existen muchas plantas comestibles que puedes reconocer fácilmente como manzanas, hongos y piñas. La naturaleza tiene mucho más que ofrecer, por lo que hay mucho que aprender. El truco consiste en comenzar en algún lugar y desarrollar lentamente sus conocimientos y expandir su despensa de alimentos silvestres todos los días. Muchos recolectores dicen que aprender a buscar alimento es bastante similar a la agricultura o la jardinería básicas, excepto que tiene un patio de juegos mucho más grande para trabajar. La diferencia es que con la agricultura, sabes lo que vas a encontrar ya que lo plantarías allí. La búsqueda de comida es mucho más aventurera y hay muchas más consideraciones de seguridad que la acompañan. Antes de pasar a la seguridad, veamos algunas de las reglas básicas o generales que debe seguir al buscar comida.

Comestible pero no realmente

El hecho de que un animalito lindo coma algo no significa que sea seguro para los humanos. Muchas plantas en la naturaleza son venenosas e incluso pueden provocar la muerte si no se las cuida en el momento adecuado.

Mira a los niños

Bajo ninguna circunstancia debe permitir que los niños coman cualquier parte de una planta forrajeada sin su permiso. Si bien buscar comida es una actividad divertida, podría llevar a una visita a un médico si sus hijos no tienen cuidado.

Confía en tu nariz

Si te encuentras con una planta que se ve bien para comer pero huele raro, entonces hay una señal de que no debes comerla. Si no puede oler la planta tal como está, intente aplastar una hoja y elija una opción.

Evite el buscar comida en la carretera

En muchos casos, los recolectores tienen que ver con lo que tienen, pero si pueden evitar algo, deberían hacerlo. Por ejemplo, debe evitar o lavar repetidamente las plantas al borde de la carretera, ya que definitivamente han sido rociadas con pesticidas y contaminadas con contaminantes de vehículos y animales.

Di no a la comida en mal estado

Incluso si los alimentos rápidos como las bayas y las nueces parecen tentadores, no los coma si parece que se están echando a perder. Podría tener malestar estomacal o, al menos, tener que escupir la baya de mal sabor de inmediato.

Empieza pequeño

Hay toneladas de alimentos que sus papilas gustativas y su estómago aún no han descubierto, así que comience con algo pequeño. Puede que te guste lo que comes, pero es posible que tu estómago no sienta lo mismo y reaccione en consecuencia. Es lo mismo que adaptarse a comer comida picante de repente o empezar a comer carne después de unos meses del boicot. Deje que su estómago se adapte a los nuevos alimentos en su menú, para que desarrolle sus habilidades de búsqueda de alimentos; también mantiene un estómago fuerte para digerir todo lo que come.

Si navega por Internet y busca sociedades en todo el mundo que todavía están conectadas con la naturaleza, encontrará que el conocimiento básico de las plantas y la cosecha es esencial. Si bien este conocimiento era bastante común hace un siglo incluso en los EE. UU., Hoy se ha perdido por razones bien conocidas. Dado que ese tipo de vida no existe en el mundo moderno, ese conocimiento se considera bastante inútil en general. Lo que sí sabemos es que si te encuentras perdido, varado y hambriento en el bosque o en el parque, probablemente no sabrás qué hacer. Ninguna persona normal tiene la habilidad, el conocimiento o la experiencia de vivir de la tierra. Incluso con la agricultura bien conocida y practicada en todo el mundo, si no eres un agricultor, es probable que no tengas conocimientos sobre plantas, frutas, nueces y semillas, aparte del supermercado en el que podrías conseguirlos. Si se va a llamar a sí mismo un recolector en un futuro cercano, lo primero que necesitará aprender acerca de las plantas que son:

Común

Todo recolector necesita conocer las plantas que se encuentran comúnmente donde están o relativamente cerca de ellas. Sin esto, realmente no tienes mucho con qué empezar, ya que no es como si fueras a caminar por la carretera y de repente encontraras papas.

Fácilmente identificado

Si vieras un tomate o un mango, fácilmente identificarías ambos. Sin embargo, es muy poco probable que lo encuentre en un bosque de

América del Norte. En cambio, es más probable que encuentre tunas, bayas y espinacas silvestres junto con muchas plantas que se parecen pero son completamente diferentes entre sí y, a menudo, también son venenosas.

Procesado fácilmente

Para los principiantes, es mejor empezar con calma. Esto significa buscar plantas que no requieran mucho trabajo, ya sea para cosechar, cocinar o incluso fermentar. Trate de encontrar alimentos que pueda consumir de inmediato o casi de inmediato. Cuando se trata de frutas, simplemente debes lavarlas y listo. Con la mayoría de las verduras y plantas, solo unos minutos en la sartén con algo de temporada es suficiente. Si encuentra algo que requiere tiempo cuando tiene hambre en ese momento, no es exactamente una pérdida, pero tampoco es realmente útil.

Disponible

Los recolectores novatos deben buscar opciones que estén disponibles por períodos de tiempo más largos. Claro, puede esperar a que lleguen las frutas y verduras de temporada, pero es mejor ganar más experiencia estando allí con regularidad. De esta manera, no solo se vuelve bueno en lo que hace, sino que se prepara para enfrentar nuevos desafíos salvajes.

Cuando te conectas profundamente con la naturaleza buscando comida, puedes darle nueva vida a tus papilas gustativas. Sin embargo, una mala elección y podría verse en la sala de emergencias o peor aún, el conocimiento es esencial. Incluso si reconoce una planta, debe asegurarse de verificar nuevamente que su identificación sea correcta. Incluso después de años de experiencia, algunos recolectores dicen que aún pueden sorprenderse por lo que encuentran en la naturaleza y también tener problemas para reconocer exactamente lo que están mirando. Al comer alimentos forrajeros, no se trata solo de buscar alimentos que sean seguros en términos de si son venenosos o no, sino también en términos de contaminación. Un perro podría marcar fácilmente su territorio en una planta que parece absolutamente deliciosa para consumir de inmediato, o puede encontrar algunos dientes de león increíblemente tentadores en una calle concurrida de la ciudad. Por lo tanto, debe saber cuándo prepararse o detenerse. La gente ha pasado años entrenándose para agregar nuevos sabores de la naturaleza a sus platos de manera segura. Tanto es así, que te sorprendería ver lo que tienen en su menú. Por ejemplo, las fresas silvestres son prácticamente invisibles desde la altura humana, pero aún las encontrarías en postres o ensaladas hechas por recolectores experimentados. De hecho, cualquier buen recolector sabe muy bien qué encontrar en las diferentes estaciones y, de hecho, espera poder llevarse a casa estas frutas y verduras de temporada cuando llegue el momento.

Buscar comida es como ir de compras al supermercado, excepto que no todo está siempre disponible y el hecho de que no tienes que pagar por nada de lo que obtienes. Sin embargo, esto no significa que siempre regrese con una canasta llena de comida de su expedición de búsqueda. De la misma manera, solo porque busques comida no significa que dejes de ir al supermercado por completo de vez en cuando. La única diferencia es que puede haber algunas veces en las que realmente encuentres una alternativa gratuita en la naturaleza, por lo que terminas ahorrando algo de dinero para otra cosa. Otra cualidad de un buen recolector es que nunca tomarán más de lo que necesitan ni traspasarán lugares donde no sean bienvenidos. Esto significa que siempre dejan algo para la próxima visita y se aseguran de que la planta nunca se destruya. Si desentierras las plantas por completo, las matarás, pero cortar solo algunas hojas o recoger frutas no hace ningún daño, ya que la planta seguirá creciendo. Además, siempre tenga en cuenta que la vida silvestre depende de los alimentos que crecen en los bosques, jardines o parques, por lo que siempre deje algo para ellos. No pueden ir al supermercado como pueden hacerlo los humanos si se les acaba. Hoy en día, solo un puñado de personas en el mundo occidental sabe algo sobre la búsqueda de alimento, aparte de las personas sin hogar que bucean en los contenedores de basura para no morir de hambre. Si bien está perfectamente bien no ser un experto ni nada por el estilo, los conocimientos básicos pueden marcar la diferencia en tu vida y no es nada demasiado difícil de probar. Si hace un esfuerzo, es posible que se encuentre viviendo una vida humana completa como debe ser, junto con todas las ventajas modernas de la sociedad.

Un juego de herramientas de recolector

Suponga que ha desarrollado un gran interés en la búsqueda de alimentos o simplemente está buscando un pasatiempo para comer con ingredientes recolectados. Los recolectores novatos suelen aceptar la idea de que todo lo que se necesita es un paseo por el parque y una actitud de "puedo hacerlo". Si bien ensuciarse las manos no siempre es algo malo, hay mucho más en la tierra que es posible que no desee tener en su mano. Pregúntele a cualquier recolector y le dirán lo divertido que es caminar por el bosque, un parque cercano o un jardín para recoger su próxima comida. Dicho esto, no todo lo que encuentres es comestible, e incluso si lo es, no significa que debas agarrar y tirar. Existe la forma correcta de forrajear y existe la forma salvaje que ignora las reglas o la ética básica de la cosecha, lo que altera no solo la propiedad sino también la planta en sí. Cualquier recolector ávido sabe que tiene que planificar su día de búsqueda de alimentos de acuerdo con lo que pretenden encontrar. No siempre les va a ciegas, ya que son conscientes de lo que van a encontrar por ahí. Se trata solo de cuándo y dónde lo encontrarán, es la parte más intrigante del viaje. Dicho esto, los recolectores de alimentos deben armar y llevar un kit de herramientas con artículos esenciales que necesitarán no solo para recuperar el botín, sino también para ayudar a desplumar, desinfectar y limpiar. Un juego de herramientas básico se puede dividir en tres categorías; contenedores de transporte, ayudas para recoger, primeros auxilios y otras cosas. Cada artículo tiene un propósito y depende en gran medida de la caza en ese momento específico. Por ejemplo, no irás a buscar hongos con unas tijeras. Claro, a todos nos encanta improvisar, pero nunca está de más hacer algo bien. Entremos en los detalles;

Contenedores de transporte

Los contenedores de transporte son lo más importante que se debe tener cuando se busca alimento. Claro, la comida forrajeada es obviamente la razón de todos los problemas, pero debe haber una forma de transportar el botín. Los contenedores que lleve con usted variarán de lo que espera llevar a casa. Los diferentes tipos de contenedores de transporte incluyen;

Bolsas de plástico para compras

Puede encontrar fácilmente bolsas de plástico para la compra en casa, ya sean de su última comida para llevar o de su viaje al supermercado. Son perfectos para almacenar grandes cantidades de plantas como hojas de parra, mostaza silvestre y malva y también son ideales para llevar frutas o frutos secos como manzanas, almendras y naranjas. Aunque las bolsas de plástico no son ecológicas, usarlas para forrajear es una gran alternativa a tirarlas a la basura.

Cesta

A los recolectores experimentados a menudo les gusta hacer las cosas de la manera clásica. Las cestas se utilizan comúnmente como almacenamiento o contenedor de desbordamiento. Tienen asas que las hacen fáciles de transportar en comparación con las bolsas de la compra. También puede encontrar una variedad de cestas, incluidas las plegables o una que funciona como mochila para que pueda usar ambas manos. Las cestas también son mucho más duraderas que las bolsas, aunque no siempre se deterioran después de un tiempo. Además, cuanto más forrajea, más tendrá que cargar, y en realidad no es para llevar canastas pesadas a largas distancias.

Contenedores cubiertos

A menudo, se encontrará con artículos delicados que pueden aplastarse fácilmente si los guarda en una canasta o una bolsa de plástico. Los recipientes cubiertos como las cajas de plástico son perfectos para guardar frutas blandas como uvas, albaricoques e higos, así como flores delicadas. Además de los artículos delicados, muchas flores y plantas, como las tunas, a menudo tienen espinas o puntas afiladas que pueden romper las bolsas de plástico con facilidad.

Mochilas

En muchos casos, todo lo que necesitas es una buena mochila. Las mochilas tienen muchos bolsillos para que pueda guardar diferentes alimentos, especialmente los pequeños como frutos del bosque y nueces. Son extremadamente cómodos de transportar y puede llevarlos a cualquier lugar con seguridad.

Bolsas Sandwich

Si usted es una de esas personas que hacen las cosas bien, las bolsas para sándwiches son útiles para esos pequeños alimentos que busca. Estos incluyen semillas, piñones y alcaparras. Las bolsas para sándwich hacen que sea más fácil encontrarlas en una bolsa grande al recolectar varios artículos. Además, siempre puedes hacer un sándwich en tu viaje y usar la bolsa más adelante.

Bolsas para congelador

Las bolsas para congelador no son utilizadas con mucha frecuencia por los recolectores, pero funcionan bien con artículos grandes que no caben en una bolsa para sándwiches. Además, están sellados en la parte superior, lo que no solo los hace relativamente herméticos, sino que también evita que los alimentos se caigan.

Ayudas para la recolección

Es seguro decir que, como recolector, no puede recoger todo a mano. No importa lo bueno que seas; a veces tus dedos simplemente no lo cortan. Además, puedes dañar la planta si intentas cosecharla con fuerza. Las ayudas para la recolección se pueden utilizar para aumentar la eficiencia de la recolección y también reducir el tiempo para recolectar cosas. El hombre se convirtió en el mejor amigo de las herramientas mucho antes que con los perros, lo crea o no. Aquí hay algunas ayudas básicas para la recolección que la mayoría de los recolectores de alimentos tienen cuando están ahí fuera;

tijeras

Si bien no se puede negar que muchas plantas se pueden recoger fácilmente a mano sin ningún esfuerzo real, hay otras plantas que requieren más delicadeza. Con algunas plantas, puede torcerse y romperse fácilmente, mientras que otras requieren mucha más lucha o simplemente no ceden, e incluso si lo hacen, probablemente haya dañado el botín o la fuente. A veces, los recolectores novatos recogen toda la rama mientras intentan recoger fruta. La búsqueda de comida se está convirtiendo lentamente en algo ahora, por lo que puede encontrar fácilmente herramientas específicamente para ese propósito o arreglárselas con equipos agrícolas básicos. Las tijeras de buscar comida ahora están llegando a los estantes en diferentes ciudades. Estas tijeras pueden caber fácilmente en su bolsillo trasero y usarse para podar y recortar diferentes plantas y frutas. Otro gran beneficio de usar tijeras es que puedes llegar a los extremos inferiores de las plantas y cortarlas, para tener las raíces intactas. De esta manera, tiene una situación en la que todos ganan en la que tiene algo para comer y siempre puede volver por más en el futuro.

Guantes de jardineria

No puedes usar un par de tijeras para todo. Más importante aún, la salud y la seguridad es algo que ningún recolector debe dar por sentado. Es fácil convencerse a sí mismo de que es solo suciedad, pero esta suciedad puede afectar su piel de manera no deseada. Esto se debe a que las infecciones bacterianas y fúngicas se pueden adquirir fácilmente mientras se alimentan en el bosque o incluso en su jardín trasero. El suelo de los jardines está lleno de microorganismos que pueden causar diferentes infecciones junto con excrementos de animales. Aunque lavarse las manos correctamente debería ser suficiente, ¿por qué arriesgarse a pagar todos esos medicamentos para combatir la infección cuando puede gastar uno o dos dólares en guantes? Después de todo, la mejor medicina es la prevención.

Cuchillo

Al igual que las tijeras, los cuchillos se encuentran entre las herramientas básicas que se sabe que todo recolector lleva consigo. De hecho, muchos prefieren llevar cuchillos en lugar de tijeras. Los cuchillos son útiles para cortar, pelar y rebanar. Como cualquier recolector, tendrían un hongo o un cuchillo para hongos en su arsenal. Incluso una navaja de bolsillo puede ser útil al aire libre, especialmente aunque no sea exactamente afilada. Mientras leemos, discutiremos en detalle el cuchillo de un recolector.

Palos largos

A los recolectores generalmente les gusta recolectar frutas más que otras cosas que a menudo se encuentran en árboles altos. Ahora, no todo el mundo puede trepar a un árbol, que es donde entra un palo largo. Ahora, no hay mucha ciencia sobre cuánto tiempo debería ser o una tienda que los venda. Puede encontrar fácilmente uno al aire libre en el bosque y usarlo para sacudir ramas largas y liberar frutas o nueces.

Plástico duro

Las bolsas de la compra y los guantes no lo protegerán de las espinas. Todo lo que hacen los guantes es ofrecer protección contra bacterias y materiales posiblemente tóxicos en el suelo, pero las espinas aún lo atravesarán. Si corta una botella de refresco y usa el agujero para evitar las espinas, puede ahorrarse muchos problemas. Incluso puede envolver las tunas en un cartón o una hoja de regalo para salvar sus manos.

Hacha

Si vive en Alaska o en cualquier lugar del campo, tener un hacha es bastante común. Son excelentes para cortar madera y plantas con raíces fuertes. Además, incluso puede encontrar mini-ejes que son mucho más fáciles de transportar y guardar en la parte trasera de su camión o mochila.

Mini paleta de mano

Si conoce sus plantas, definitivamente se encontrará con muchas de ellas desde sus raíces. No hay nada de malo en ensuciarse las manos, pero si quiere hacer las cosas más rápido, lo que necesita es una paleta. Además, la mayoría de las paletas están en el lado afilado, por lo que puede usarlas para cortar o suavizar raíces o ramas.

Primeros auxilios

Nunca es mala idea estar preparado en la naturaleza. A pesar de las precauciones, pueden ocurrir accidentes y es inevitable que sufra lesiones pequeñas o incluso grandes. Un recolector inteligente siempre lleva un botiquín de primeros auxilios con píldoras y apósitos básicos de venta libre. De esta manera, pueden evitar tener que correr a la sala de emergencias cuando están en medio de la nada y también evitar que las heridas se infecten a tiempo. Aquí hay algunos artículos básicos del botiquín de primeros auxilios que los recolectores llevan consigo;

Curitas

Las tiritas son elementos básicos que se encuentran en todos los niños de primeros auxilios. Los recolectores de alimentos a menudo se astillan o incluso se caen de vez en cuando al aire libre, por lo que pueden ayudar a cerrar la herida una vez que la haya limpiado. Además, las tiritas también evitan un mayor contacto con la herida, por lo que no contrae una infección.

Pinzas

Los recolectores suelen utilizar pinzas para quitar astillas y espinas. Estas son las lesiones de buscar comida que ocurren con más frecuencia y que la gente suele dar por sentado. Siempre existe la posibilidad de que un amigo lleve tiritas, pero casi nadie lleva pinzas. Incluso si lo hacen, es una mala idea compartirlos, ya que sabes, los gérmenes.

Toallitas con alcohol y antisépticos

Una toallita con alcohol es otro elemento básico que se encuentra en casi todos los niños de primeros auxilios. Son muy útiles para prevenir infecciones en cortes y contusiones. Las toallitas antisépticas hacen el mismo trabajo, pero no pican como el alcohol, por lo que realmente depende de usted elegir qué conservar.

Hojas de plátano

Cualquier buen recolector sabe que la naturaleza está llena de plantas y hierbas medicinales. Las hojas de plátano curan naturalmente las picaduras de erupciones por hiedra venenosa, picaduras de mosquitos y quemaduras solares. Sin embargo, esto no es algo que encuentre fácilmente en su farmacia o tienda de alimentos, pero puede ser fácilmente otro artículo que puede buscar en los patios y jardines cercanos a usted. Se encuentran en casi todas partes de América del Norte, por lo que debería encontrar esta planta fácilmente cuando esté al aire libre.

Limpiar

No importa cuánto lo intente, no hay forma de que regrese de buscar comida de la manera en que lo dejó. La naturaleza es hermosa pero desordenada, y cuando busca alimento, es probable que entre en contacto con tierra y plantas junto con todo lo que la naturaleza tiene para ofrecer. Entonces, si tiene una mochila, es posible que desee tener lo siguiente;

Agua

No puedes ir a buscar comida sin agua. Necesita mantenerse hidratado en todo momento, ya que buscar comida puede ser una experiencia bastante refrescante pero físicamente agotadora. Además, es probable que se ensucie y no siempre esté cerca de una fuente de agua como un lago o un río cercano. Por lo tanto, siempre debe tener una botella de agua con usted en todo momento. También puede usar el agua para lavar las plantas antes de llevarlas a casa, para que estén relativamente limpias. Nunca se sabe qué animal ha orinado en los hongos que acaba de recoger o algo peor.

Paño o pañuelo

Tendrás que lidiar con la suciedad cuando estés buscando comida, por lo que definitivamente tus manos se ensuciarán. Un paño es útil para limpiar frutas o nueces que recoja de la tierra, y las toallitas húmedas ayudan a limpiarlo cuando haya terminado. Además, puede guardarlos fácilmente en su bolsillo trasero o en su mochila.

Artículos adicionales

Si bien hay algunas cosas que son absolutamente necesarias, hay muchas más cosas que puedes llevar a cabo en una expedición de alimentación. Puede tener un viaje de campamento completo con la búsqueda de alimentos como parte de la experiencia, por lo que no hay límite para lo que puede hacer. Sin embargo, hay algunos elementos que creemos que todo recolector debería tener consigo;

Cámara digital

La búsqueda de alimentos es una experiencia memorable y, para los nuevos recolectores, tomar fotografías en la naturaleza se lleva sus recuerdos a casa para mostrárselos a sus amigos y familiares. Además, puede tomar fotografías de plantas de las que no está realmente seguro y verificar en Internet si son comestibles o no.

Campanas de oso

Si vive en América del Norte, especialmente en Alaska, existe la posibilidad de que se encuentre con un oso pardo que pase. Las campanas de oso son pequeñas bolas que los recolectores de alimentos amarran a sus botas o se pegan a un palo. Su principio de funcionamiento es bastante simple. Dado que no hay ruido similar a las campanas en el bosque y los osos casi siempre quieren evitar a los humanos, giran en la dirección opuesta cuando los escuchan.

Zapatos de senderismo

Cualquier joggers o zapatillas para correr funcionarían perfectamente, pero las botas de montaña son una opción mucho mejor para los recolectores. Protegen sus pies de rocas y escombros en el suelo y tienen un mejor agarre que un barco normal. Son extremadamente duraderos y adecuados para actividades al aire libre, así como para condiciones secas y húmedas. Además, también ofrecen protección contra los animales salvajes, especialmente las serpientes que pueden estar escondidas cerca de las plantas de las que desea elegir.

Impermeable

Los recolectores vigilan atentamente el clima, ya que pasarán bastante tiempo al aire libre. Los impermeables te protegen de la lluvia de la misma forma que los paraguas, pero son mucho más fáciles de manejar, ya que te los pondrás sin llevar ningún peso real. Entonces, digamos que está en el bosque y está a punto de verter, simplemente puede ponerse el abrigo para mantenerse seco y evitar el frío.

Kit de especias de bricolaje

En muchos casos, la búsqueda de comida suele ser parte de un viaje de campamento que implica cocinar diferentes comidas. Por lo tanto, los recolectores de alimentos a menudo llevan consigo un kit de especias, que pueden llenar en sus hogares o obtener de los artículos recolectados.

Antorcha

Dependiendo de dónde viva o a qué hora decida ir a buscar comida, es probable que oscurezca o incluso que haya niebla, por lo que llevar una antorcha definitivamente lo ayudará. Incluso puede obtener uno en tantas formas y tamaños diferentes fácilmente disponibles en cualquier ferretería o tienda de conveniencia.

Encendedor

En muchas ocasiones, los recolectores buscan hacer una comida tan pronto como terminan de buscar alimento. Si bien no hay nada como ir completamente a la vieja escuela tratando de hacer fuego, tampoco hay vergüenza en llevar un encendedor para iniciar un fuego al instante.

El mejor amigo de los recolectores "El cuchillo para hongos"

Todo recolector sabe que no hay mucha ciencia en la recolección de hongos silvestres en términos de equipo. Casi cualquier cuchillo funcionará, pero no exactamente de la forma en que debería hacerse. Se puede decir mucho sobre un recolector por su gusto por los cuchillos. Un cuchillo para hongos, como su nombre indica, es un cuchillo diseñado específicamente para los entusiastas de los hongos. Como cualquier cuchillo, corta casi cualquier cosa, pero está hecho especialmente para este propósito. Tanto es así, que hay muchas consideraciones que realmente se ponen en el diseño. Los hongos generalmente se rompen fácilmente, por lo que cualquiera puede sacarlos fácilmente de su sustrato. El problema es que el desgarro puede ser irregular, lo que daña el hongo o el micelim en el que estaba creciendo. Mucha gente pregunta por qué no usar un cuchillo normal. Muchos recolectores dicen que se trata de robar, ya que ofrece un corte mucho más limpio. Sin embargo, hay muchas más consideraciones en esto, como;

La seguridad

Cualquier cuchillo podría resbalar y cortar al usuario. Los cuchillos plegables baratos sin bloqueo de seguridad pueden dañar los dedos al cerrarse. Claro, hay mejores opciones de plegado en el mercado, pero esa no es la única consideración a tener en cuenta. Lo que necesita es algo estable con un agarre fuerte y firme.

Conveniencia

Un recolector no quiere que lo vean sosteniendo algo que parece un machete, ni quiere pasar tiempo buscando a "Needle" en su mochila y terminar cortándose. Un cuchillo de buscar comida debe ser del tamaño adecuado para poder llevarlo a cualquier lugar sin asustar a las personas que pueden encontrarlo peligrosamente extraño. Una pequeña navaja plegable hace un buen trabajo siendo discreta y también entra fácilmente en su bolsillo.

Durabilidad

Si está gastando bastante dinero en un cuchillo especial, tiene que ser duradero; de lo contrario, nadie lo va a comprar. La opción preferida al elegir un cuchillo duradero es uno que está hecho de acero inoxidable y tiene un mango de madera o fibra resistente. También puede elegir hojas de fibra de carbono que son más caras pero mucho más fáciles de afilar que los cuchillos normales. Lo más importante es que estos cuchillos deben poder resistir diferentes condiciones, como la humedad, deben ser a prueba de óxido y polvo, y deben ser livianos.

Utilidad

Cualquier cuchillo funcionará en la mayoría de los hongos. Sin embargo, hay algunas especies que son mucho más difíciles de manejar para un cuchillo normal. Además, el hecho de que se llame cuchillo para setas no significa que no vaya a cortar nada más. El cuchillo para hongos que elija debe funcionar como una herramienta múltiple de alta calidad con una hoja fuerte. Una cosa que la mayoría de los cuchillos para hongos tienen en común es que las hojas son más pequeñas pero más gruesas que los cuchillos normales, lo que permite un agarre mucho mejor y un corte más suave.

Costo

Por supuesto, no hay consideración sin mirar el costo. Cualquier cuchillo que no sea un cuchillo normal tendría un precio más alto. No se puede negar que un cuchillo para hongos es bastante caro. Entonces, a menos que sirva para un propósito, un cuchillo común no puede, no tiene sentido comprar uno a menos que sea solo otro artículo de colección.

Después de gastar una buena cantidad de dinero en un cuchillo, definitivamente debes aprender a cuidarlo adecuadamente. Cualquier buen cuchillo requiere un afilado regular y adecuado, especialmente los nuevos, que generalmente se envían desafilados por razones de seguridad. Incluso el afilado de cuchillos es una habilidad que los recolectores deben aprender y practicar para evitar accidentes o daños en el cuchillo. Cualquier recolector experimentado le diría que debe limpiar su cuchillo y secarlo completamente después de cada uso. De esta manera, durará un poco más y se verá limpio también. Después de todo, no es un cuchillo de carnicero. Hay muchas formas de mantener un cuchillo limpio y afilado para su próximo viaje. Algunas personas suelen conseguir una piedra de afilar mientras que otras simplemente encuentran un poco de aceite mineral para limpiarla con el que matan dos pájaros de un tiro. Los chefs caseros a los que les gusta cocinar carne en casa suelen tener una varilla de afilar en lugar de una piedra de afilar, ya que es relativamente más fácil de usar.

Habilidad de un recolector

La búsqueda de comida es una habilidad en sí misma, y hay algunas habilidades prerrequisito que incluso los recolectores de nivel de entrada deben poseer si esperan ser buenos en ello. Es seguro decir que cualquier habilidad que lo haga más autosuficiente cuenta fácilmente en sus esperanzas de convertirse en un recolector. Esto incluye habilidades básicas de supervivencia, cocinar, cómo encender un fuego, cultivar su propia comida y mucho más. Aparte de una lista de habilidades que aprende con el tiempo, un recolector debe ser una persona al aire libre. Si no eres una persona al aire libre, es muy poco probable que sea un buen recolector. Aquí hay algunas cosas básicas que debe saber o conjuntos de habilidades que debe aprender al menos en un nivel básico;

Botánica 101

En la actualidad, existen casi 400.000 tipos diferentes de plantas en el mundo. Por lo tanto, si está buscando convertirse en un recolector, debería poder identificar las plantas que crecen en la naturaleza. Además, debe poder distinguir entre plantas que se parecen y saber qué encontrar cerca de usted en diferentes estaciones. Puede encontrar fácilmente cualquier cosa en Internet en estos días si sabe qué buscar. Con el enfoque correcto, se sorprenderá de lo rápido que puede comenzar a aprender no solo sobre las plantas, sino también sobre dónde encontrarlas, extraerlas de manera segura e incluso cultivar algunas en casa o en su jardín. Además de todo esto, hay plantas que son extremadamente peligrosas de consumir, por lo que también debes poder identificarlas. Hay algunas señales que tienen todas las plantas, que indican si son seguras para comer o no. Obviamente, no hay manera segura, pero los recolectores experimentados dicen que se mantengan alejados de las plantas que tienen una savia de color, cualquier tipo de espinas, espinas o pelos, plantas con sabor amargo o jabonoso, plantas con patrones de crecimiento de tres hojas y semillas dentro de las vainas. . Por supuesto, hay muchas plantas comestibles que muestran las mismas características, pero si aprendes sobre algunas de ellas, no deberías tener problemas para encontrarlas y consumirlas. No todas las plantas son comestibles, pero pueden servir como medicina. Aquí hay algunas plantas silvestres comunes que definitivamente debería poder identificar, extraer y usar de acuerdo con su mejor ajuste;

Plátano

El plátano es una mala hierba que crecerá en casi cualquier lugar, desde jardines y caminos de entrada hasta bosques y parques en el país. Puede recoger fácilmente las hojas y dejar los tallos. El plátano se usa en una variedad de platos, incluidos bocadillos de 5 minutos en forma de chips. Se dice que no contienen gluten, lo que las convierte en una alternativa aún más saludable a las patatas.

Nopal

No dejes que las miradas te engañen. Las tunas no solo son comestibles, sino que están repletas de vitaminas que proporcionan una excelente nutrición. Puede cortar fácilmente las espinas y las hojas y luego cocinar platos salados y postres.

Espárragos

El espárrago es uno de los ingredientes más utilizados en los hogares estadounidenses. Por lo tanto, estaría encantado de saber que crecen abundantemente en todas partes de América del Norte. Lo que los hace un poco diferentes de los espárragos que compras en el supermercado es que tienen un tallo mucho más delgado. Además, son extremadamente fáciles de cosechar. Todo lo que tiene que hacer es doblar, girar y romper. Puede tomar suficiente para una comida de una o dos veces sin matar la planta para que siempre pueda volver por más.

Espinaca salvaje

La espinaca silvestre se conoce mejor como pie de gallina. Es una maleza de rápido crecimiento que se puede encontrar en todo

Estados Unidos. La mayoría de las personas no los cultivan en favor de sus homólogos comercialmente conocidos, lo que los hace fácilmente disponibles para tomar. Están llenas de nutrientes y no se puede notar la diferencia con las espinacas normales.

Algas verdes

No todas las plantas que comes provienen de la tierra. A los recolectores que viven en las zonas costeras les encanta recolectar algas verdes, que se encuentran en todos los océanos del mundo. Puede agregarlos a sopas, arroces e incluso hacer sushi en casa sin tener que comprar ingredientes costosos en la tienda.

Medicina natural

No todas las plantas que encuentras en la naturaleza son comestibles, pero esto no significa que no sean útiles. Las plantas también son una excelente fuente de medicina natural; nuestros antepasados usaban hace miles de años ya que no había ninguna farmacia por razones obvias. Puede encontrar diferentes hierbas medicinales, raíces, hojas y savia para diferentes remedios. Aquí hay algunas plantas comunes a las que todo recolector debe estar atento cuando están al aire libre;

Manzanilla

La manzanilla se considera una panacea natural. Se encuentra comúnmente en el té verde y es bastante popular en los EE. UU. Como sedante para la ansiedad y la relajación. Entonces, después de un largo día de búsqueda de alimentos, puede preparar una comida caliente con té de manzanilla para relajar esos músculos y su mente.

Sin embargo, no debe tomarse en grandes cantidades, y si es alérgico, debe evitarlo.

Valeriana

La valeriana se encuentra en diferentes partes de los Estados Unidos y se usa para tratar el insomnio y reducir la ansiedad. También se utiliza para dar sabor a una variedad de bebidas como la cerveza de raíz y los postres. Sin embargo, debe hablar con su médico antes de tomarlo como con cualquier otra hierba medicinal o raíz.

Aloe vera

El aloe vera se ha utilizado durante cientos de años para tratar quemaduras, cortes e infecciones. También ayudan con la digestión y a menudo se mezclan con diferentes aceites para un mejor crecimiento del cabello. Además, es muy fácil de reconocer una vez que sabes cómo se ve, ya que en realidad no tiene parientes cercanos que se lo parezcan.

Lavanda

La lavanda se ha utilizado durante miles de años por sus propiedades antiinflamatorias y antisépticas. Además, las personas se sienten más atraídas por su fragancia, que se dice que ayuda con la migraña, la ansiedad, la depresión y la amnesia.

Corteza de sauce

La corteza de sauce se encuentra en toda América del Norte y se ha utilizado durante siglos como analgésico natural. Los recolectores lo llaman aspirina de la naturaleza y, a menudo, intentan tenerlo en sus manos cuando están ahí fuera.

Nave Scout

No todos los recolectores son boy scouts, pero es seguro decir que los boy scouts definitivamente serían excelentes recolectores. La artesanía exploradora es un término moderno que se usa para cubrir una variedad de conocimientos y habilidades al aire libre que requieren las personas que normalmente buscan aventurarse en el país salvaje y tratan de mantenerse para ser más independientes. Este conocimiento y habilidades se utilizan para fomentar la autosuficiencia, el ingenio y la confianza no solo para sobrevivir, sino también para hacer el mejor uso del entorno natural que los rodea. Estas habilidades incluyen cocinar, preparar el campamento, limpiar, plantas silvestres comestibles, encender fuego, primeros auxilios, caminatas, conocer hierbas y árboles, preparar leña, cazar, nadar y la vida silvestre. Scout craft es una versión más ligera de bushcraft, que incluye rastreo, caza, pesca, construcción de refugios y navegación con el uso de herramientas como hachas, cuchillos, buscar comida, madera y materiales naturales. Los recolectores que tienen incluso algunas de estas habilidades pueden tener un tiempo mucho más fácil en el bosque para recolectar, transportar, preparar y consumir diferentes plantas y frutas silvestres.

Cocinando

Si está buscando convertirse en un recolector de alimentos, lo más probable es que sepa su camino en la cocina. La mayoría de las personas tienen dificultades para utilizar los ingredientes habituales, y mucho menos los forrajeros. Uno de los beneficios más importantes de cocinar es que puedes controlar los ingredientes que entran en tu comida. Además, una de las principales ideas de la búsqueda de alimentos es hacerte autosuficiente, por lo que no depends de la compra de alimentos todo el tiempo. Esto significa que usted se cocina con ingredientes que no mucha gente usa regularmente. Muchos recolectores dicen que cocinar una comida caliente a partir de alimentos recolectados es extremadamente gratificante, ya que significa un trabajo bien hecho después de un largo período de recolección y transporte de ingredientes silvestres. Si no sabe cómo cocinar, puede comenzar fácilmente haciendo cosas simples como chips de plátano o bistec y sazonar con hierbas y especias forrajeadas. Una vez que aprenda lo básico, se volverá aún más creativo y probará alimentos más desafiantes. Por ejemplo, a algunos recolectores les gusta hacer su propia cerveza de raíz, encurtidos y salsas listas para usar en todo momento. Con tantos sabores para elegir, no hay límite para lo que puede hacer.

Búsqueda de comida en el siglo XXI

La búsqueda de comida es una actividad maravillosa que te conecta con la naturaleza. Sin embargo, una buena aventura de búsqueda de comida no significa que deba hacerse como nuestros antepasados con herramientas y tecnología limitadas. Si bien no hay nada de malo en hacer las cosas a la antigua, los humanos siempre han intentado mejorar todo lo que hacen con la ayuda de la tecnología, y lo mismo puede decirse de la búsqueda de alimento. ¿Por qué ir a ciegas cuando simplemente puede buscar lo que necesita y saber exactamente dónde encontrarlo sin demasiados problemas? Suponga que está a la caza de hongos. Puede buscar fácilmente en línea diferentes especies disponibles en su área y también tomar algunas fotos con usted, de modo que cuando se encuentre con una, pueda verificar si eso es lo que necesita. Además, no va a acabar con la aventura, ya que la tecnología siempre es opcional y muchos recolectores suelen intentar limitar el uso de dispositivos en la naturaleza. Incluso si usan tecnología, seguirán estando al aire libre haciendo lo que hacen todos los recolectores. El uso de dispositivos puede facilitar las cosas, pero aún así tendrá que hacerlo. Por ejemplo, cuando la gente va de campamento, hacer fuego es una de las actividades más importantes. Sin embargo, esto no significa que usted tome un palo y una piedra y lo haga durante horas. No hay vergüenza en llevar un encendedor que pueda hacer el trabajo en poco tiempo. De la misma manera, los recolectores modernos tienen el lujo de ser mucho más conocedores de la tecnología cuando están al aire libre. Aquí hay algunos dispositivos tecnológicos que la mayoría de los recolectores llevan consigo en todo momento;

Un teléfono inteligente

La mayoría de las personas ahora poseen un teléfono inteligente y lo llevan consigo dondequiera que vayan. Entonces, ¿por qué la búsqueda de alimento debería ser diferente? Siempre que tenga recepción celular, puede buscar fácilmente cualquier cosa en Internet en medio de un bosque o parque. Si se encuentra con una planta de la que no está seguro, puede tomar una foto y pedirle a sus compañeros que la confirmen. Un teléfono inteligente es prácticamente una computadora en su bolsillo, por lo que los casos de uso son infinitos cuando se trata de investigación. Además, la mayoría de los teléfonos inteligentes tienen brújulas y mapas, por lo que no es necesario que los lleves para ahorrar espacio para más botín.

Utensilios de cocina para acampar

Los utensilios de cocina para acampar generalmente consisten en sartenes, ollas, cubiertos y utensilios, junto con recipientes para alimentos que están diseñados específicamente para exteriores. Puede imaginarse por qué a la mayoría de los recolectores les gustaría tener en sus manos algunos de estos artículos. Como se mencionó anteriormente, muchos recolectores han admitido que la mayoría de sus aventuras involucran la búsqueda, pero la búsqueda no era el único propósito del viaje. A muchos recolectores les encanta acampar con sus amigos y familiares, y aquí es donde los utensilios de cocina les resultan extremadamente útiles. Sin embargo, para aquellos que llevan utensilios de cocina en su aventura de búsqueda de comida, generalmente es para preparar una comida al aire libre en lugar de transportarla a casa.

Kit de herramientas múltiples

A los recolectores les encanta personalizar con dispositivos que podrían facilitar su empresa. Un kit de herramientas múltiples que cabe en su bolsillo con diferentes funciones como altímetro, barómetro, termómetro, luz LED y diferentes hojas puede resultar extremadamente útil durante la búsqueda y extracción de diferentes plantas y frutas.

Binoculares digitales

Los binoculares se encontraban entre los pocos dispositivos que los entusiastas del aire libre siempre quisieron, incluso cuando eran niños. Poder mirar a lo lejos y explorar la naturaleza con una vista más cercana es extremadamente satisfactorio. Desde la perspectiva de un recolector, ser capaz de detectar bayas y frutas en lo alto de los árboles desde la distancia puede ayudar a recogerlas mucho más rápido y también estar atento, ya que los bosques no son menos que animales salvajes que pueden causar daño de cerca. Hoy en día, incluso puede encontrar binoculares digitales que ofrecen funciones como zoom digital y grabación de video para que siempre pueda volver atrás y no solo revivir su aventura, sino también compartirla con otros.

Pautas de búsqueda para recordar

Para aquellos que están realmente interesados en convertirse en recolectores o simplemente mirarlo como un pasatiempo para pasar el tiempo, estas son solo algunas de las cosas que pueden hacer o aprender para mejorar todos los días. Como mencionamos anteriormente, buscar comida es un juego de paciencia ya que no siempre puedes planificar con anticipación, ni siempre regresarás con algo. Incluso con toda la tecnología que tenemos hoy, todavía tienes que aprender los conceptos básicos si realmente quieres adaptarte a la vida. Puede comenzar decidiendo en qué tipo de recolector espera convertirse. Las personas tienen diferentes motivos para empezar. Algunos dicen que les gustaría ahorrar dinero, mientras que otros tienen su propia tierra para no solo cultivar sus propios alimentos, sino también buscar lo que está disponible. Los entusiastas de las actividades al aire libre pueden agregar a su lista de posibles actividades recreativas, mientras que los que aman cocinar pueden agregar sabores únicos a su menú diario con elementos forrajeros. Cualesquiera que sean sus razones, estas pautas definitivamente lo ayudarán;

Cuidate

Es importante que no dé por sentada la seguridad. Asegúrese de estar 100 por ciento seguro en su identificación de plantas silvestres para no consumir nada que pueda dañarlo. Lleve siempre un botiquín básico de primeros auxilios, agua, algunos bocadillos y esté atento a dónde se encuentra. Antes de cosechar, observe bien la planta en busca de vida silvestre y también cualquier letrero que pueda decir propiedad privada o no traspaso. Trate de evitar aquellas áreas donde sabe que las plantas pueden haber estado expuestas a toxinas, como cerca de fábricas o áreas comerciales.

Se respetuoso

Una gran cantidad de recolectores de alimentos han sido arrestados en el pasado por traspasar involuntariamente propiedades. Si está buscando emprender una aventura de búsqueda de alimentos, debe saber en qué tierra estará y obtener permiso primero. Los parques nacionales están prohibidos al igual que los lugares públicos. Por lo general, verá señales de no recoger si no está permitido buscar comida. Aparte de las reglas, también sea respetuoso con las plantas. Si excava agujeros, asegúrese de volver a llenarlos. Además, no dañe ni mate la planta solo por una comida gratis y definitivamente no deje que los alimentos forrajeros se desperdicien.

Sea sostenible

Las especies invasoras de plantas son un juego limpio durante todo el año, por lo que puede organizar una fiesta buffet si lo desea. Sin embargo, la mayoría de las plantas requieren más atención, por lo que debe buscar sus patrones de crecimiento y cosecharlas solo en el momento óptimo. De lo contrario, es posible que la planta no sepa muy bien y usted habría desperdiciado su crecimiento durante la temporada.

Aprende en persona

Hay mucho que aprender cuando se trata de buscar comida. La mejor manera de aprender es con otro recolector o tomando una clase. De esta manera, puede aprenderlo correctamente de manera organizada sin distracciones y con una atención completa a los detalles. También puede visitar a un herbolario local para obtener más información sobre lo que puede encontrar en su área. Si simplemente está buscando un pasatiempo para matar el tiempo, hay suficiente información en Internet, y en este libro, a medida que siga leyendo, podría encontrar algo para su próxima comida. Todo lo que necesita es un buen par de zapatos, una mochila, teléfonos inteligentes y algo para cortar como un par de tijeras o una navaja de bolsillo.

Capítulo 5

Búsqueda de alimentos

No es un gran secreto que nuestra generación no está equipada con conocimientos y habilidades de búsqueda de alimentos tan extensamente como nuestros antepasados cazadores-recolectores. Como recolector de alimentos exitoso, es imperativo identificar las plantas, semillas y nueces silvestres, nocivas o seguras, sin posibilidad de error. Un recolector entusiasta puede estar emocionado de aprender todo sobre las recompensas que ofrece la naturaleza, pero deambular hasta el campo más cercano para recoger y comer plantas al azar es una receta para el desastre. Naturalmente, los recién llegados pueden querer probar todo lo que encuentran; sin embargo, esta práctica puede representar un riesgo enorme para sus vidas. Aunque algunas plantas silvestres solo pueden causar problemas de salud menores, por ejemplo, dolor de estómago, muchas pueden ser venenosas, lo que resulta en algo mucho peor.

Durante más de 25 años, Green Deane, un famoso YouTuber de búsqueda de alimentos, ha ganado experiencia en la gran mayoría de las plantas de América del Norte que crecen en la naturaleza.

Según él, solo el 7% de las plantas silvestres son comestibles; esto enfatiza cuán esencial es poder identificar varias plantas, semillas y nueces que se pueden comer, pero lo que es más importante, que deben evitarse. Para ayudar a los aficionados, Deane ha delineado cuatro pasos principales que todo recolector debe recordar para confirmar la comestibilidad de cualquier planta silvestre mediante el uso de un sistema conocido como "ITEM"; Identificación, época del año, medio ambiente y método de preparación.

Identificación

Es fundamental tanto para los aficionados como para los expertos identificar las plantas correctamente y saber si es comestible, más allá de toda posibilidad de duda. Los recién llegados deben recibir un pase de un experto en buscar comida local antes de tragar cualquier cosa que hayan elegido. Es peligroso depender de las imágenes de las guías y de Internet para esta actividad: las diferentes plantas se ven diferentes en diferentes climas y entornos. Incluso pueden tener parecidos letales, lo que demuestra que es necesario consultar a alguien que sepa cómo se ve una determinada planta en su área. Con el tiempo, las personas podrán darse el gusto de buscar alimentos de forma independiente a medida que dominen las habilidades y el conocimiento de sus territorios, pero incluso entonces, deben tener cuidado.

Época del año

Debido a la fenología, el clima o la etapa de crecimiento de la planta, las mismas especies de plantas experimentan diferentes cualidades a lo largo del año. La calidad del forraje de una planta puede variar incluso durante los mismos meses en diferentes años. Tales factores complican todo el proceso de identificación; por lo tanto, los recolectores deben reconocer si una planta está creciendo o produciendo verduras o frutas en la época apropiada del año. Si se sabe que una flor florece en marzo, pero se encuentra brotando en septiembre, es muy probable que sea un pariente cercano, tal vez uno no comestible. Además, esto también podría indicar una brecha en el conocimiento del recolector. Por ejemplo, Pyracantha coccinea es un arbusto de espino de fuego, conocido por florecer y dar frutos una vez al año en las regiones del norte; sin embargo, también se descubrió en Florida, donde florece dos veces al año en dos estaciones diferentes. Esta es la razón por la que si los recolectores de alimentos se encuentran con especies de plantas que exhiben cualidades diferentes a las que suelen caracterizar, deben consultar a un experto.

Ambiente

Algunos dirían que es más importante, y a menudo más complicado, identificar el entorno de la planta que la propia planta. Un recolector debe confirmar que el suelo y el agua que lo rodean no estén contaminados, mezclados con gasolina u otros productos químicos. Las plantas que crecen en varias áreas como el jardín de alguien, un campo, parques de la ciudad, etc. podrían haber sido tratadas con pesticidas. Todos estos factores ambientales podrían hacerlos inseguros para comer, lo que contribuye más a la razón por la que las personas deben inspeccionar a fondo lo que comen.

Otra razón para ser conscientes del medio ambiente es que las plantas tienen preferencias particulares de suelo, agua, temperatura y luz solar; esto facilita todo el proceso de identificación si el recolector está bien equipado con ese conocimiento y puede identificar fácilmente la planta por sí mismo.

Método de preparación

Los recolectores de alimentos pueden encontrar varias plantas clasificadas como comestibles; sin embargo, no significa necesariamente que estén listos para comer. Muchas plantas silvestres deben remojarse en agua salada, cocinarse, pelarse, etc. antes de poder comerlas. Por tanto, saber qué se necesita para hacer comestible la planta silvestre también es un aspecto fundamental antes de su consumo.

Este método ha ayudado a miles de personas a alimentarse de forma segura. Sin embargo, solo reduce un puñado de riesgos que acompañan a esta actividad, no los erradica. Aunque la planta en sí es comestible, puede desencadenar intolerancia o alergias alimentarias en la persona. Especialmente al probar nuevas plantas, los recolectores deben exponerse a una nueva planta a la vez, por lo que si tienen alguna reacción inesperada más adelante, sabrán con precisión qué la causó.

Lo primero que debe hacer es frotar la planta contra la piel para ver si desarrolla una erupción. Si todo va bien, el siguiente paso es frotarlo contra los labios y esperar antes de morderlo. Deane recomienda tomar solo unos pocos bocados al probar una nueva planta silvestre. Incluso entonces, la primera prueba exitosa a veces no garantiza que una persona no desarrolle una erupción más adelante. Por lo tanto, un individuo debe limitarse a porciones pequeñas antes de sentirse lo suficientemente seguro como para convertirlo en una parte regular de su dieta.

Como se enfatizó varias veces antes, nunca debe llevarse algo a la boca si no está 100% seguro de que sea comestible. Para facilitar el proceso de búsqueda de alimentos para todos, se ha preparado una lista de las frutas, nueces y semillas silvestres más comunes en América del Norte. Algunos de estos pueden ser raros, mientras que otros son populares e incluso se cultivan a gran escala. Además, también se han agregado imágenes para ayudar a la identificación de plantas silvestres con técnicas fáciles y descripciones simples. Junto con ellos, encontrará las características clave, el uso, así como el tiempo y el método de recolección del sabroso comestible, que se incluyen a continuación.

Capítulo 6

Guía para identificar frutas editables

Manzanas silvestres americanas

Una especie particular de manzanas silvestres, Malus Coronaria, es originaria de América del Norte. Se conoce con el nombre de manzanas silvestres americanas, manzanas silvestres dulces, etc. En total, existen  alrededor de 30 especies de manzanas silvestres, entre las cuales varias de ellas están esparcidas por los continentes, excepcionalmente resistentes en 4 a 8 zonas del USDA. Tiene muchas especies híbridas; por lo tanto, su identificación puede ser complicada.

El árbol del manzano silvestre americano puede crecer de 5 a 30 pies de altura, con una copa bien abierta, ramas robustas y un tronco corto. Sus hojas son alternas, bordes dentados, una base en forma de corazón o redonda, y generalmente puntas largas y estrechas. Además, su corteza es de color marrón grisáceo y escamosa, lo que facilita su desprendimiento. Las flores comienzan a florecer en el cangrejo americano en primavera, que es muy perfumado y de color blanco o rosa. Pueden ser de tamaño pequeño pero abundantes. Los árboles dan frutos de septiembre a noviembre, que son de color amarillo verdoso, amargos y con varias semillas. Debido a su contenido de ácido cítrico y málico, pueden ser tánicos o muy ácidos, por lo que no se consumen crudos con mucha frecuencia. En cambio, primero se tuestan antes de devorarlos o usarlos para hacer vino de campo o sidra caseros, etc.

Arándano americano

El arbusto de arándano americano, aunque nativo de América del Sur, es un hallazgo raro. El arbusto se encuentra esparcido en áreas al norte de Illinois, y otros humedales de alta calidad con flora nativa aún intacta. Sus hábitats son variados, ya que se encuentra en pantanos arenosos, pantanos boscosos, matorrales empapados, zanjas de caminos, bosques húmedos, riberas de áreas boscosas, etc. Ayuda si el suelo tiene materia orgánica en descomposición ya que ayuda a retener la humedad. Además, el arbusto prefiere crecer a pleno sol (y a veces también con sombra ligera) y un clima boreal donde incluso los veranos son moderadamente cálidos o frescos.

Para identificar el arándano americano, se deben buscar múltiples troncos estrechos que asciendan hacia ramas arqueadas o densas y verticales, creando un contorno redondo. Su altura en conjunto mide hasta 6 a 12 pies, a veces incluso dispara hasta 16 pies. Sus hojas también se parecen a las hojas de arce; son un par de hojas de crecimiento opuesto, que se encuentran junto con ramitas y brotes. El follaje es caducifolio, de color verde medio en la superficie superior y verde pálido en la inferior. Más tarde, durante el otoño, se vuelven de color rojo brillante. Además, las hojas tienen tres lóbulos con dientes leves y grandes, que a veces simplemente están ausentes por completo. El arbusto de arándano rojo tiene racimos de flores blancas de 5 pétalos con la parte superior plana desde finales de la primavera hasta principios del verano, que duran aproximadamente un mes entero. Cuando maduran a fines del verano o principios del otoño, se vuelven de color rojo brillante, al igual que sus hojas.

Una vez recolectados, pueden almacenarse en congeladores y comerse más tarde, pero lo que la mayoría de la gente no sabe es que también pueden congelarse bajo la nieve. Por tanto, cuando llega la primavera y la nieve se derrita, todavía son perfectamente comestibles y se pueden comer, aunque pueden estar un poco blandas después de descongelarlas.

Saúco americano

La baya del saúco americano, también conocida como Sambucus Canadensis, es originaria de América del Norte y Central. Ácidas y picantes, no deben consumirse crudas, sino endulzadas para convertirlas en jarabe de saúco o té. Demasiadas bayas de saúco crudas, especialmente las poco maduras, pueden causar náuseas, pero hervirlas durante 15 a 20 minutos soluciona ese problema: si se combina con un poco de azúcar, el líquido hierve para formar un jarabe que luego se puede rociar. un poco de yogur o helado. Cocinarlos inactiva sus compuestos alcaloides, después de lo cual se utilizan para hacer mermeladas, jugos, vino de saúco, etc. Vienen con sus propios beneficios; ricos en vitaminas A, B6, C y otros nutrientes, estimulan eficazmente el sistema inmunológico y el corazón. A menudo también se toma como suplemento para tratar los síntomas de la gripe y el resfriado.

Los recolectores de alimentos a menudo los descubren en bosques húmedos, hileras de cercas, riberas, bordes de caminos y matorrales en todo Missouri. Aunque estas bayas son identificables, generalmente se mezclan con el paisaje, lo que las hace difíciles de detectar. De diámetro, miden alrededor de 1/8 de pulgada y tienen una ligera protuberancia desde donde brotaron de la flor. En total, estas bayas forman un grupo en forma de paraguas, que crece en arbustos que alcanzan alturas de hasta 12 pies y, a veces, incluso 15 pies de altura.

Pequeñas flores blancas florecen en junio y julio, después de las cuales las bayas de saúco profundas dominan las plantas a fines del verano. El color morado oscuro o casi negro indica madurez, que es otro factor importante para recordar. Las bayas de saúco poco maduras, junto con sus tallos y hojas rojas, pueden ser tóxicas para el cuerpo humano. Sin embargo, sus flores se pueden cocinar o comer crudas.

Parecidos a la baya del saúco americano:

- **Hierba carmín americana**

American Pokeweed (también conocida como American Pokeberry, Phytolacca Americana, etc.) es uno de los tóxicos parecidos a la baya del saúco. La hierba carmín no es comestible y definitivamente debe mantenerse alejada de los niños como todas las demás sustancias venenosas. Se sabe que causan dolores de estómago severos, y debido a que sus bayas y tallos rojos se pueden confundir fácilmente con bayas de saúco, es crucial educar a todos sobre cómo distinguir entre los dos.

También nativos de América del Norte, los arbustos robustos y no leñosos se pueden encontrar en casi todo el país cerca de las aberturas y bordes del bosque, hileras de cercas, pastos, etc., especialmente, donde las aves pueden posarse. La planta es venenosa al tacto, desde el fruto hasta la raíz, y no debe tocarse con las manos desnudas.

Aunque las bayas de saúco y las moras pueden presentar apariencias sorprendentemente similares a primera vista (ambas tienen bayas de color negro púrpura oscuro), tienen algunas características visibles que ayudan a los recolectores de alimentos a distinguir entre las dos. Si se comparan ambos arbustos, la hierba carmín tiene tallos rojos más cortos y las bayas están firmemente unidas al tallo principal. Además, este arbusto crece hasta alcanzar un máximo de 6 pies de alto, a diferencia de su parecido. Por último, como indican sus imágenes, las bayas del saúco crecen en racimos, mientras que las moras cuelgan en forma de un largo cono cilíndrico.

• **Aralia spinosa**

Aralia spinosa (también conocida como bastón del diablo o club de Hércules) está muy extendida en el medio oeste y este de los Estados Unidos a lo largo de la costa atlántica y hacia el oeste hacia Texas. Las posibilidades de que los seres humanos se encuentren con estas especies son solo altas en sus zonas de habitación, los bordes exteriores de los bosques templados. A menudo puede hacerse pasar por la baya americana, ya que también tienen bayas de color negro púrpura oscuro que crecen en vívidos tallos de color burdeos. Ambas plantas producen bayas de tamaños similares, prosperan en el mismo tipo de entorno y producen frutos en la misma época del año. Sin embargo, sus bayas son levemente tóxicas para los humanos y solo sus hojas se consideran comestibles. Si se comen las bayas o semillas crudas, pueden causar malestar estomacal.

Lo que los distingue es su tallo; El tallo de Aralia es espinoso. Las espinas pueden tener un tamaño desalentador de 1,25 cm de largo, lo que deriva acertadamente de ellas el nombre de bastón del diablo. Por otro lado, los ancianos estadounidenses tienen tallos lisos con espinas y espinas limitadas. Además, en apariencia, Aralia es un arbusto espinoso de copa plana que crece típicamente a una altura de 25 a 35 pies, e incluso puede desarrollarse como un árbol pequeño.

Grosella espinosa americana

Alrededor de 100 variedades de grosellas están creciendo en América del Norte, pero la gente desconoce la existencia de esta belleza. Pon una en tu boca y te espera una sorpresa agria o dulce. El pequeño capricho varía tanto en sabor como en variedad. Se puede encontrar prácticamente en todas partes del continente, excepto en los desiertos, pero incluso entonces, algunas especies de grosellas también se esfuerzan en las regiones áridas. Se sabe que es un tratamiento de clima frío, que crece en áreas con inviernos cálidos y humedad, así como también heladas.

En primer lugar, para identificarlos hay que buscar espinas en las ramas y, muchas veces, en las propias bayas. Estas espinas son un sello distintivo del clan de la grosella espinosa y un testimonio directo de la existencia de la planta. En cada axila, la grosella espinosa americana tiene dos o más espinas, pero no son venenosas. Algunas de las especies de plantas pueden producir frutos muy espinosos y deben cosecharse con guantes y con las precauciones necesarias. El segundo regalo son las hojas parecidas a los arces que se ven así:

El arbusto puede crecer 3 pies de alto y 6 pies de ancho. El color y la forma de la grosella espinosa pueden variar; se encuentran en colores rojo, amarillo, verde, violeta y blanco, entre los cuales algunos son redondos, ovalados o alargados. Además, a veces también se encuentran incrustadas minúsculas semillas comestibles que son seguras para consumir como la fruta. Incluso si se pueden comer crudos, muchos prefieren hervirlos y endulzarlos para usarlos como jarabes o pasteles.

Caqui americano

Los recolectores reconocen fácilmente el caqui americano salvaje, ya que es otra fruta cultivada popularmente, fácilmente disponible en los supermercados y al alcance de la gente. Sin embargo, a diferencia de los asiáticos cultivados, los frutos silvestres estadounidenses son un poco más pequeños (como los tomates cherry) y los árboles, prolíficos. Son particularmente resistentes a la Zona 5, descubiertos en los bosques de frondosas del este de Estados Unidos. Estas frutas ricas en vitaminas A y C son pulposas y dulces con un toque picante. Por lo general, maduran en noviembre, así que tenga cuidado; tendrán un sabor amargo y astringente si no han madurado lo suficiente. Al igual que su contraparte asiática, también se puede consumir cruda, horneada o en puré.

La corteza del caqui es otra característica distintiva. Es oscuro y forma patrones de bloques y crestas verticales que suben y bajan por su tronco. Las ramitas y ramas son delgadas, lisas y de color marrón grisáceo. Las frutas crecen en pequeños racimos, tienen semillas aplanadas y son increíblemente jugosas. Su follaje también es alterno; miden alrededor de 2,5 a 6 pulgadas de largo y de forma ovada a elíptica-oblonga. La superficie superior de la hoja es de color verde medio a oscuro y brillante, mientras que la inferior es de color verde pálido, más suave y correosa.

Cerezo negro

Prunus serotine (nombre común: cereza negra) es originaria de América del Norte, América Central y México. Crecen en el sureste de Canadá, se extienden por el este de los Estados Unidos y también se ven en las montañas del suroeste del continente. El árbol o arbusto de hoja caduca puede crecer hasta 25-110 pies. Se transforma de una forma lejanamente cónica a una de cabeza ovalada cuando crece y madura, con ramas extendidas y arqueadas y extremidades colgantes. El follaje es brillante en la superficie superior con una base ahusada, hoja oblonga con una punta de punta larga y márgenes finamente serrados. Cuando emergen estas hojas brillantes, las flores blancas también brotan colgando en racimos caídos.

Como su nombre lo indica, la cereza negra es de hecho de color negro o morado oscuro, que cambia de un rojo oscuro de agosto a octubre. Durante el mismo período, el follaje también se vuelve amarillo. Las cerezas se consumen crudas e incluso se utilizan para preparar jaleas, vinos y otras bebidas debido a su sabor dulce y ácido. No se debe probar ninguna otra parte; son tóxicos debido a la amigdalina que contienen y pueden ser fatales si alguien los ingiere accidentalmente. Los síntomas pueden incluir espasmos, convulsiones, insuficiencia respiratoria, dilatación de la pupila, debilidad, etc. Por lo tanto, los recolectores deben tener mucho cuidado de no probarlos.

Aunque solo los frutos que dan son comestibles, las diferentes partes del árbol también se pueden utilizar para diferentes usos. El jarabe de cereza, obtenido de la corteza, es útil para curar la tos. Por otro lado, su madera también es muy valiosa, por lo que se utiliza en muebles, instrumentos profesionales y científicos, paneles, etc.

Arándano

Las plantas de arándanos silvestres son un cultivo de bajo mantenimiento y crecimiento natural que produce frutos redondos de color azul-negro. La planta está subcategorizada en dos especies principales que crecen en América del Norte: el arándano arbusto y la copa ácida. Como su nombre lo indica, el arbusto bajo es más corto en altura (de 3 a 15 pulgadas) y dulce, mientras que las puntas ácidas son menos dulces y más masivas (alcanzan hasta 24 pulgadas de alto). La ubicación de estos arándanos silvestres en América del Norte depende de qué especie particular esté buscando el recolector. Aunque crecen en todo el continente, con mayor prevalencia en Nueva Jersey y Maine, la copa ácida crece predominantemente en los bosques, mientras que la maleza baja es adecuada para bosques y campos.

Para identificarlos, se debe inspeccionar la parte inferior de estas bayas. Están marcados con una corona de cinco puntas, que es una característica distintiva de esta fruta. Las ramas son delgadas, las hojas son anchas y verdes (que luego se vuelven rojas en la temporada de otoño) y las flores son de color blanco y rosa claro. Estas bayas silvestres son relativamente más pequeñas que los arándanos cultivados, alrededor de 1/4 de pulgada de diámetro, pero se sabe que son más beneficiosas. Están ricas en fibra, antioxidantes y vitamina C y K.

Para obtener los máximos beneficios y el excelente sabor de esta fruta en particular, el recolector debe tener cuidado al cosecharlos. Las plantas dan frutos desde mediados hasta finales del verano y tardan varios días en madurar incluso después de que se vuelven azules. El enfoque más seguro es hacerle cosquillas al racimo de arándanos y comer solo los que se caen sin mucho esfuerzo.

Parecidos a Wild Blueberry:

• **Arándano**

Un arbusto silvestre que a menudo se confunde con los arándanos es el arándano. Aunque las dos bayas pueden confundirse debido a su forma y tamaño similares, los arándanos son un tono más claro. Incluso sus hojas son de un tono diferente; mientras que el arándano se vuelve rojo brillante en el otoño, las hojas de Huckleberry pueden cambiar de dorado a rojizo-púrpura. El arbusto de este último es alto, crece hasta la friolera de 4 pies (un gigante en comparación con los arándanos bajos) y crece más rápido que su parecido. Cada arándano tiene 10 semillas, relativamente más duras que el arándano. Un aspecto interesante de estas dos bayas es que se pueden consumir frescas, sin necesidad de cocinarlas o hervirlas. Entonces, incluso si el individuo identificó erróneamente el arándano y se lo comió pensando que era un arándano, se encontraría con una tarta y una dulce sorpresa.

Presentes en los colores negro, azul y rojo, los arándanos son la representación norteamericana de varias especies de plantas de los géneros Gaylussacia y Vaccinium. Estas pequeñas bayas silvestres azules crecen en bosques, cuencas lacustres, regiones montañosas y pantanos en el oeste de Canadá y el noroeste de América.

• **Chokeberry**

Encontrado en el este de Canadá y el este de América, los chokeberries son un arbusto de hoja caduca, también conocido como Aronia. Aunque los chokeberries son otro parecido al arándano, son plantas silvestres menos comestibles. De la planta brotan arándanos rojos (Aronia arbutifolia), morados (Aronia prunifolia) y negros (Aronia melanocarpa) que deben evitarse que se consuman crudos. Las frutas se exprimen, se hornean o se hierven antes de consumirlas. Es porque son altamente astringente; sin embargo, tienen un nivel excepcional de antioxidantes. Al tener antocianina, proantocianidina, ácido fenólico y flavanol, superan las capacidades antioxidantes de todas las demás frutas. Estos poderosos compuestos, junto con altos niveles de vitamina K, estimulan las funciones corporales esenciales y apoyan la salud ósea.

Por lo general, las chokeberries se sienten secas al tacto y tienen una apariencia arrugada. Independientemente del color de los frutos, todos deben cosecharse tan pronto como estén maduros, o el riesgo de que se sequen es alto. Hermosas flores florecen en las plantas durante la primavera, pero cuando se acerca el otoño, comienzan a madurar. Se sabe que las moras maduran antes, seguidas de las moras y luego las rojas desde mediados de agosto hasta mediados de septiembre. Sin embargo, pueden sobrevivir en el frío, por lo que los frutos persisten mucho después de septiembre y hacen posible la búsqueda de alimento en invierno. Crecen en racimos de 2 a 20 bayas en arbustos de hasta 8 pies, donde cada gota de fruta cae de su tallo individual. Esto hace que sea más fácil cosechar las bayas de Aronia forrajeadas silvestres con los dedos, quitándolas rápidamente de sus tallos.

Zarzas (moras y frambuesas)

Tanto las frambuesas como las moras se identifican como zarzas. Es posible que se cultiven ampliamente en toda América del Norte, pero su popularidad también se debe a su crecimiento en la naturaleza. Las moras son más frecuentes en el este y la costa oeste, mientras que las frambuesas son bastante comunes en todo el continente, excepto en el sur profundo.

Las cañas sobre las que crecen estas bayas son largas y espinosas, situadas en los bordes de los campos y prados bajo el sol. Los arbustos espinosos son un indicio de zarzas y un factor importante para identificarlos. Es mejor manipularlos con guantes mientras se cosechan de sus racimos largos en forma de cono. Ambas bayas maduran en pleno verano; típicamente, las frambuesas son negras o rojas cuando están maduras, mientras que las moras cambian de verde a rojo y finalmente a negro cuando han madurado. Las frambuesas se reconocen por su centro hueco y tallos redondos y espinosos, mientras que, por otro lado, la mayoría de las especies de moras curvan su gruesa caña hacia el suelo; esto los hace prolíficos ya que vuelve a enraizar. Además, sus hojas compuestas miden de 5 a 25 cm de largo con 3 a 7 folíolos. Estas hojas son muy medicinales y se pueden usar para hacer té para tratar el dolor de garganta. Las frutas, en sí mismas, pueden devorarse crudas, horneadas o usarse en una ensalada (frambuesas), etc.

Parecido a frambuesa:

• **Thimbleberry**

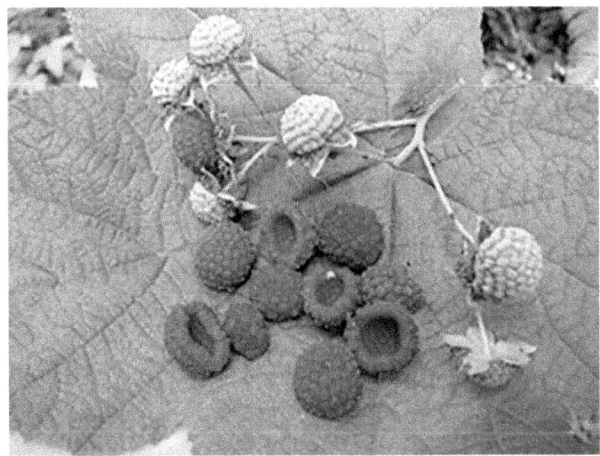

Cuando están maduras, las Thimbleberries (Rubus parviflorus) pueden confundirse a veces con las frambuesas debido a sus colores rojo intenso y apariencia similar. No supone ningún problema porque son deliciosos y parecen completamente comestibles. Incluso se les conoce como frambuesas en flor. Sin embargo, en una inspección más cercana, los thimbleberries son, de hecho, más pequeños y casi hemisféricos. En el medio, tienen un centro hueco, un sabor intenso e increíblemente sabroso y son suaves al tacto. Estas bayas también son muy suaves y delicadas, y comienzan a estropearse unas horas después de su recolección. Por lo tanto, no pueden almacenarse por mucho tiempo y deben consumirse pronto. También es por eso que nunca se pueden encontrar en las tiendas de comestibles, y siempre es un placer descubrirlos accidentalmente, creciendo silvestres en los bordes de los bosques.

La fruta es originaria de las regiones templadas del oeste y norte de América del Norte. Las plantas son grandes, de alrededor de 6 a 8 pies de altura y aproximadamente 3 pies de ancho. Sus flores pueden ser blancas o rosadas, dependiendo de la especie a la que pertenezcan las plantas. Además, tienen cinco pétalos endebles, y su centro abovedado es lo que luego se convierte en la fruta. Las frutas cuelgan de bastones grandes, sin espinas y arqueados que miden 2-3 pies de alto. En proporción a la fruta, las hojas de las plantas son masivas (alrededor de 8 pulgadas) y comparten un parecido con las hojas de arce. Incluso pueden ser ligeramente aserrados o festoneados. El entorno circundante de las plantas de thimbleberry también es un factor notable en la identificación de la planta. Crece alrededor de parches soleados de bosques, incluso en áreas que podrían haber sido afectadas recientemente por la tala o los incendios. Es raro encontrarlos en áreas de sombra profunda o bosques maduros, donde la luz del sol no llega.

Cloudberry

Las moras de nube (Rubus chamaemorus) están ampliamente distribuidas en América, especialmente en el norte de Canadá y Alaska, ya que prefieren los climas subárticos del norte y las condiciones pantanosas para prosperar. Las plantas pueden ser tanto machos como hembras en cualquier área en particular. Es posible que las hembras no florezcan hasta 7 años, e incluso después de que comiencen a dar frutos, es posible que no necesariamente produzcan frutos en todas las estaciones. Tienen una semilla razonablemente grande, en proporción a la propia fruta. Cada tallo produce una sola baya que es rica en vitamina C y contiene poderosos antioxidantes.

Tienen un sabor dulce y agrio y se utilizan como ingrediente en dulces, mermeladas, postres, pero su sabor no es lo que los hace sobresalir. Estas raras bayas silvestres son una belleza, con un tono ámbar soleado. Comienza como un color blanco, rosado claro, que luego se convierte en un rojo brillante. Cuando madura, la fruta se vuelve de color naranja amarillento, pero algunos mantienen su tinte rojizo. Las moras se pueden consumir crudas, pero la clave es arrancarlas en la etapa de maduración adecuada. Son ácidos y crujientes si se recogen temprano, pero si están demasiado maduros, pueden aplastarse en la mano al menor toque. Sin embargo, las moras son una de las excepciones que se pueden recolectar temprano mientras aún no están maduras y madurarán en un par de días.

Mora

Si alguna vez te encuentras con moras que crecen en los árboles, en realidad son moras. Pueden parecerse mucho entre sí, pero en realidad pertenecen a la familia Moraceae, con sus árboles enraizados en el este de Estados Unidos y extendiéndose hacia Canadá. Por lo general, estos árboles también estarán cerca de una fuente de agua. El fruto que produce mide alrededor de 2 a 3 cm de largo y es típicamente de color negro violáceo, rojo o blanco. A menos que las frutas cubran el árbol, puede ser un poco complicado identificar si se trata de una morera.

La forma de sus hojas difiere de una especie a otra, pero a veces, incluso las hojas que brotan de la misma rama son diferentes. Una hoja corta en forma de corazón generalmente indica una morera negra. Los dientes redondeados en los bordes de la hoja significan que es una morera roja o una morera; las hojas blancas son relativamente más brillantes que las hojas de morera roja. Entre los tres, las moreras son las más bajas; crece de 20 a 30 pies de altura, las blancas miden de 30 a 35 pies, y las rojas son las más altas, a veces miden más de 40 pies. Además, producen frutos rojos en diferentes épocas del año. Las moras rojas, las más fuertes en sabor (dulzura y acidez mezcladas), brotan en primavera junto con las blancas. Se cosechan fácilmente sacudiendo el árbol. Los negros son ligeramente dulces infundidos con algo de acidez y son conocidos por tener el mejor sabor, aunque su cosecha se realiza en verano. Deben ser recogidos a mano ya que las bayas se adhieren a las ramas. Todos ellos se pueden comer crudos, horneados o convertidos en vinos. Hasta ahora, no hay datos sobre ningún parecido venenoso, por lo que las moras son una apuesta segura para los nuevos en la búsqueda de alimento y se pueden comer sin mucha previsión.

Muscadine

Muscadines son una especie de vid también nativa de los Estados Unidos, más frecuente en Florida. Tienen una piel gruesa y correosa de color bronce, morado oscuro y negro, y tienen una textura similar a la de las ciruelas. Pueden ser las uvas de mejor sabor que se pueden encontrar, ya sea en una enredadera erecta que se eleva a 90 pies o en una enredadera extendida sobre árboles pequeños y arbustos bajos como una cubierta vegetal postrada y extendida. Cuando brotan por primera vez de la yema, son verdes, pero pronto maduran a un púrpura negruzco de septiembre a octubre. Un sabor almizclado y ligeramente dulce es una marca registrada de las uvas Muscadine después de que están maduras y han caído al suelo.

Para identificar esta especie hay que prestar atención a su follaje. Las hojas son satinadas , verde oscuro en la parte superior y amarillas en la parte inferior, o viceversa (especialmente en otoño). No revelan lóbulos y tienen hojas y frutos más pequeños, en comparación con otras especies de uva. También tienen bordes profundos y aserrados en forma de corazón. Los frutos están dispuestos de forma suelta en pequeños racimos y la corteza es de color marrón grisáceo, lisa y no se pela, a diferencia de otras especies de uva en los jardines.

Chirimoyo

Las papayas son frutas tropicales parecidas al mango, en su mayoría accesibles para las personas que las recogen a mano de los árboles. Es reconocida como la fruta más grande de América del Norte, con piel hogareña y moteada, y una textura similar a una natilla que tiene un sabor delicado y delicioso. Se dice que su sabor oscila entre un mango y un plátano, aunque algunas personas juraron haber sentido un toque de piña, melón y otras delicias de frutas. Es seguro decir que el sabor difiere de un árbol a otro. Se puede comer crudo, la pulpa dulce se saca directamente en una bola y se separan las semillas. Las semillas de la papaya son tóxicas y, por lo tanto, no debes comer la fruta directamente. La fruta comienza a madurar desde finales de agosto hasta octubre; las papayas caen de sus árboles cuando están completamente maduras, pero se pueden sacudir de sus ramas cuando están cerca de estar completamente maduras.

Las papayas silvestres son comunes en el este de América y generalmente crecen junto a las riberas de los ríos. Los densos matorrales se pueden encontrar creciendo en el norte de Florida hasta el sur de Ontario, e incluso tocan el oeste (Texas), escondidos bajo la sombra de los árboles más altos de los alrededores. Esta fruta silvestre comestible autóctona de América del Norte tiene algunas especies, entre las cuales algunas tienen árboles enanos (alrededor de 4 a 5 pies) mientras que otras brotan hasta 40 pies de altura. Sus hojas son alternas, lisas y pueden medir hasta 20 pulgadas.

Bayas de Saskatoon

Las bayas de Saskatoon también se denominan comúnmente Juneberries, Serviceberries y Shadbush, divididas en muchas especies diferentes que crecen en varias regiones de Canadá y Estados Unidos. Algunos se encuentran creciendo a lo largo de la costa este, mientras que otros prevalecen en el noroeste del Pacífico. Son de un azul púrpura intenso cuando están completamente maduros; de lo contrario, hay un tinte rosado. Tienen un sabor delicioso y se dice que trascienden todas las demás bayas silvestres con su sabor dulce. Sin embargo, no todo el mundo tiene la suerte de encontrarse con estas bayas que crecen en la naturaleza; los pájaros los arrancan de las plantas cuando apenas han comenzado a ponerse rosadas a finales de junio o principios de julio. Dependiendo de la especie, los arbustos de Saskatoon pueden crecer de 3 a 26 pies. Debido a que algunos de ellos son muy altos y están fuera del alcance de la mano, los pájaros los alcanzan primero. Por lo general, estas codiciadas golosinas anuales se pueden encontrar cerca de las laderas, riberas de ríos, a lo largo de carreteras y bosques.

Estas plantas no pueden sobrevivir en suelos arcillosos pesados o suelos mal drenados y prefieren franco arenoso. El parecido y el sabor de las bayas de servicio es muy parecido a los arándanos; sin embargo, sus semillas más grandes delatan su verdadera naturaleza. Cada baya tiene un diámetro aproximado de 5 a 15 mm. Por otro lado, las hojas caducas miden de 3 a 6 cm de largo, oblongas y redondas en la base. Tendrán un cabello suave y fino cuando no estén maduros, pero serán lisos, de manera similar a sus ramitas. A menudo, sus ramas se arquean hacia arriba para quedar paralelas al tallo principal.

fresa

Aunque las fresas se cultivan ampliamente en Estados Unidos y están presentes en todas las tiendas de comestibles, no pueden rivalizar con la explosión de sabor que contiene su versión salvaje. Las fresas silvestres (Fragaria Virginiana) pueden ser un poco más pequeñas que sus primas comerciales, pero llenas de sabor. Algunos recolectores han señalado cómo estas bayas emiten un aroma tan dulce y poderoso que huelen la fruta mucho antes de detectarlas. Las plantas de fresa silvestre son fácilmente identificables a través de su flor blanca de cinco pétalos y un grupo de tres hojas irregulares con envés peludos, incluso si los frutos aún no han brotado. La flor blanca tiene un centro amarillo, que luego se transforma en una fruta delicada.

Las plantas de fresa silvestre son populares en todo Estados Unidos, excepto en Hawái, y alcanzan una altura de 5 a 15 cm. Comienza a desarrollarse a principios de la primavera y se parece mucho a las fresas cultivadas con apariencia de semillas diminutas en su piel. Sin embargo, también producen corredores peludos largos y de color rojo opaco a través de los cuales se reproducen formando plántulas. Casi todas las partes de la planta de la fresa silvestre, el fruto, la flor y las hojas, son comestibles y se utilizan para múltiples propósitos.

Aspecto de fresa salvaje:

• **Fresa falsa / Fresa falsa**

Mucha gente se deja engañar por la falsa fresa (Potentilla indica) que tiene un extraño parecido con las fresas silvestres. Aún así, aunque pueden tener los mismos tamaños e incluso verse iguales, no son tóxicos, simplemente insípidos. La principal diferencia entre los parecidos es que la falsa fresa tiene frutos apuntando hacia arriba en lugar de colgar de las enredaderas, y produce flores amarillas en lugar de blancas. También tiene semillas relativamente más duras que sobresalen de su carne y es un poco más redonda. Sin embargo, incluso si alguien comiera estas bayas accidentalmente, prácticamente no experimentaría ningún sabor y se sentiría muy decepcionado. La probabilidad de que los recolectores se encuentren con estos es alta, ya que estas plantas son invasoras en el territorio norteamericano.

Capítulo 7

Guía para identificar nueces editables

Bellotas

A nivel mundial, hay alrededor de 400 especies de robles bellotas en todo el mundo. Entre estos, 90 son nativos de los Estados Unidos. Hay dos tipos básicos de robles, el blanco y el rojo, según el tipo de roble del que proceden. En toda América del Norte, se pueden encontrar bellotas caídas al suelo durante la temporada de otoño. Después de todo, pueden ser tan producidos en masa que incluso las ardillas se sacian y dejan el resto para que los humanos lo disfruten.

Aunque todas las bellotas son frutos secos comestibles, deben procesarse antes de poder comerse. De lo contrario, tienen un sabor increíblemente amargo y también pueden dañar los riñones; esto se debe a que están llenos de taninos. Los recolectores pueden eliminar estos taninos pelando las nueces, sacándolas de un frasco lleno de agua fresca (el agua se cambia diariamente durante 3 a 5 días) o moliéndolas en sus comidas. Después, se quedarán con un dulce dulce de nueces que se puede utilizar como sustituto de la harina de maíz en el pan de maíz.

Los robles son muy populares y fáciles de identificar por la presencia de bellotas. Parecen semillas que llevan un sombrero ya que están formadas por dos componentes: la cúpula (su tapa) y el pericarpio (la capa exterior dura). Aunque son una nuez muy distinta, tienen cientos de especies diferentes, por lo que la apariencia de las bellotas varía. Los colores marrón, negro, rojo castaño y marrón claro son los indicios de una bellota madura, mientras que el gris verdoso aún no está listo para ser consumido. Por otro lado, el roble de color blanco es signo de menos taninos y un sabor menos amargo, mientras que los robles rojos y negros tardan más en madurar y, por tanto, producen bellotas más amargas con más taninos acumulados en su interior. La mayoría de los robles tienen hojas lobuladas con protuberancias puntiagudas o redondas que se extienden desde su línea central.

Beechnuts Americanos

La nieve temprana en un año aumenta las posibilidades de encontrar hayas a mediados del invierno, ya que permanecen ocultas bajo la nieve cubierta. Por lo general, las hayas americanas producen estas nueces densas en nutrientes en el otoño. Está bien engullir algunas nueces de haya crudas, ya que son comestibles, pero demasiadas pueden ser tóxicas y causar problemas gástricos. Una vez tostado, su sabor mejora significativamente y se vuelve menos tóxico.

La apariencia de Beechnut los hace increíblemente distintivos, ya que son de colores brillantes, esparcidos sobre el suelo del bosque. Como sugiere la imagen de arriba, las nueces tienen un bizcocho exterior puntiagudo. Cuando madura, se abre para revelar dos nueces pequeñas de forma extraña que tienen lados de tres puntas. Los hayucos más saludables crecen en árboles

con troncos grises lisos . Muchas veces estos árboles tienen la enfermedad de las escamas de haya, invadidos por plagas y colonizados por el hongo, después de lo cual la calidad de las nueces producidas disminuye; las nueces que brotan del árbol contienen cáscaras de semillas vacías. La enfermedad también deja una marca en la corteza en forma de largas fisuras y escamas. Sobre los troncos hay de 2 a 6 pulgadas de largo, hojas ovadas que emergen de sus ramas. También tienen puntos a lo largo del costado y venas prominentes que se ramifican desde una vena central. De color verde oscuro y brillante en verano, las hojas se vuelven de un tono cobrizo en el otoño. En general, la recámara estadounidense es un árbol alto, robusto e imponente, que a veces llega a medir 120 pies de altura.

Castaño Americano

Originario de América del Norte, el castaño americano ha sido declarado en peligro de extinción durante más de una década. Una vez, dominó las especies forestales, pero a través de un brote de enfermedad, se ha vuelto poco común. Tienen la madera más fuerte, resistente y resistente a la descomposición entre todas las especies de árboles de América del Norte. Los árboles pueden crecer hasta una altura de 114 pies, aunque eso es muy raro; ahora, apenas alcanza los 30 pies.

Después de la polinización, las flores femeninas producen una cáscara densa y espinosa que contiene nueces comestibles en su interior. La nuez tiene una punta redondeada y peluda, una base de rayos de sol y una punta puntiaguda, cada una con 2 a 3 nueces de aproximadamente 1 pulgada de grande. Son dulces y deliciosos, y saben aún mejor cuando se tuestan. Se sabe que las hojas del castaño americano tienen una forma de canoa larga con una punta identificable en forma de lanza y dientes en forma de gancho hacia adelante. Los bordes son toscos y el color es de un verde pálido opaco.

Castaño americano similar: Castaño de Indias

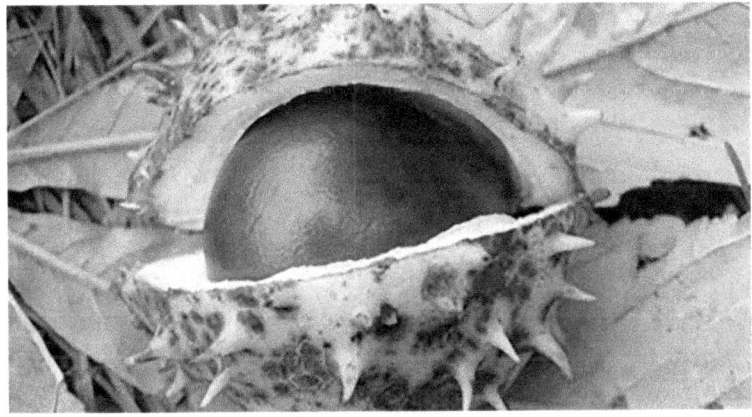

Los recolectores no deben confundir el castaño americano con el castaño de indias, ya que pueden verse muy similares a primera vista, especialmente para el ojo inexperto. Pueden parecer deseables, pero no son para comer y su consumo puede incluso causar parálisis. No solo la nuez ha sido clasificada como insegura, sino que incluso su corteza cruda, flores, semillas y hojas son tóxicas.

Para diferenciarlo de sus homólogos comestibles, su recubrimiento exterior es un factor fundamental. Donde las castañas americanas están encerradas en cáscaras espinosas que tienen una borla puntiaguda en la punta, la apariencia de los castaños de indias es similar a una verruga con una cáscara carnosa y llena de baches. Ambos pueden producir nueces de aspecto similar, pero las comestibles tienen una borla (o una punta), mientras que la última es suave y redonda. Los castaños de Indias nativos a veces también se conocen como castaños de Indias debido a que su gran semilla se asemeja a los ojos de ciervo o ciervo macho. Pueden desarrollarse como un arbusto o un árbol, que se encuentran arraigados en las regiones templadas de América del Norte.

Avellana americana

Es un arbusto perenne nativo que se mantiene erguido hasta de 6 a 11 pies de altura. Particularmente nativa de la región de Chicago en América del Norte, la planta forma matorrales y crece mejor en suelos ricos y húmedos. La corteza es de color gris claro con una textura  suave, pero puede estropearse con patrones entrecruzados escamosos a medida que envejece. Además, las ramitas de color marrón claro que crecen en zigzag son peludas, pero las hojas jóvenes son más peludas. Son de color verde oscuro con la parte inferior más pálida y pelo blanco en las venas. Los que abandonan tienen forma de corazón o redondeados y se vuelven amarillos a rojos y morados en la temporada de otoño.

Aunque las flores masculinas (largos amentos marrones) pueden marchitarse después de la polinización, las pequeñas flores femeninas maduran hasta convertirse en nueces comestibles en septiembre y octubre. Estas avellanas crecen en grupos de 2 a 5, generalmente encerradas en brácteas con forma de hojas con bordes irregulares. Por lo tanto, es aconsejable que los recolectores usen guantes durante la cosecha para proteger su piel de la irritación de los pelos finos. Posteriormente, los recolectores de alimentos pueden comer estos dulces crudos, pero es posible que quieran tostarlos si buscan un sabor más dulce y suave.

Nogal negro

Originario de América del Norte, las nueces negras se pueden encontrar abundantemente en todo el centro-este de los Estados Unidos (particularmente en Chicago, Illinois). Se sabe que favorece las zonas ribereñas, las áreas de transición entre bosques más densos, arroyos y ríos. Aunque es comestible para los seres humanos, el nogal negro es tóxico para las plantas que lo rodean; libera gases en el suelo y, en consecuencia, envenena a otros. Por lo tanto, un regalo muy grande del nogal negro, aparte de que es masivo (30 a 130 pies de alto) y tiene nueces redondeadas de cáscara dura, son las plantas muertas o amarillentas en su vecindad.

El nogal negro, en sí mismo, es un árbol de hoja caduca, que alberga hojas pinnadas que contienen hasta 25 folíolos. Las hojas son dentadas o serradas, y consisten en un número impar de folíolos individuales, todos unidos a un tallo central. Sus ramitas y brotes tienen médula en cámara, otra característica que confirma la identidad del árbol. Cuando las nueces han madurado, caen al suelo envueltas en una cáscara verde esponjosa; una vez que la cáscara verde se degrada, se disuelve en un color negro. Las nueces negras saben mejor si se quitan de la cáscara lo antes posible. Muchas personas y animales no se molestan en buscarlos, ya que requiere un gran esfuerzo para romperlos, pero muchos consideran que el trabajo vale la pena cuando prueban el manjar.

Piñones

Los árboles cubiertos de maleza con piñas se ven a gran altura en las áreas secas de América del Norte. Aunque hay una variedad de pinos que crecen en el continente, solo se cosecha el pino nativo. Sus nueces son lo suficientemente grandes, a diferencia de otros piñones, que no merecen el esfuerzo. El pino piñonero se encuentra principalmente en el oeste de los Estados Unidos, colgando de los árboles en el otoño y bien consumido hasta los inviernos.

El pino piñonero es un árbol de hoja perenne de crecimiento lento con una forma redondeada. Los árboles de piñón rara vez crecen más de 20 pies y tienen piñas que se asemejan a pequeñas rosas. Las agujas del pino piñonero se agrupan de dos en dos. Son planos, de dos lados y de aproximadamente una pulgada de largo. Dentro de las escamas de los conos femeninos hay piñones encerrados, cedidos en grandes cantidades por el árbol.

Recolectar y procesar piñones es un proceso que requiere mucha mano de obra; requiere embolsar las piñas en el momento adecuado (cuando están cambiando de verde a marrón); de lo contrario, las ardillas u otros roedores podrían adelantarse. Es importante usar guantes y ropa vieja al momento de la cosecha; de lo contrario, la savia que cubre los conos se pega por todas partes. Luego, deben dejarse unos días para que se sequen y se abran. Solo entonces, las nueces se pueden recoger con cuidado y descascarar a mano. Para aquellos que aman comer estas nueces delicadas y de sabor único, vale la pena el complicado y laborioso proceso de recolección.

Capítulo 8

Guía para identificar semillas editables

Semillas de alfalfa

Las semillas de alfalfa son una de las leguminosas o forrajes más importantes que se utilizan en la agricultura. Sus variedades se cultivan ampliamente durante todo el año y en todo el mundo como forraje utilizado para el ganado, pero se encuentran con mayor frecuencia en América del Norte. Por tanto, se considera la planta forrajera de mayor rendimiento del continente. Las semillas de alfalfa se pueden cosechar como heno, se pueden alimentar como chuletas verdes, se pueden pastar en pastos y también se pueden ensilar. Es una leguminosa perenne y es muy conocida por su adaptabilidad y tolerancia. La planta tiene hojas y flores trifoliadas que varían en colores del azul al violeta. Las semillas tienen forma de riñón que son amarillas o de color amarillo verdoso y se vuelven marrones a medida que envejecen con el tiempo. Para dar una idea más precisa, son un tono más oscuro que el trébol de hoja amarilla.

La alfalfa crece mejor en suelos que tienen texturas que van de finas a medias. Para lograr los mejores resultados de crecimiento, el suelo también debe tener un drenaje medio o muy bueno. Su pH debe oscilar entre un nivel neutro y alto. Puede tolerar temporadas de sequía, pero no períodos de inundaciones excesivas. Se puede encontrar creciendo tanto en áreas silvestres como urbanas, incluidos bosques, prados, a lo largo de carreteras y áreas abandonadas. Prefiere crecer en hábitats levemente alterados y no favorece los paisajes completamente vírgenes. La alfalfa se puede plantar a fines de la primavera o en el verano, pero son preferibles los veranos tardíos. Deben plantarse aproximadamente de 0,25 a 0,5 pulgadas y con buen contacto con el suelo. Si se planta en primavera, se debe plantar con un grano pequeño o con pasto para maximizar el tonelaje en el año de siembra. Las semillas deben almacenarse a bajas temperaturas y baja humedad para favorecer su máximo crecimiento. Las nuevas plantaciones no deben cosecharse hasta que se almacenen suficientes carbohidratos en las raíces para apoyar un rápido crecimiento. Se espera que esto suceda alrededor de 60 días después de la emergencia. Si este proceso de recolección se retrasa más de 60 días, la calidad del forraje puede reducirse drásticamente . La alfalfa exhibe la propiedad de autotoxicidad, lo que significa que las plantas mayores de 6 meses de edad, también llamadas plantas establecidas, emiten compuestos que impiden el crecimiento de nuevas semillas de alfalfa.

Con todo, los usos de las semillas de alfalfa son múltiples. Sus hojas y brotes jóvenes también son comestibles. Algunas semillas pueden tener una capa impermeable, que se conoce como semillas duras. Estos son impermeables al agua y estas semillas pueden permanecer inactivas durante meses o incluso años antes de germinar. También se pueden usar más tarde en sopas después de que se hayan secado. Un té estimulante del apetito endulzado con miel se hace famoso a partir de estos. Por otro lado, sus brotes se pueden utilizar en ensaladas o sándwiches. Estos son ricos en proteínas, vitamina A, energía digestible y minerales.

Semillas de carpe americano

El carpe americano también se conoce con los nombres Eastern Ironwood, Eastern Hop-carpeam y Ostrya Virginiana. Originarios de América del Norte (en particular del continente oriental), son resistentes, caducifolios y de tamaño mediano, por lo general entre 25 y 40 pies de altura. Se encuentran creciendo en céspedes, jardines boscosos e incluso como árboles en la calle. En la naturaleza, el carpe americano crece en suelos secos en bosques de tierras altas y laderas rocosas. Por todas partes, pueden tener muchos troncos, logrando así la apariencia de un arbusto muy grande. Sus cortezas son lisas, estriadas y grises, a veces parecen como si los músculos estuvieran flexionados debajo de ella, por lo que dan lugar a madera muscular como otro nombre. Como se puede ver en la imagen de arriba, sus hojas son oblongas y afiladas con venas hundidas y bordes de dientes dobles. Las flores verdes se tornan principalmente en un tono amarillo en el otoño, pero a veces también tienen destellos de naranja y rojo.

Lo más importante es que los "lúpulos" que crecen en los árboles tienen decenas de semillas en su interior, como se puede ver. Cada pequeña semilla tiene aproximadamente el tamaño de una semilla de girasol. Cuelgan al final de las ramitas jóvenes en racimos apretados, encerrados en una bráctea de tres lóbulos. Tanto las semillas como las brácteas cambian de color cuando maduran, pasando de verde a verde amarillento a marrón claro . La recolección de semillas comienza a principios de septiembre, lo que requiere un poco de esfuerzo ya que es necesario quitar la cáscara parecida al papel para extraer las semillas. Estas semillas, dependiendo de la preferencia de los recolectores, se pueden comer crudas o tostadas.

Los árboles dejan caer estas cáscaras de papel en el suelo con el viento y la nieve, hasta bien entrado el invierno, por lo tanto, si se las busca, se las puede encontrar tiradas en el suelo del bosque sobre el manto de nieve incluso en pleno invierno. De lo contrario, los recolectores pueden simplemente sacudirlos de las ramas o arrancar los racimos de semillas de las ramitas.

Semillas de chia

Originaria de América del Norte, la chía es una planta con flores perteneciente a la familia de la menta, conocida y cultivada por las propiedades comestibles de sus semillas. La planta de chía es una planta herbácea que crece anualmente y puede crecer hasta 3 pies de altura. Se puede identificar fácilmente por sus hojas de color verde limón dispuestas de manera opuesta con márgenes dentados. Otro sello distintivo de esta planta son sus pequeñas flores blancas, azules y moradas que aumentan la tasa de autopolinización. Una característica notable de esta planta es que es una planta del desierto y requiere poco riego para su crecimiento. Crece bien en suelos franco arenosos, pero es resistente a las heladas como desventaja.

Las semillas de chía extraídas de estas plantas son de forma ovalada y casi 1 mm de diámetro. Estas semillas tienen una capa de semillas brillante y moteada que puede cambiar de color desde marrón oscuro a blanco grisáceo. Han demostrado ser una excelente opción para la producción orgánica porque se convierten en plantas que resisten bien las plagas y enfermedades. La cosecha de chía de forma orgánica es un proceso sencillo y lo llevan a cabo muchas personas en casa. La semilla se extrae triturando suavemente las flores de chía secas. Estas semillas se plantan en el suelo y se riegan a la luz del sol todos los días. La eliminación de malas hierbas es necesaria para un rendimiento saludable de la planta. Debe cultivarse en un espacio abierto y relativamente grande porque crece más alto que la mayoría de las hierbas y plantas cultivadas en casa.

Las semillas de chía tienen abundantes beneficios nutricionales. Si bien son ricos en fibra, proteínas, antioxidantes y ácidos grasos Omega-3, se pueden consumir de varias formas y formas. El pudín de chía, los batidos y los jugos, o incluso las semillas de chía mezcladas con yogur, avena y como aderezos para ensaladas son alimentos comunes y deliciosos.

Muelles

Los muelles son plantas perennes que crecen a partir de las raíces principales. La característica especial de estas plantas es que sus estructuras en forma de grifo significan que son resistentes a la sequía; sin embargo, crecen más felices con la disponibilidad de mucha humedad. Las plantas crecen de 1 a 3 pies de altura en primavera o finales de verano. Se  encuentran comúnmente en América del Norte, y se ven más en terrenos descuidados y perturbados, como campos abiertos y a lo largo de las carreteras.

Una característica clave de la identidad de estas plantas es su delgada vaina que cubre los nudos de los que emergen las plantas. Esto se llama ocrea y se vuelve marrón a medida que la planta envejece o envejece. Tienen tallos de flores altos que llevan conspicuas cantidades de semillas comestibles. La característica clave para identificar las plantas jóvenes es que sus hojas están cubiertas de mucílago. Las hojas más tiernas y con mejor sabor a limón provienen de las plantas jóvenes en las que las flores aún no se han desarrollado.

En general, las semillas del muelle son fáciles de cosechar, pero tienen una temporada de cosecha relativamente corta y deben recolectarse cuando están en su punto máximo de madurez. Sin embargo, se pueden reservar para un uso posterior; por lo tanto, mucha gente los blanquea o congela. Las semillas tienen un sabor ligeramente agrio a nuez después de haber sido tostadas, que es particularmente similar al centeno. También se pueden usar en granola y galletas o se pueden moler en harina sin gluten y usarse para hornear varios comestibles.

Semillas de Goosefoot

Un pariente de Wild Quinoa, goosefoot, es una planta tremendamente popular con sus hojas utilizadas por los recolectores estadounidenses en ensaladas de primavera. Crecen en todo Estados Unidos y también en gran parte de Canadá. De hecho, es tan común que los 50 estados tengan diferentes especies y varias variedades consideradas nativas del continente. Su nombre se deriva de las hojas en forma de pata de ganso, que saben a espinacas más sabrosas y potentes. Por tanto, sus hojas son una característica notable a la hora de buscar la planta. Cuando llega el calor del verano, las plantas de pie de gallina crecen más altas (hasta 5 pies) con pequeñas cabezas de semillas blancas que brotan de la parte superior. La indicación de que la planta está madura es cuando cambia a un hermoso tono magenta en la temporada de otoño; así es, el grano de pie de gallina está listo para ser cosechado.

Para cosechar, debes colocar los racimos de semillas en la palma de tus manos y tratar de quitar la semilla de su tallo con cuidado. Cuando vuelvas a abrir las palmas, encontrarás una mezcla de granos de pie de gallina que decoran tu mano. Los puntos rojos y verdes son la paja, mientras que los puntos negros son semillas que deben separarse. Podría ser complicado y difícil  hacerlo, ya que no se recomienda molerlo para convertirlo en paja de harina, a diferencia de cómo se procesan las semillas del muelle. Más tarde, una vez separados, se pueden agregar a panqueques, galletas y masa de pan y sopas.

Semillas de arce

Las vainas de arces en forma de helicóptero son una vista común en América del Norte. Lo que la mayoría de la gente no sabe acerca de estas vainas con forma de helicóptero es que contienen semillas de arce que son extremadamente beneficiosas y nutritivas por naturaleza. Crecen en arces, que alcanzan los 50 metros de altura. Reconocidos por sus hojas singulares, puntiagudas y dentadas. Estos árboles producen remolinos llamados samaras que vienen en pares con sus vainas fusionadas. Dentro de estas vainas se encierran pequeñas que se encuentran en forma de nueces. Para cosechar el arce, las semillas se extraen mediante un proceso de pelado, como ocurre con los guisantes. Se secan y se limpian antes de sembrar en el suelo. Estos se plantan en primavera y en un lecho de 1 pulgada dentro del suelo, y las semillas deben estar separadas por 12 pulgadas. Un consejo especial durante la fase de crecimiento y germinación de las semillas es cubrirlas con heno para sellar la humedad. La extraña cualidad de estas semillas es que son más deliciosas en primavera cuando están maduras y verdes. A medida que envejecen, en otoño o en invierno, se vuelven amargas. Cuando están frescas, se pueden comer en ensaladas o como manjares, pero cuando están amargas, se pueden asar o comer en ensaladas.

Semillas de Ramón

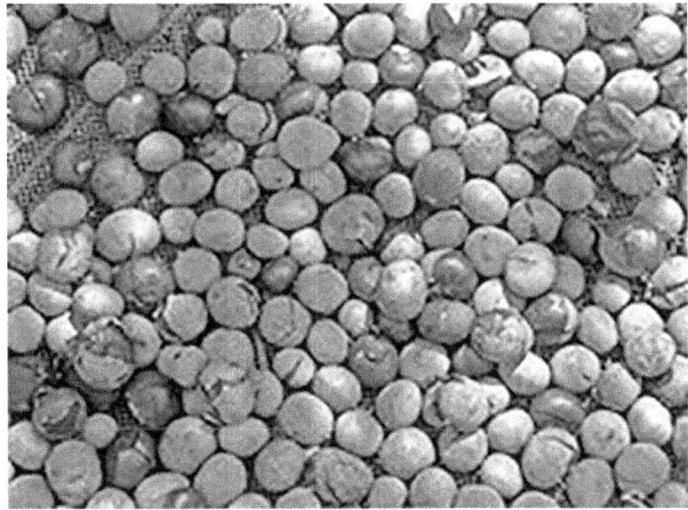

Las semillas de Ramón se encuentran comúnmente en la mayor parte de América del Norte, pero se conocen como nueces mayas o semillas mayas en diferentes áreas. Estas semillas provienen de los frutos del árbol de Ramón, que es un miembro de la familia de los higos. Con 130 pies de altura, estos árboles son parte de densas copas de los bosques. Estas plantas se cultivan en vastas tierras abiertas y suelos de textura fina, con suficiente espacio para que crezcan altas.

Sus semillas son un poco más grandes que un grano de café. Notaría que son de color verde cuando todavía están presentes dentro del árbol; sin embargo, se vuelven de color marrón oscuro cuando están maduros. Las semillas se extraen de los frutos que arroja el árbol cuando está completamente maduro. Cosechar y cultivar estas plantas es un proceso fácil y se utiliza en la mayoría de las aldeas y áreas rurales para obtener beneficios económicos y como fuente de ingresos, especialmente para las mujeres.

Curiosamente, estas semillas son comestibles tanto para humanos como para animales. Los seres humanos consumen semillas de ramón de varias formas. Se secan y se tuestan hasta obtener un polvo fino que se asemeja a la harina y se utiliza para hornear pan y galletas. Su polvo también se usa de manera similar como café, excepto que no contiene cafeína como contenido. Las nueces mayas se pueden comer frescas. Sin embargo, son más conocidos por su cambio de sabor. Cuando estas semillas se cuecen, saben a puré de papas, y cuando se tuestan, puedes confundirlas fácilmente con café o chocolate. Los beneficios de esta semilla son numerosos. Son extremadamente altas en dosis de zinc, calcio, hierro, proteínas y vitaminas A, B, C y E.

Semillas de calabaza seminole

Las Semillas de Calabaza Seminole se encuentran en los frutos de las Vides de Calabaza Seminole que se pueden encontrar en forma silvestre en muchas áreas de América del Norte. El mejor momento para el crecimiento de estas semillas en frutos en invierno y otoño. Crecen mejor en hamacas, Everglades y calambres abandonados.

Las calabazas Seminole son similares en apariencia a las famosas calabazas de Halloween, pero hay algunas características clave que se pueden utilizar para identificarlas. Las vides son dentadas y peludas por naturaleza, con flores en forma de embudo. Los frutos son en forma de pera, de cuello corto y anaranjados cuando están maduros. Las semillas están encerradas en la pulpa interior pulposa, y son semillas planas, elípticas y blancas, típicamente de tres cuartos de pulgada de tamaño. Estas son, de hecho, una de las mejores opciones para plantar y cosechar semillas, especialmente si eres un procrastinador; esto se debe a que estas semillas y enredaderas son resistentes tanto a las duras sequías como a las heladas. Además, también desarrollan una resistencia natural a plagas y enfermedades. Pueden sobrevivir sentados en la encimera de la cocina durante más de un año, incluso en condiciones de calor y humedad extremos.

Las semillas de calabaza Seminole se extraen cortando la fruta, generalmente con un hacha o ablandando en agua. Luego, se secan y se plantan a una profundidad de 3 a 4 pulgadas en el suelo o en la base de los árboles en crecimiento. Los frutos se recogen cuando están completamente maduros y anaranjados. Las calabazas Seminole se comen como la calabaza. Las semillas se pueden comer frescas, usar en sopas, moler hasta convertirlas en polvo o comerlas tostadas.

Amaranto de Tehuacán

El amaranto, la planta antiguamente famosa, ha sido bien conocido durante siglos y en diferentes partes del mundo por sus diversas especies y formas. En América del Norte, la especie, Amaranto de Tehuacán, es de mucha importancia. Esta planta pertenece a la familia de las espinacas y se clasifica como una planta con flores con semillas comestibles, que se encuentran comúnmente creciendo en jardines, terrenos alterados, sitios de construcción e incluso bordes de carreteras. Las plantas miden hasta 2 o 3 metros de altura y tienen grandes hojas verdes. El rasgo característico de esta especie que la diferencia del resto de especies son las magníficas flores, que son penachos de vivos colores de un rojo intenso, con matices rosados o verdes.

Las semillas se extraen de estas flores soplándolas cuando están en una posición inclinada en forma de rampa para que se caigan y las recojan. Se cosechan solo cuando las plantas están maduras y completamente desarrolladas. Estas semillas son de apariencia circular o en forma de embrión, con un aspecto brillante y beige y se asemejan al grano común. Crecen rápidamente en la temporada de lluvias y maduran al mes de la germinación. Las semillas tienen una cabeza pequeña y se pueden utilizar como sustitutos de los cereales.

Un hecho interesante sobre la siembra de amaranto es que la planta se auto-sembradora y volverá fácilmente para crecer si la tierra se ve particularmente alterada. Tanto las semillas como las hojas tienen un valor nutricional inmenso y buenas fuentes de fibra dietética, calcio, hierro y las semillas son particularmente ricas en proteínas. Tienen un sabor a nuez y se pueden hacer estallar, moler en harina y usar para hacer pan o productos horneados, cocinarse en papilla y agregarse a ensaladas.

Semillas de Timothy

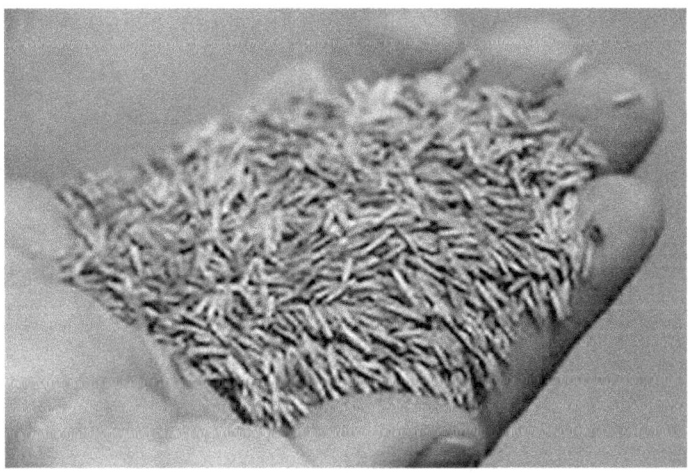

Las semillas de pasto Timothy están en la parte superior de la lista de semillas forrajeras que son comunes y famosas en América del Norte. Estas semillas son bien conocidas por su producción de series de pasto Timothy flexible que tienen numerosas ventajas, tanto agrícolas como ambientales. La hierba se planta con legumbres como forraje nutritivo para los animales. Su planta es una planta con flores y es de un color verde grisáceo claro y descolorido. Además, tienen hojas largas y sin pelo con un giro característico. Estos pueden crecer hasta 150 cm de altura. Una base en forma de bulbo del tallo es la identificación característica de estas plantas, cuando están en la fase de crecimiento.

Las semillas obtenidas de estas plantas son particularmente pequeñas con una forma ovalada o elíptica, encerradas dentro de glumas. Tienen aproximadamente 1 mm de longitud con una textura suave y son de color blanco o marrón claro. Las semillas están adaptadas para crecer en un clima fresco y húmedo. Crece mejor en suelos ricos, que tienen una textura fina, por ejemplo, telares de arcilla. También tiene una alta tolerancia a las heladas y las capas de hielo. Se puede sembrar de primavera a otoño; sin embargo, no muy profundo en el suelo. Los fertilizantes, especialmente nitrógeno, deben usarse con frecuencia y en abundancia durante la fase de crecimiento. Cortar la planta tan pronto como la semilla madura proporciona un forraje nutritivo como heno. Estas semillas son nutritivas y comestibles para animales como ganado y caballos. Los beneficios de la hierba Timothy son un aumento de nitrógeno, percolación, drenaje y nutrientes añadidos.

Conclusión

Todos podemos estar de acuerdo en que en toda la historia de la humanidad se produjeron tres transiciones alimentarias importantes. Se trata de una transición de depender únicamente de la caza de carne y comerla cruda, al descubrimiento del fuego y la búsqueda de alimento, y finalmente pasar a la agricultura y la producción masiva de alimentos. Los seres humanos todavía se involucran en muchas tareas que implican la recolección de múltiples objetivos de su entorno, ya sea de su restaurante favorito o de su tintorería. Entonces, ¿por qué debería ser extraño recoger bayas u hongos del medio ambiente? Bueno, solo hay una razón por la que cualquiera puede pensar y es porque usted no pagó por ello. Entonces, ahí está el argumento principal. Nos han ofrecido conveniencia a cambio de dinero durante demasiado tiempo, y poco a poco, básicamente estamos perdiendo nuestra capacidad básica de conectarnos con la naturaleza. Si le prestamos atención, la búsqueda de alimento también podría sistematizarse para no solo ayudar con la gestión de los recursos, sino incluso hacer frente al desperdicio. Los alimentos que tienen un poco de vida útil generalmente se desperdician a pesar de que son lo suficientemente buenos para comer. ¿Qué no había demanda de tales productos en un pueblo pequeño? ¿Qué pasaría si una tienda local no guardara hierbas porque la gente pudiera recogerlas fácilmente en parques o jardines sin tener que pagarlas? Este es el tipo de sociedad que deberíamos esperar. No uno en el que haya millones de toneladas de alimentos disponibles, sin embargo, la gente pasa hambre por la noche solo porque no puede pagar la comida. Nuestros antepasados dependieron en gran medida de la búsqueda de alimentos durante miles de años antes de que surgiera la agricultura, y por lo que hemos leído, se las arreglaron mucho mejor.

Todo el mundo debería recoger el buscar comida y salir al aire libre. Hay mucho que aprender y explorar cuando vives de la tierra. Pregúntele a cualquier agricultor y le dirán que cultivar alimentos es uno de los mejores logros del hombre. Si bien la búsqueda de alimentos no implica exactamente el cultivo de alimentos, aún lo conecta más con su entorno en comparación con ir al supermercado. Sin embargo, la búsqueda de comida no es para todos, ya que debe invertir mucho tiempo, esfuerzo y capacitación para cosechar plantas silvestres de manera segura. La búsqueda de comida agrega aventura a su próximo medio, que es algo que no puede esperar de un viaje al supermercado. La búsqueda de comida no es del agrado de todos. Requiere tiempo, entrenamiento y esfuerzo aprender todo lo que es importante saber sobre la cosecha segura de frutas, verduras, semillas y nueces silvestres. En muchos casos, es posible que deba consultar a un experto local que pueda guiarlo y enseñarle adecuadamente. También es posible que deba obtener permiso para acceder a lugares legales destinados específicamente a la búsqueda de alimentos, ya sea en su propia tierra, en alguna otra tierra privada con el permiso del propietario o en espacios públicos. Muchas personas piensan que buscar comida no vale la pena ni el esfuerzo ni el tiempo, especialmente porque comprar frutas y verduras en el supermercado es mucho más conveniente. Además, navegar por los entresijos de la búsqueda de comida puede ser un desafío, especialmente para los principiantes. No solo debe saber qué cosechar, sino también saber si puede cosecharlo. Para quienes viven en ciudades, esto puede ser difícil e incluso causarle problemas, por lo que le recomendamos que siempre siga las reglas.

Los recolectores han existido desde que los humanos pisaron la Tierra, e incluso hoy en día, hay miles y siguen creciendo. Incluso con la agricultura industrial que ha estado dominando la escena alimentaria en el último siglo, hay quienes se han mantenido con conciencia social. Esto es especialmente si tuvo la suerte de agruparse en una zona rural o cerca de tierras de cultivo. La búsqueda de alimentos proporciona varias cosas además de explorar la naturaleza fuera de las cajas en las que nos atrapamos todos los días. Para los atletas que buscan mantenerse en forma pasando tiempo al aire libre, buscar comida presenta una gran oportunidad para aprender sobre alimentos saludables y matar dos pájaros de un tiro. En todo caso, las plantas forrajeras tienen un mejor perfil de nutrientes que nuestras variedades de jardín regulares debido a que se crían en la naturaleza. Esto puede beneficiarlo a usted, a sus amigos y también a sus hijos. Si la búsqueda de comida se convierte en una práctica normal en todo el mundo, la próxima generación de niños y adultos puede beneficiarse de por vida con el conocimiento y las habilidades para enfrentar mejor los próximos problemas económicos y ambientales. Incluso aquellos con problemas económicos podrían al menos tener una comida caliente al final del día. Entonces, aquí hay un saludo para todos los entusiastas del aire libre. La próxima vez que se encuentre en un viaje de campamento o en un paseo por el parque con sus compañeros, esté atento a los diferentes artículos que podría agregar a su plato. Hay sabores increíbles esperando ser encontrados.

Referencias

https://www.simonandschuster.com/books/The-Everything-Guide-to-Foraging/Vickie-Shufer/Everything/9781440525117

https://www.moneycrashers.com/foraging-guide-edible-wild-plants-food/

https://growinghealthykids.co.uk/teach-your-kids-to-forage/#:~:text=Kids%20feel%20more%20in%20control,leaves%20and%20plants%20around%20them.

https://www.fourseasonforaging.com/blog/2019/3/19/foraging-legality

https://www.rootwell.com/blogs/foraging-beginners

https://www.thewondersmith.com/blog/2019/introtoforaging

https://scanmarker.com/2019/09/25/the-top-10-most-useful-gadgets-for-professionals/

https://www.hongkiat.com/blog/high-tech-camping-gadgets/

https://www.doyou.com/4-reasons-why-everyone-should-know-how-to-cook/

https://www.countryliving.com/uk/wildlife/country/a3009/foraging-beginner-tips/

https://www.countryliving.com/uk/wildlife/country/a3009/foraging-beginner-tips/

https://en.wikipedia.org/wiki/Scoutcraft#:~:text=Scoutcraft%20is%20a%20term%20used,country%20and%20sustain%20therself%20 de forma independiente.

https://www.healthline.com/health/most-powerful-medicinal-plants#We-scoured-through-histories-of-herbal-studies-for-you

https://blog.mybalancemeals.com/health/health-tips/8-natural-aspirin-alternatives/

https://webecoist.momtastic.com/2008/09/30/most-powerful-potent-medicinal-medical-plants-in-nature/

https://www.redbubble.com/shop/foraging+accessories

https://gallowaywildfoods.com/foraging-equipment-fungi-knives/

https://www.modern-forager.com/products/modern-forager-mushroom-hunting-knife/

https://www.sciencedirect.com/topics/agricultural-and-biological-sciences/manual-harvesting

http://www.bbc.com/travel/story/20120510-the-art-of-urban-foraging

http://www.takepart.com/article/2014/07/09/public-fruit-trees/

https://foodtank.com/news/2018/12/opinion-five-zero-food-waste-bloggers-you-should-know-about/

http://paulkirtley.co.uk/2013/survival-foraging-a-realistic-approach/

http://www.takepart.com/article/2014/07/09/public-fruit-trees/

https://ir.lawnet.fordham.edu/cgi/viewcontent.cgi?article=2740&context=ulj

https://www.khanacademy.org/humanities/big-history-project/early-humans/how-did-first-humans-live/v/bhp-from-foraging-to-food-shopping

https://www.cranberries.org/

https://www.encyclopedia.com/plants-and-animals/plants/plants/horse-chestnut

https://www.moneycrashers.com/foraging-guide-edible-wild-plants-food/

http://www.eattheweeds.com/

https://leafyplace.com/types-of-berries/

https://www.healthline.com/nutrition/wild-berries#1

https://practicalselfreliance.com/winter-foraging/

https://foodtank.com/news/2016/07/indigenous-foods-historically-and-culturally-important-to-north-americ/

https://practicalselfreliance.com/edible-wild-berries-fruits/

http://www.eattheweeds.com/cucurbita-muschata-seminole-edible-2/

https://www.fourseasonforaging.com/blog/2018/2/19/crabapples-the-winter-sweet-tart

www.ingramcontent.com/pod-product-compliance
Lightning Source LLC
Chambersburg PA
CBHW071425070526
44578CB00001B/6